天津文化遗产保护成果系列之八

蓟州多宝佛塔考古报告

天津市文化遗产保护中心　编著

科 学 出 版 社
北 京

内 容 简 介

蓟州多宝佛塔，位于天津市蓟州区盘山东麓，是一座八角十三层密檐式实心砖塔。2017年10月，偶然在八层密檐间的佛龛内发现鎏金铜质造像。天津市文化遗产保护中心对此塔的佛龛进行了抢救性考古清理，出土造像、饰件、经卷等文物169件（套）。本书基于科学的考古发掘工作，对多宝佛塔的地理环境、历史沿革、考古发掘、文物保护情况等进行介绍，客观记录多宝佛塔形制结构、佛龛及出土物情况，系统地梳理此批珍贵资料，概括总结出土文物的年代、题材、艺术风格。多宝佛塔佛龛文物是21世纪以来天津地区最重要的考古发现之一，体现出浓厚的地域艺术特征与文化特征，是天津地区古代社会生活的重要实证。

本书可供考古学、历史学等学科研究者，以及高等院校相关专业师生和广大文物考古爱好者阅读参考。

图书在版编目（CIP）数据

蓟州多宝佛塔考古报告 / 天津市文化遗产保护中心编著. -- 北京：科学出版社，2024. 11. -- （天津文化遗产保护成果系列）. -- ISBN 978-7-03-079585-4

Ⅰ. K878.65

中国国家版本馆CIP数据核字第2024ZP3312号

责任编辑：王光明　杨　烁 / 责任校对：邹慧卿

责任印制：肖　兴 / 封面设计：张　放

科学出版社 出版

北京东黄城根北街16号

邮政编码：100717

http://www.sciencep.com

北京汇瑞嘉合文化发展有限公司印刷

科学出版社发行　各地新华书店经销

*

2024年11月第 一 版　开本：889 × 1194　1/16

2024年11月第一次印刷　印张：15 3/4　插页：58

字数：453 000

定价：298.00元

（如有印装质量问题，我社负责调换）

序

——天津第一部佛教考古报告

据第三次全国文物普查数据，天津市有不可移动文物2082处，其中佛教不可移动文物占总数百分之二十左右。20世纪70年代以来的佛教考古，主要包括清理、测绘佛塔，发掘寺庙遗址与塔基，调查摩崖石刻、石窟与碑刻，清理器物窖藏等。与佛塔有关的考古工作凡五项：20世纪70年代，发掘武清大良塔基址，塔基地宫出土铜器、瓷器等辽代遗物[①]；1983年，配合蓟州独乐寺塔维修工程清理发掘，发现包裹在明塔里的辽塔，在明塔佛龛和辽塔天宫里出土一批佛教遗物[②]；1993年，配合蓟州福山塔维修工程进行勘察测绘[③]；2006年和2007年，发掘蓟州西大佛塔基址，地层堆积表明年代为晚唐至辽代[④]；2017年，配合蓟州多宝佛塔维修工程清理发掘，该塔建于明末清初，出土了一批装藏文物[⑤]。

这里先简要回顾一下蓟州多宝佛塔考古工作过程。2017年10月，多宝佛塔维修过程中发现塔身佛龛的装藏文物。同年11月，开展抢救性考古清理与文物保护。2020年，佛塔出土文物送北京做科技保护与修复。2023年3月，这批文物入藏元明清天妃宫遗址博物馆后，随即展开资料整理与报告编写工作。2023年9月，《灵光独耀——蓟州多宝佛塔出土文物保护成果展》开展[⑥]。2023年10月，为配合保护成果展，天津市文化遗产保护中心组织了四场面对公众的专题讲座[⑦]。如今，《蓟州多宝佛塔考古报告》出版在即。可以看出，这是一个完整的考古工作过

---

① 天津市文化遗产保护中心考古档案。

② 天津市历史博物馆考古队、蓟县文物保管所：《天津蓟县独乐寺塔》，《考古学报》1989年第1期。

③ 天津市文化遗产保护中心考古档案。

④ 姜佰国等：《蓟县西大佛塔村唐辽时期塔基》，《中国考古学年鉴2008》，文物出版社，2009年。

⑤ 刘健等：《蓟县明清多宝佛塔遗址》，《中国考古学年鉴2017》，文物出版社，2018年。

⑥ 天津市文化遗产保护中心：《千呼万唤始出来“灵光独耀—蓟州多宝佛塔出土文物保护成果展”今日开展》，微信公众号“天津市文化遗产保护中心”，2023年9月29日。

⑦ 刘健：《蓟州多宝佛塔佛龛文物的清理与保护》，微信公众号“天津市文化遗产保护中心”，2023年10月7日；白俊峰：《佛道之辩与人文塑造：蓟州盘山北少林寺历史沿革》，微信公众号“天津市文化遗产保护中心”，2023年10月15日；盛立双：《天津北部地区的考古发现与认识》，微信公众号“天津市文化遗产保护中心”，2023年10月22日；陈雍：《如果文物会说话能告诉我们什么》，微信公众号“天津市文化遗产保护中心”，2023年10月29日。

程，充分体现出“保护为主，抢救第一”的工作宗旨，考古发掘、文物保护、展示利用、阐释价值的工作理念。

夏鼐先生指出：“主持发掘工作的团体，应该负担起推动编写报告和出版报告的任务。”[①]这两年，天津市文化遗产保护中心下大力气抓考古报告出版，同时着手整理积压多年的发掘资料，去年出版了三部考古报告和两部考古资料汇编。《西青元宝岛：明清至民国时期墓地发掘报告》[②]和即将出版的《蓟州多宝佛塔考古报告》，都是从整理资料到报告出版只用了一年多的时间，工作压得很实。

我跟刚参加天津考古工作的年轻人说，在地方做考古就得像基层社区的全科医生那样，调查发掘、照相绘图、修复文物、整理资料、编写报告各种工作都能拿得起来，干得好。负责多宝佛塔考古项目的刘健，主持参加了该项目的考古清理、文物保护、资料整理、照相绘图，并且编写报告。近二十年来，他还参加或主持了蓟州西大佛塔基址发掘、千像寺造像石刻调查、天津地区摩崖石刻与石窟寺调查、千像寺造像石刻文物保护工程等佛教考古与文物保护工作。我跟刘健曾在一起考古多年，很高兴为这部报告写序。

二

《蓟州多宝佛塔考古报告》是天津佛教考古的第一部报告，为以后的天津佛教考古研究工作开辟了道路。这部报告的成绩如何，读者阅读之后自会有了解和评价，我不必多说。我认为，这部考古报告在组织与研究考古材料上的一些方法可资学习借鉴。

（1）该报告分为四章。第一章概述自然环境、历史背景、考古与文物保护工作。第二章分述佛塔整体形制与各部位特征。第三章按塔层、佛龛分述出土文物。第四章总结蓟州多宝佛塔、出土造像定名、年代与分布，以及佛造像的装藏。全书四章以及每章各节的逻辑关系非常清楚。

蓟州多宝佛塔为八角形十三级密檐式实心砖塔，由塔基、塔座、塔身、塔顶构成。塔身第二层至第十三层的南、西、北、东四面各有一个佛龛。第三层至第十三层的38个佛龛里发现了文物，每个佛龛包含的文物有所区别。该报告特别指出：“这种四面佛龛供奉造像的方式十分独特，在明代佛教遗址中首次发现。”佛龛内的文物，即佛教文化所说的装藏。多宝佛塔出土的装藏文物，分为造像（佛教的、道教的）、佛造像附属物（佛塔模型、佛龛、佛珠等）、钱币三类。各层佛龛的装藏物品与安放方式，与以往考古发现的佛塔装藏存在着较为明显的区别。因此，用什么方法讲清楚这个塔的出土文物，成为写好报告的关键。

（2）该报告将十三级密檐佛塔视为多层次堆积的遗址，佛塔的一层如同遗址的一层堆

---

① 夏鼐：《田野考古方法》，《夏鼐文集》（上），社会科学文献出版社，2000年。

② 天津市文化遗产保护中心：《西青元宝岛：明清至民国时期墓地发掘报告》，天津社会科学院出版社，2023年。

积，每层的四个佛龛相当位于同一层的遗迹单位。基于这种认识，报告把塔身的一“层”设为第三章的一“节”，按照塔身自下而上的层次编排节次。不难看出，这样表述考古资料的方法是以考古层位学作为理论基础。

第三章各节“以佛教‘绕塔’顺序，按南、西、北、东顺时针方向安排各单位前后（四个佛龛的次序）。每个佛龛的介绍分为佛龛形制与包含物、龛内文物位置与保存状况、佛龛内出土文物与装藏情况三大部分”。报告说的“绕塔”是佛教的一种实践方式，按照佛教传统必须右绕佛塔，绕塔如同礼佛，右为佛像的右侧，右绕就是面向佛塔顺时针绕行。依据佛教实践方式确定佛龛的次序，既符合佛教仪轨，又有助于认识佛塔装藏的内涵。

第三章各节以佛龛为基本单位，详细记录了每个佛龛内文物的出土信息，以及组合关系、摆放位置。在一个佛龛内安放二尊以上造像，便构成一定的位置关系。佛龛内造像摆放分为两种方式，一种是纵向摆放，构成前后关系，如第三层南龛内的三尊造像；另一种是横向摆放，构成左右关系，如第十二层南龛的三尊造像。佛龛内的造像显然不是随意摆放的，一定位置关系应当表达了一定意义，需要重视起来加以研究。

（3）该报告第四章是对出土文物的考古类型学、年代学研究。依据造像的形态特征，结合佛教文化传统与道教文化传统，对全部造像进行分类、定名。通过对比年代明确的出土与传世造像，认为蓟州多宝佛塔出土的大部分造像与明代晚期造像的特征吻合，只有少量明代早、中期特征的造像。佛塔出土铜钱与该塔石匾记载的启建和竣工的时间高度吻合①，佛龛内造像是佛塔建好后一次性供奉的，因此造像的制作年代均不晚于佛塔竣工时间（1652年）。

第四章用“佛龛出土造像统计表”和佛龛各层“文物分布平面示意图”，记录了第三层至第十三层佛龛内佛教造像及附属物、道教造像的空间分布情况，很方便研究单个佛龛内造像的组合关系，以及每层佛龛造像的组合关系。如果把塔身层次、佛龛位次、造像在龛内的具体位置与这两种组合关系结合起来，就能够对装藏文物进行考古情境分析，进而探索佛塔装藏的含义。

（4）这部报告最大特点是记录的考古现象尤为详细。这里将报告记录的现象与已经发表的佛塔考古资料进行比较，如江苏苏州瑞光塔②、天津蓟州独乐寺塔③、北京房山香光寺多宝佛塔④、陕西泾阳崇文塔⑤的装藏，就能够发现蓟州多宝佛塔与这些佛塔有许多不一样的地方。例如：蓟州多宝佛塔装藏只有造像及附属物，没有佛经和珍宝；按照塔层、佛龛顺序摆放造像的方式十分独特；佛龛内造像有的纵向排列，有的横向排；道教造像只出现在第四层和第十三层；九龙浴太子造像放在第八层南龛，位置恰好是第三层至第十三层的中央；铜钱自下而上依

---

① 蓟州“多宝佛塔”石匾两侧刻有“大明崇祯十七年启建”和“大清顺治九年修完”。

② 苏州市文管会、苏州博物馆：《苏州市瑞光寺塔发现一批五代北宋文物》，《文物》1979年第11期。

③ 天津市历史博物馆考古队、蓟县文物保管所：《天津蓟县独乐寺塔》，《考古学报》1989年第1期。

④ 邢鹏：《房山区大韩继村香光寺多宝佛塔内出土文物概况及相关研究》，《北京文博文丛》2020年第2期。

⑤ 杜文：《崇文塔瘗藏明代佛道教金铜造像探讨》，《收藏》2019年第3期。

朝代先后摆放，第五层南龛出土万历通宝和崇祯通宝，第七层南龛、西龛、北龛、东龛均出土崇祯通宝，第十二层西龛出土顺治通宝，第十三层南龛出土顺治通宝，铜钱用以表示时间顺序。种种现象表明，蓟州多宝佛塔装藏不同于以往发现的佛塔装藏，暗示其中可能蕴藏着某种特定含义。

二

蓟州多宝佛塔装藏是北少林寺僧人施行装藏行为的结果，佛塔装藏为什么这样安放，僧人们想要表达怎样想法，认知考古学研究可以通过情境中的文物，揭示出当年僧人的思想与行为。认知考古学研究有两个重要内容，一是实证依据，另一是认知图。

（1）该报告称，第三层南龛内纵向排列绿度母像、观音菩萨像、释迦牟尼像。其他三面佛龛没有发现遗物。

这种造像组合最早见于《大唐西域记》卷八《摩揭陀国上》记鞮罗择迦伽蓝及附近佛遗迹："中精舍佛立像高三丈，左多罗菩萨像，右观自在菩萨像"，季羡林等注："多罗，梵文Tārā音译，意译为眼、眼瞳，多罗菩萨即多罗观自在，观自在菩萨的化身，坐在其西。案：观自在具有定、慧二德，毗俱胝主其慧德，作男性；多罗主其定德，作女性。因从观自在如来眼，故云多罗（眼）观自在。《大方广曼殊室利经》：'多罗大悲者，一切之慈母，天人及药叉，无一非子者，故号世间母'……密宗则为度母。"①

（2）该报告称，第四层南龛内纵向排列灵宝天尊像、药师佛像。西龛内横向排列真武大帝像（按，此造像脚下没有蛇龟，且放在西方，疑非真武大帝，或为护法神像）、阿弥陀佛像、日光菩萨法器（按，以法器象征日光菩萨）。北龛未发现文物迹象。东龛是释迦牟尼佛像。

这层造像之间的关系需要特别注意：佛、道造像放在同一龛内，道教造像在前，佛教造像在后；灵宝天尊像与护法神像构成对应关系；药师佛像与日光菩萨（胁侍）法器构成对应关系；释迦牟尼佛像、阿弥佗佛像、药师佛像构成象征空间的对应关系。

（3）该报告称，第五层南龛为观音像，北龛为文殊菩萨像，东龛为观音菩萨像。第五层的三尊菩萨像平列，与第十一层相似，只有菩萨（或弟子）像，没有佛像。从第五层开始出现铜钱的现象也应注意，第五层起到佛塔装藏内容分节的作用。

如果把第三层、第四层、第五层的装藏结合起来分析，就能看出装藏所具有的叙事功能。第五层仿佛说下面是过去的事情，那么，过去又发生了什么事情？第三层以古老的佛教造像组合说明盘山法兴寺佛教起源，第四层以佛教与道教造像的位置关系体现元初的佛道之争。

金末元初的法兴寺，因全真教兴盛被道士侵占，改名栖云观，佛塔遭到毁坏。蒙古宪宗五年（1255年）、八年（1258年），僧道两次大辩论，道士惨败，曾经参与大辩论的释祥迈奉敕撰《大元至元辨伪录》，记录了大辩论的始末。两次大辩论后，栖云观复名法兴寺，而后改

① （唐）玄奘、辩机著，季羡林等校注：《大唐西域记校注》，中华书局，1985年，第650～652页。

为北少林寺，其间过程颇为曲折，参见本书第一章第一节。《大元至元辨伪录》卷三有这样一段记载："那摩大师少林长老奏来：先生（按，即道士）毁坏了释迦牟尼佛底（按，今作的）经教，做出假经来有。毁坏了释迦牟尼佛底（的）圣像，塑著老君来有。把释迦牟尼佛塑在老君下面坐有。"[①]多宝佛塔第四层佛龛里的道教造像在前、佛教造像居后，与《大元至元辨伪录》"释迦牟尼佛塑在老君下面坐有"是一样的，历史文本活化了考古情境。

蓟州多宝佛塔第三层佛龛造像与第四层佛龛造像组成一节内容，讲述了金元时期盘山法兴寺佛教发端与佛道辩争的故事。

（4）该报告称，第六层四面佛龛各有一尊造像。南龛为释迦牟尼像，右手施触地印，左手施禅定印，结跏趺坐于仰覆莲台上。西龛为观音菩萨像。北龛为观音菩萨像。东龛为释迦牟尼像，右手施说法印，左手施禅定印，结跏趺坐于仰覆莲台座上。

这层南龛释迦牟尼佛与东龛释迦牟尼佛构不成对应关系而没有意义。根据佛教文献与北魏以来金铜佛造像，这两尊佛像应当是释迦牟尼佛与多宝佛，象征现在与过去。

北魏开始流行的释迦多宝佛并坐金铜像，源自《妙法莲华经·见宝塔品》："尔时多宝佛，于宝塔中分半座，与释迦牟尼佛，而作是言：'释迦牟尼佛，可就此座。'即时释迦牟尼佛，入其塔中坐其半座，结跏趺坐。尔时大众。见二如来在七宝塔中师子座上结跏趺坐。"[②]目前见到的北朝至明代的释迦多宝佛金铜像为二佛并坐，造型基本一致，手印或同或异。北京房山香光寺多宝佛塔出土的明代万历释迦多宝佛金铜像，二佛并坐一莲座上，左边（视者方向）佛像右手施触地印，左手施禅定印，右边佛像右手施说法印，左手施禅定印。蓟州多宝佛塔南龛佛造像手印与东龛佛造像手印，分别与房山多宝佛塔出土释迦多宝佛金铜像的左边佛像手印与右边佛像手印相同。

（5）该报告称，第七层南龛出土释迦牟尼佛像，西龛出土阿弥陀佛像，北龛出土阿弥陀佛像，东龛出土地藏菩萨像。

这层的四面佛龛造像构不成对应关系，疑原报告定名有误。释迦牟尼佛（象征中央）、阿弥陀佛（象征西方）、药师佛（象征东方）为佛教文化里的三方佛。蓟州多宝佛塔第四层出有三方佛像，第七层北龛造像应为药师佛像。东龛地藏菩萨适为北龛药师佛的胁侍菩萨。

蓟州多宝佛塔第六层佛龛造像象征时间，第七层佛龛造像象征空间，这两层的内容属于佛教哲学思想范畴，佛教既是宗教也是哲学。

（6）该报告称，第八层南龛出土九龙浴太子像（按，2017年多宝佛塔维修工程最先发现的恰是这尊造像），西龛出土释迦牟尼像，北龛出土地藏菩萨像，东龛出土观音菩萨像。

第八层位于第三层至第十三层的中间，此层的上面、下面各有五层，第八层当是中轴线。据《大唐西域记》卷六《劫比罗伐窣堵国》记腊伐尼林及释迦诞生传说，太子降生后，不扶而行于四方，各行七步，而自言曰："天上天下，唯我独尊。"[③]第八层南龛安放九龙浴太子像

① （元）释祥迈：《大元至元辨伪录》（中华再造善本）卷三，北京图书馆出版社，2002年。

② （后秦）鸠摩罗什译，李海波注译：《妙法莲华经注译》，中州古籍出版社，2010年。

③ （唐）玄奘、辩机著，季羡林等校注：《大唐西域记校注》，中华书局，1985年，第523页。

的用意是非常明显的。

（7）该报告称，第九层南龛出土释迦牟尼像，西龛出土文殊菩萨像，北龛出土木塔模型，塔内置阿弥陀佛像（擦擦），东龛出土观音菩萨像。

这层南龛造像与北龛造像构成对应关系，文殊菩萨为释迦牟尼佛的胁侍菩萨。北龛造像与东龛造像构成对应关系，观音菩萨为阿弥陀佛的胁侍菩萨。

（8）该报告称，第十层南龛出土释迦牟尼像，西龛出土阿弥陀佛像，北龛出土木塔模型，塔内置释迦牟尼佛像（擦擦），东龛出土阿弥陀佛像。

这层造像分为两组：南龛释迦牟尼佛像与西龛阿弥陀佛像，北龛释迦牟尼佛与东龛阿弥陀佛像。考虑到多宝佛塔第八层（中轴线）上面五层与下面五层的对应关系，第十层的内容应与第六层的内容对应，第十层造像组合很可能也是《见宝塔品》释迦、多宝二佛，象征现在与过去。

蓟州多宝佛塔第九层、第十层的造像组合与第六层、第七层的造像组合构成对应关系，同样体现了佛教哲学思想。

（9）该报告称，第十一层南面出土观音菩萨像，西龛出土观音菩萨像，北龛没有造像，东龛出土弟子阿难像。第十一层没有佛像，为二菩萨一弟子像（按，弟子与菩萨的地位相当），此层也是用以划分内容段落。

（10）该报告称，第十二层南龛出土三尊造型相同的阿弥陀佛像，两尊在前，一尊在后。西龛出土三尊白瓷造像，两尊达摩像在前，观音菩萨像在后。北龛没有发现遗物。东龛出土宝生佛像。

这层南龛的三尊阿弥陀佛像明显具有汉传佛教艺术风格。西龛的达摩像、观音像均为福建德化窑白瓷产品，达摩祖师为佛教禅宗创始人。东龛出土宝生佛像为藏传密宗金刚界五方佛之一。第十二层汉传佛教造像、禅宗造像与藏传佛教密宗造像平列在同一个层位上，形象体现出汉传佛教与藏传佛教的融合。

（11）该报告称，第十三层南龛出土木质佛龛和鎏金铜覆钵式塔模型，龛内供奉铜坐像一尊，螺发，着袒右肩式袈裟，结跏趺坐，形象较模糊。西龛出土何仙姑像，北龛出土日光菩萨像，东龛出土太子像。

经观察实物，南龛佛塔模型龛内似为释迦牟尼像。这层造像可以分为两组：一组是释迦牟尼佛与悉达多太子，象征现在与过去，用悉达多太子（释迦牟尼诞生）昭示一个新时代的开始，同时又与第三层东龛释迦牟尼佛像遥相呼应。另一组是道教何仙姑与佛教日光菩萨，二造像平列于同一层互不相扰，与第四层的逼仄形成鲜明对比，充分体现出佛道共生，和谐相处。

明朝时期佛道共生的原因，可以从内因与外因两个方面分析：一方面，佛教在中国本土化过程中，吸收了中国传统文化的包容性；另一方面，明朝设立僧道管理机构，加强对佛教和道教的管理。据《明史·职官志》记载，明洪武十五年（1382年）置僧录司、道录司，掌天下僧道。在外府州县有僧纲、道纪等司，分掌其事，俱选精通经典、戒行端洁者为之[①]。

---

① （清）张廷玉等撰：《明史》（点校本），中华书局，1974年。

蓟州多宝佛塔第十二层的含义为汉藏佛教融合，第十三层的含义为佛道共生。

多宝佛塔第三层至第十三层佛龛出土造像整体情况，参见表一。

表一　蓟州多宝佛塔出土造型组合与内容结构

佛塔层次	造像组合	内容结构
第十三层	释迦牟尼佛、何仙姑、日光菩萨、悉达多太子	佛道共生
第十二层	阿弥陀佛、阿弥陀佛、阿弥陀佛、达摩、观音菩萨、达摩、宝生佛	汉藏融合
第十一层	观音菩萨、观音菩萨、弟子阿难	分节线
第十层	释迦牟尼佛、多宝佛、释迦牟尼佛、多宝佛	弘扬佛法
第九层	释迦牟尼佛、文殊菩萨、阿弥陀佛、观音菩萨	弘扬佛法
第八层	九龙浴太子、释迦牟尼佛、地藏菩萨、观音菩萨	中轴线
第七层	释迦牟尼佛、阿弥陀佛、药师佛、地藏菩萨	弘扬佛法
第六层	释迦牟尼佛、观音菩萨、观音菩萨、多宝佛	弘扬佛法
第五层	观音菩萨、文殊菩萨、观音菩萨	分节线
第四层	灵宝天尊、药师佛、护法、阿弥陀佛、日光菩萨法器、释迦牟尼佛	佛道之争
第三层	释迦牟尼佛、度母菩萨、观音菩萨	佛教发生

概括前述，多宝佛塔第三层是北少林寺故事开头，第四层是故事发展，第五层至第十一层是弘扬佛法，第十二层是故事高潮，第十三层是故事结尾。当我们把佛塔造像组合、内容、象征、分节等归纳在一起，就能够明显看出来，佛龛里造像摆放的目的非常明确，是按照事先设计好的“脚本”摆放的。这个“脚本”隐藏在主持装藏僧人头脑里，这就是认知考古学上的认知图。

认知图是一个逻辑系统，把佛塔各层、各龛、各个造像以及其他文物按照逻辑关系组织起来。值得注意的是，多宝佛塔装藏的“脚本”具有一定的文学性，采用了唐宋以来寺院僧人俗讲的方式，第三层至十三层的内容结构，与元杂剧“四折一楔子”多少有些相似，这个“脚本”可能受到明清佛教俗文学的影响。

考古学上的“透物见人”是通过考古遗存及其存在方式，揭示古代人的思想和行为；用古代人的思想和行为去理解与解释考古遗存及其存在方式。因此“非常需要注意遗物出土时的特定的共存关系；因为遗物的组合、遗物的整体才是实质性的，而单一孤立的物体则不是”[①]。研究者对考古遗存的理解与解释，只能够接近历史的真实，而不是历史的真实。

三

蓟州多宝佛塔用造像讲述历史故事与弘扬佛法，以可视化的方式连接信仰与实践，让信众

① 〔英〕科林·伦福儒、保罗·巴恩著，中国社会科学院考古研究所译：《考古学：理论、方法与实践》，文物出版社，2004年。

能够更加容易理解与记忆佛教教义和传统，同时也有助于佛教宇宙观和价值观的传播。蓟州多宝佛塔这种形式与内容的装藏，在中国考古上第一次发现，非常难得，弥足珍贵。

蓟州多宝佛塔通过考古手段和方法，在考古情境中获得以物叙事的考古遗存及现象，揭示出元明清多元一体背景下，佛教与道教从争斗到共生的历史事实。多宝佛塔出土文物组合与分布，映射出明清时期僧人俗讲与元代杂剧、明清章回小说杂糅的俗文学，使我们对中国北方地区明清时期民间文化有了新的认识。

蓟州多宝佛塔出土文物，集中反映出明清时期中国北方地区和南方地区的民间佛像造型艺术审美与工艺水准。其中，明代鎏金铜九龙浴太子像，将人物与建筑巧妙结合在一起，用以表现佛教中国本土化的传说故事，是一件艺术价值极高的明代民间工艺品代表作。佛教造像是一种艺术表达，具有美学价值，它们反映了佛教信仰所赋予的审美观念，同时也成为文化与历史的一部分。

蓟州多宝佛塔集西域、东土，藏传、汉传佛教造像与道教造像于一体，生动反映出中国北方地区明清时期多元文化融合与共生。佛塔出土文物实证了中华文明的统一性和包容性，使我们进一步加深对中华优秀传统文化的深厚历史底蕴，以及思想道德精华的认识与理解。

陈　雍

2024年9月28日

目　　录

插图目录

插表目录

图版目录

第一章 概　　述

第一节 地理位置、自然环境与历史沿革

蓟州多宝佛塔又称少林寺塔，位于天津市蓟州区（原蓟县，发掘时尚未撤县置区）西北12千米的盘山东麓腹心的龙首山上。

蓟州区是天津市最北部的区，也是天津唯一的半山区。北部为山地，南部为平原。整体地势北高南低，山区、平原对等分布。蓟州区东西宽56千米，南北长55千米，总面积1590.22平方千米①。盘山，位于蓟州区西北，燕山山脉南缘，南距天津市区约110千米，西距北京市约90千米（图一）。盘山以“五峰八石”“三盘之胜”称绝。主峰挂月峰海拔864.4米，前拥紫盖峰，后依自来峰，东连九华峰，西傍舞剑峰，五峰攒簇，怪石嶙峋，形成了上盘松胜，蟠曲翳天；中盘石胜，怪异神奇；下盘水胜，溅玉喷珠的“三盘之胜”。北少林寺位于中盘东麓，官庄镇砖瓦窑村东。多宝佛塔位于寺东龙首山上，地理坐标为东经117°16′40.5″，北纬40°05′33.8″，海拔高度304米（图二；图版一，1）。龙首山周围地势较低，山前有两溪交汇，泄注形成“红龙池”，池水四季不断。池北石壁上，雕凿一条腾跃的红龙，倒影随碧波浮动，栩栩如生。龙首山后是盘山五峰之一紫盖峰，另一寺庙遗迹“正法禅院遗址”也处于龙首山后不远的山谷内。

盘山以俊美的自然风光和众多寺庙、古塔、碑刻闻名，素有“京东第一山”“北五台山”之美称，是天津市域内最重要的自然与人文双重遗产。历代僧侣名士在此辟山建寺、修庙筑塔。盘山东麓千像寺遗址前竖立辽统和丁亥年（987年）石碑一通，额书“盘山千像祐唐寺创建讲堂碑”。碑文记：“此境旧有五寺，祐唐者乃备其一。爰自大兵之后，并已烬灭。应历十二年（962年），化求财尽，盖佛殿一座。保宁四年（972年），又建厨库、僧堂二座。其堂也，保宁十年创建……”②至今，山中的定光佛舍利塔、天成寺舍利塔、普照班师塔等佛塔依然矗立，诸多寺庙遗迹尚存，证实着不断延续和发展的盘山历史。奇美的自然景观与兴盛的文化景观相辅相成，吸引了诸多文人墨客屡游盘山，留下大量名句诗作。清人陈廷敬有诗云：“我闻盘山七十二佛寺，寺寺落花流水中。”③乾隆帝也曾敕纂《钦定盘山志》对盘山历史文

---

① 天津市蓟州区地方史志办公室编著：《蓟州年鉴（2018）》，天津人民出版社，2018年。

② 天津盘山风景名胜区管理局：《盘山金石志》，天津古籍出版社，2013年，第2页。

③ （清）蒋溥等：《盘山志》卷十三《艺文四》，上海古籍出版社，1993年，第281页。

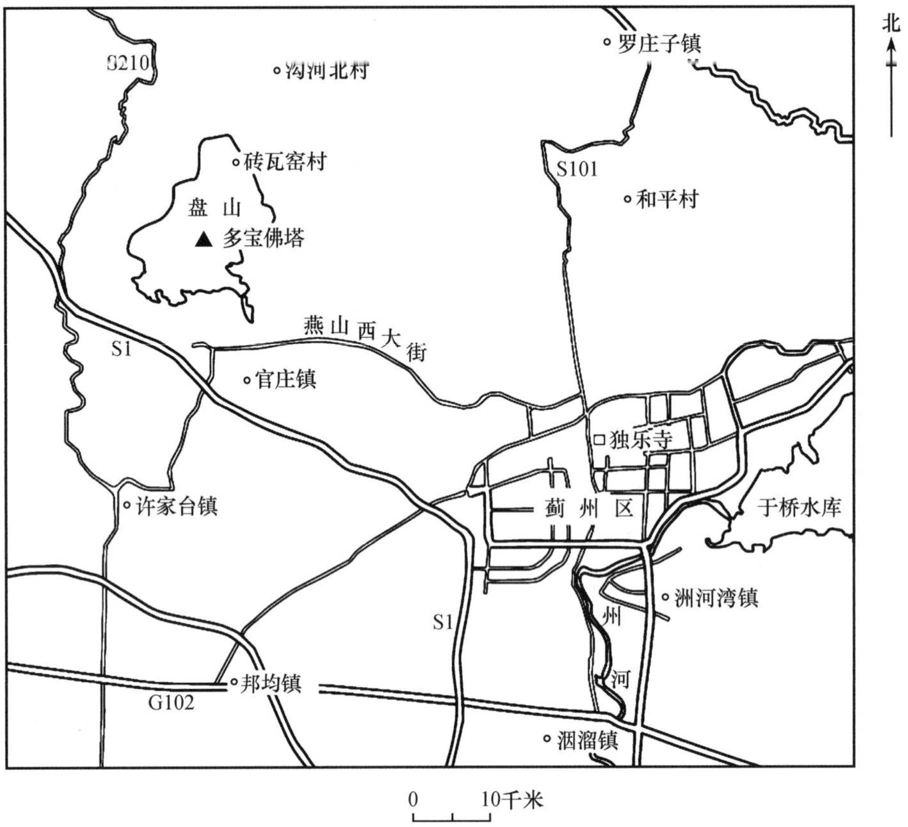

图一　蓟州多宝佛塔区位图

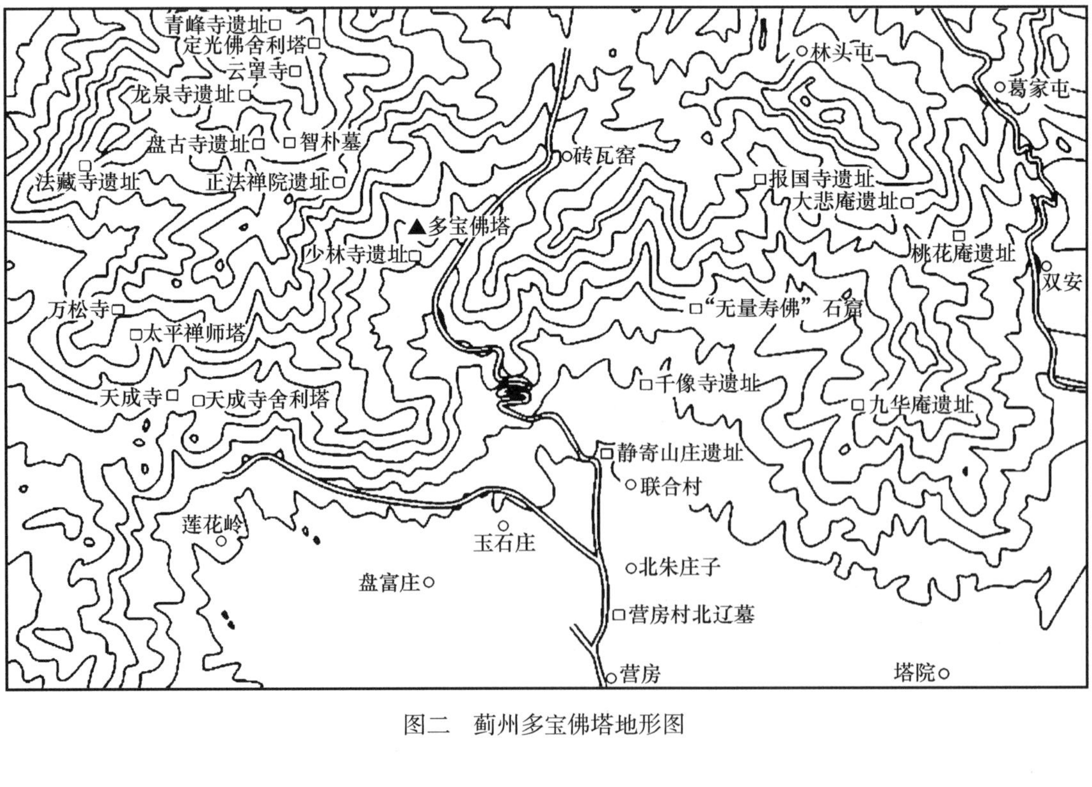

图二　蓟州多宝佛塔地形图

化进行梳理与总结。清乾隆九年（1744年），乾隆帝在盘山建静寄山庄作为行宫。这是继康熙建避暑山庄、雍正建圆明园之后的第三座皇家园林，乾隆、嘉庆皇帝曾多次驻宿于此。静寄山庄分内八景、外八景、新六景，附载十六景，共三十八景，北少林寺及多宝佛塔是静寄山庄附载十六景之一。

北少林寺，初名法兴寺。始建年代已不可考，金大定壬午年（1162年），圆新和尚成为法兴寺主持[①]。寺前的水潭后部石壁上镌刻“红龙池”三个隶书大字。落款带川隶。下又刻“大定七年（1167年）八月廿日”年款。金元之交，蓟州地区战乱频繁，法兴寺也由此衰落。全真教道士丘处机大兴全真教，广建道观。1221年，全真教道士王志谨主持盘山教务，占据法兴寺，后奏请国母太后改法兴寺为栖云观，并请丘处机题额。1255年，佛道因法兴寺（栖云观）权属，展开首次辩论，佛教获胜，栖云观被朝廷判予僧人，但全真教并未交还。1258年，佛道在开平城再次辩论，佛胜道败。栖云观重回僧人手中并复名法兴寺。祥迈《大元至元辨讹录》云：“盘山中盘法兴寺，亥子年间（即宋德祐年间）天兵始过，罕有僧人。海山本无老师之嗣，振公长老，首居上方，橡栗充粮，以度朝夕。全真之徒挟邱公之力谋占中盘，乃就振公，假言借住，振公以谓，道人栖宿犹胜荒凉，且令权止占居。既久，遂规永定，王道政、陈知观，吴先生等，乃改拆殿宇，打损佛像。又冒奏国母太后娘娘，立碑改额为‘栖云观’。院内古佛舍利宝塔，高二百尺，又复平荡，影堂正殿三间、云堂奚皆拆坏。屡僧争而不能革。乙卯年，圣旨断与和尚，不肯分付。后上方长老云公奋其无理，破碎其碑，奏告今上皇帝。又共那摩大师，少林雪庭福裕禅师朝觐蒙哥皇帝，具陈其事，圣旨委付。今上皇帝改正其弊，却为僧院，即（延祐）戊午月初四日也。”[②]中统年间，云威禅师入住法兴寺后，“立僧接武”，更名北少林禅寺[③]。佛道逐步由冲突走向共存，少林寺进入一个稳定发展的阶段。明成化五年（1469年），宝峰德聚禅师重修北少林寺[④]。正德年间监察御史卢雍与户部郎中于君觉游北少林，在“红龙池”边小憩，留下了“正德十年十二月二十九日，户部郎中于君觉甫至，同登上盘。即下，小憩池上，因题。监察御史吴卢雍师邵记”的题刻[⑤]。明崇祯十五年（1642年），清军攻陷蓟州城，盘山成为晚明遗民遁世求生的庇护所。明崇祯十七年（1644年），多宝佛塔复建于寺东北龙首山上。清顺治九年修建了四条登山石阶及石板路。康熙中期，僧人本住再修北少林寺。清乾隆十年（1745年）敕修大殿，悬御书“禅指直趣”匾。民国十五年（1926年），多宝佛塔塔刹被盗。抗日战争时期，北少林寺毁于战火（图三）。

---

① （清）蒋溥等：《盘山志》卷八《方外二·元》，上海古籍出版社，1993年，第188页。

② （元）祥迈：《大元至元辨讹录》（中华再造善本）卷三，北京图书馆出版社，2002年，第18页。

③ （清）蒋溥等：《盘山志》卷八《方外二·元》，上海古籍出版社，1993年，第189页。

④ （清）蒋溥等：《盘山志》卷五《寺宇·少林寺》，上海古籍出版社，1993年，第133页。

⑤ 卢雍，明朝吴县人，字师邵，正德间进士。曾任监察御史，曾上书阻止明武宗朱厚照北狩兴建行宫。于范，字觉甫，为明吏部侍郎。

1991年8月2日，天津市人民政府将多宝佛塔公布为天津市文物保护单位，划定多宝佛塔的保护范围。2015年，天津市人民政府批复的《天津市境内国家级、市级文物保护单位保护区划》再次明确了多宝佛塔的保护范围。

图三　北少林寺与多宝佛塔历史图

［引自（清）蒋溥等：《盘山志》卷二，图下，附载十六景，少林寺，上海古籍出版社，1993年，第82页］

第二节　项目缘起、前期勘察与工作准备

多宝佛塔自1652年竣工后，无修缮记载。2015年因塔身的结构性裂隙、歪闪、砌体抗剪强度降低等诸多病害加剧，原蓟县文物保管所向天津市文物局上报了《关于多宝佛塔抢救性维修立项的请示》，并获得批准，同年天津市文物局批准了天津大学建筑设计研究院编制的《蓟县盘山多宝佛塔修缮工程勘察设计方案》。2017年9月开始多宝佛塔的保护修缮工作。

2017年10月2日，在多宝佛塔的维修施工中，八层密檐间南向佛龛的封砖脱落，佛龛内发现文物（图版一，2）。施工方立即向蓟州区文物局做出汇报。随后蓟州区文物局向天津市文物局做出相关汇报，天津市文物局指示天津市文化遗产保护中心立即处置。我单位派遣程绍卿、甘才超两位同志赶赴现场，按照考古发掘流程提取出铜质鎏金佛教造像九龙浴太子一套（图版二，1）。通过现场初步探查发现其他密檐间佛龛内亦有文物存在迹象，因设备条件不足，无法具体判定。天津市文化遗产保护中心向天津市文物局与蓟州区文物局做出汇报，随后天津市文物局向国家文物局、蓟州区文物局向蓟州区人民政府做出相关汇报。国家文物局与蓟州区人民政府高度重视，国家文物局与天津市文物局指示我单位尽快做好抢救性考古清理与文物保护工作，并要求中国文化遗产研究院给予技术支持，要求我中心聘请文物保护、佛教考古的相关专家进行指导。蓟州区人民政府指示蓟州区公安局、官庄镇、盘山管理局、蓟州文物局协调合作，共同作好相关的安全保障工作，协助市文物部门开展考古清理与文物保护。

2017年10月11～14日，中国文化遗产研究院专业人员携带直径10.0毫米和2.8毫米的内窥设备到现场开展勘察工作。经现场测试对比，10.0毫米的内窥设备可基本满足检测要求。通过内窥设备探查发现，蓟州多宝佛塔第三层至第十三层的佛龛内均存在文物线索，确定文物21件，疑似文物8件，不确定9件，共38件（表一）。已确定的文物有铜、木等质地，多为造像、法器等，佛龛内有蜂窝、鸟巢等包含物。考虑到佛塔供奉的形式，结合以往出土过文物的佛塔实际情况，出土纸质、丝织品、水晶、琉璃、玛瑙、金银、陶瓷等文物的可能性较大，天津市文化遗产保护中心制定了保障项目实施的工作方案，并展开考古发掘与文物现场保护工作的前期准备。

表一　蓟州多宝佛塔佛龛内窥统计表[①]

	东	南	西	北	数量
有造像	3	6	3	5	17
疑似	2	0	1	1	4
疑像	2	0	1	1	4
法器等	0	2	1	1	4
无法确认	2	3	2	2	9
无	3	1	3	3	10
备注	南13层有木箱，南8层已取出，南12层未检测				

工作方案严格按照田野考古操作规程、遵循普遍认同的文物科技保护基本原则，从实际情况出发，对人员构成、工作程序与方法、清理与保护具体措施提出相关要求。

一、人员构成

聘请詹长法、李裕群作为现场指导专家。天津市文化遗产保护中心梅鹏云担任领队，刘健负责现场，尹承龙、陈鑫协助，组成考古发掘组，配备架子工、瓦工、吊装人员，负责文物提取、紧急处理、包装与吊装。中国文化遗产研究院杨淼、马菁毓、李元涛组成文物保护组，负责出土文物的紧急加固保护；由蓟州区文物局、蓟州区文物保管所组成后勤保障组，协助现场工作；由蓟州区文物保管所、蓟州区公安局组成保卫运输组，负责保卫、运输文物，保证文物安全运送到蓟州文物保管所库房（图版三，1）。

① 杨淼、李园霖：《蓟县多宝佛塔佛龛内窥检测分析报告》，天津市文化遗产保护中心（内部资料），第2页。

二、工作程序与方法

（1）发掘顺序采取由高至低、逐层向下的方法，从第十三层开始依次向下清理。每一层根据佛龛方向以南、西、北、东为顺序进行清理，遇到龛内遗存较多的情况，则自上而下进行。每一层文物提取完成后，工作台面向下移动，继续下一层的清理工作。

（2）每一个佛龛先剔除灰缝，后打开封砖，内部清理完成后将取下的封砖放置在其内部，便于佛塔维修时还原。

（3）文物发掘的文字影像记录以考古发掘的记录手段为基础，严格遵循《田野考古操作规程》，补充文物保护内容。提取文物时需对其进行临时编号，每一龛设定为一个单位，根据层数与方向命名，例如：第十三层南部佛龛第一件以T-13N-1命名；南、西、北、东四个方向以汉语拼音开头的字母命名，后期整理时统一按照考古工作规范编号。

（4）佛龛内的所有包含物全部提取，文物与包含物分别包装，再整体打包，待田野工作结束，进入室内开展初步整理工作，包含物的采样、分析工作一并开展。

（5）现场清理中如果遇到糟朽严重的文物，采取用现场加固后整体提取方法操作。

（6）文物紧急清理保护后暂存临时库房，由专人看护，每半日转运至蓟州区文物保管所库房，本次工作全部结束后转运到天津博物馆暂存。

三、清理与保护具体措施

多宝佛塔位于山巅，文物置身于塔身上部第三至第十二层密檐之间的南、西、北、东四面佛龛内，净空高度8.5～21.3米。蓟州多宝佛塔本体是天津市的市级文物保护单位，文物清理工作应保障佛塔、龛内文物与施工人员的安全。

（一）扩大工作面，搭建吊装系统，保障文物与人员安全

已有的蓟州多宝佛塔维修工作台面约90厘米宽，无法满足文物提取工作需要，应扩大至150厘米左右，以满足工作需要；工作高度距地表约8.5～23.5米，因此，应搭建吊装系统保障文物安全；此外，考虑到现场情况，还应配置安全带、防护服、安全帽等装备保障人员安全。

（二）搭建临时保障用房，聘请专业人员开展工作

为满足文物现场清理保护需求，搭建临时保障用房，安排具有相关经验的考古、文物保护、古建筑保护工作人员与技术工人开展现场清理工作，聘请有关专家进行技术指导与监督。

（三）根据文物保存状况，采取相应提取手段，保障文物安全

本次文物发掘工作以考古发掘的记录手段为基础，丰富、补充文物保护内容，完善资料记录。鉴别文物保存状况，文物的强度和质地优劣需现场甄别。腐蚀严重或糟朽的出土文物，需要紧急加固保护处理。对文物应轻撬、轻提、轻放，使器物与粘连物脱离，再转移至垫有缓冲物质的托板上运出；在临时工作室内，对器物表面简单清理，仔细包裹，防止碰撞或挤压对文物造成损害。遇到较脆弱的纺织品、纸张等文物，可在进入库房后紧急揭展、加固。无机质文物可以采用蒸馏水进行简单清洗，干燥、包裹后，放入硬质文物包装箱内，运往蓟州文物保管所库房。前期内窥观察到的蜂巢、鸟巢应作为遗物整体提取，回到室内进行筛选。

第三节 文物清理与装藏提取工作过程

本次考古工作分为佛塔佛龛发掘和室内装藏提取两部分进行。在田野工作中共发掘佛龛40个，发现造像45件（套）、铜法器2件、佛塔模型3件（套）、木质佛龛1件、铜钱数十枚、丝织品和纸制品若干，另有铜镜、金属饰件、铜钱、水晶、琉璃、种子、木盒残片等小件出土。其中纺织品、纸张、小件金属等器物多是已散落的装藏物。出土的部分造像封底完整，有装藏存在的迹象，考虑到现场信息采集与文物保护的条件有限，装藏提取工作需转入室内具备相应条件后提取。

田野清理具体情况如下：

2017年10月下旬，负责多宝佛塔修缮的天津峰成建筑装饰工程有限公司配合蓟州区文物局、蓟州区文物保管所，按照工作方案完成扩大工作面、搭建吊装系统、搭建临时保障用房等工作。蓟州区文物局、蓟州区文物保管所联合蓟州区公安分局落实了出土文物的安全保卫、转运押送工作。蓟州区文物保管所负责准备了文物保护材料与人员的劳保、生活物资，天津市文化遗产保护中心负责准备了文物保护药剂、考古工具。11月1日，考古工作人员、出土文物抢救性保护人员与指导专家全部到达现场。11月2日清晨，开始对多宝佛塔的佛龛进行发掘。按照工作方案首先对第十三层南部的佛龛进行清理，打开佛龛后发现龛内被鸟巢和灰土填满，采集资料后清理上部干草，由于干草填充得较为紧密，只能采取手工方式仔细抽取，发现木质文物散落在干草中，依次提取、包装；继续向下清理，发现铜质文物、木质文物、丝织品，龛后部还有一长方木盒斜立摆放。铜质文物和木质文物直接提取包装，丝织品采用托板提取包装（图版二，2）。前部清理完成后，用不锈钢拖板插入后部板结物内，轻轻撬动，放倒木盒，整体提取、包装。清理完毕后测量佛龛尺寸，记录各项数据。用塑料整理箱将清理出的文物与遗存物分箱打包，吊装至塔下，放入临时库房。

在第十三层北面佛龛内部发现有一铜质造像，佛龛底部有散落的渣土与灰尘。东部佛龛状态与北部相同，堆积比北龛厚一些，清理过程中发现一带莲台造像，莲台与造像分离，造像倾

倒。西部佛龛，打开佛龛后发现内部有散落的渣土、灰尘，顶部有蜂窝，清理后发现一石质造像，已倾倒，有石构件散落在造像前部，提取保护。第十二层西部佛龛内有蜂窝与鸟巢，发现瓷质造像三尊，已倾倒，两尊面部向下，一尊面部向上，佛龛底部发现铜钱1枚。将全部文物与遗存物打包，吊装至塔下，放入临时房内。进行应急文物保护处理后交由蓟州区文物保管所人员运至山下，装入负责押运的专车内，送到蓟州文物保管所库房。当日的田野工作结束后，考古清理与出土文物抢救性保护工作人员赶往蓟州区文物保管所，对第十三层南部佛龛内出土的丝织品进行紧急的回潮、揭展处理（图版三，2）。

11月3日，完成第十二层其余三佛龛和第十一层到第九层佛龛的清理。第十二层北部佛龛清理，龛内布满蜂窝，下部有灰土与蜂蜜的混合物，采集资料后向内清理至龛后部，未见文物痕迹，刮取混合物，也没有发现文物迹象，推测此龛内可能存放有机质文物被蜜蜂蚕食。第十二层东部佛龛，内有渣土、蜂窝，发现一铜造像，已倾倒。第十二层南部佛龛内被蜂巢、鸟巢和灰土填满，采集资料后依次清理，龛内发现三尊金属造像，并发现朱红大漆描金木质文物残片。

第十一层西部佛龛内被蜂巢填满，佛龛内发现木质文物、金属造像和铜钱，文物表面布满蜂蜜与蜂蜡的混合物，龛底布满灰土与蜂蜜的混合物，质地坚硬，文物下部与其粘连。第十一层南部佛龛，龛内被蜂巢填满，发现一造像，下部有一莲台。第十一层东部佛龛和第十一层北部佛龛均被鸟巢和灰土填满。北部佛龛龛底发现念珠散落，并发现木质文物。东部佛龛发现铜质造像一尊，已倾倒。

第十层的佛龛除北部被蜂巢填满，其余三个方向的龛内因密封较好，只有一些灰土覆盖在文物表面。南部佛龛出土金属造像一尊，下带莲座，已倾倒。东部佛龛出土金属造像一尊，下带莲台，莲台下有一须弥座，造像、莲台仰倒，须弥座直立。西部佛龛出土造像与东部形制基本相同，但莲台未倾倒，位于须弥座上。北部龛内清理蜂巢中发现木质文物，为一佛塔模型，有泥质擦擦位于塔模型内。

第九层状况与第十层相近，除东部佛龛内有蜂巢和鸟窝外，其余三龛内只有一些灰土覆盖在文物表面。西部佛龛出土造像一尊，造像底部有木封底。南部佛龛出土金属造像一尊，提取造像时发现底部有散落的丝织品与木封底，糟朽严重，用托板法提取。东部佛龛内被蜂巢、鸟巢填满，清理过程中发现金属造像一尊。北部龛内发现的木质文物与第十层北部佛龛内出土文物相同，塔模型上部倾倒，泥质擦擦在佛塔模型内。

11月4日，清理第八层到第三层的佛龛，共19个。第八层南面佛龛在之前施工中发现九龙浴太子造像，已于10月2日提取。第四层北龛和第三层东、北、西龛在前期内窥镜检测中未发现文物迹象，未进行清理。

第八层状况与第九层相近，龛内只有一些灰土覆盖在文物表面。东部佛龛出土金属造像一尊，已倾倒。西部、北部佛龛皆出土铜质造像，保存相对较好。

第七层状况与第八层相近，除西部佛龛内顶部有蜂巢外，其余三龛内只有一些灰土覆盖在文物表面。四面佛龛皆发现铜钱。西部佛龛内顶部有蜂巢，下部有灰土与蜂蜜混合物，出土铜质造像一尊，已倾倒，造像与莲台分离。南部佛龛出土铜质鎏金彩绘造像一尊，提取造像时发现颈部有断裂迹象，背部用托板加固提取。北部龛内出土铜质造像一尊，已倾倒。东部佛龛内出土铜质造像一尊，结跏趺坐于莲台上。

第六层北部佛龛封砖已脱落，露出蜂巢，西部佛龛内也发现蜂巢，其余两龛内只有一些灰土覆盖在文物表面。四龛内皆出土木质贴金造像。西部佛龛造像被蜂巢包裹，双手脱落。南部佛龛造像从莲台上掉落，造像双手脱落。东部佛龛金造像右手脱落。北部龛内造像上部被蜂巢包裹，下部埋藏在灰土与蜂蜜的混合物中，造像身体从中间裂开。

第五层南部佛龛发现铜质造像，龛内只有一些灰土覆盖在文物表面，清理龛内灰土时发现铜钱。在紧急保护处理时又在造像内发现几个文物小件，应为装藏。第五层东、北两龛内都被蜂巢填满；东部发现铜质造像，已倾倒；北部出土铜质造像，未倾倒。

第四层南部佛龛被鸟巢与灰土填满，清理后发现贴金彩绘泥塑造像一尊，双手脱落；其身后又发现铜质造像一尊。东、西两龛进深很浅，只有15厘米左右，西部被鸟巢填满，剔出北侧灰缝时发现铜质造像一尊，打开封砖清理后在中央、南侧各发现铜质文物一件，中央造像后贴通气孔，南侧为一法器。东部佛龛内出土铜质造像一尊，龛内无其他杂物。

第三层除南部佛龛内被蜂巢填满，清理后发现三尊造像，依次排列，造像全身布满蜂巢，最后一尊造像，坐在用两块残砖为铺垫的台上。

全部清理工作结束后，再次用内窥镜复查第二、三、四层未清理佛龛及“多宝佛塔”石匾后部，均未发现文物痕迹。所有出土文物与佛龛包含物全部安全运输至蓟州区文物管理所库房。蓟州多宝佛塔的田野清理工作告一段落。

多宝佛塔出土造像内的装藏提取工作与出土文物的抢救性保护一同开展。多宝佛塔出土造像内确定带有装藏的共20件，9件造像因倾倒、脱落、封底掉落、动物侵害等原因装藏散落在佛龛内，其余11件造像装藏的提取工作在室内开展。为保证资料信息完整、文物提取安全，首先对造像内部结构与装藏的方式进行分析，采用影像、X射线电磁波对造像内外进行探查分析（图四；图版四）。11件造像装藏情况基本分两类：一是六层佛龛出土的3件木质造像，封口板全部位于造像头部及背后，封口清晰可见，经探查头部空腔无任何物品，背部发

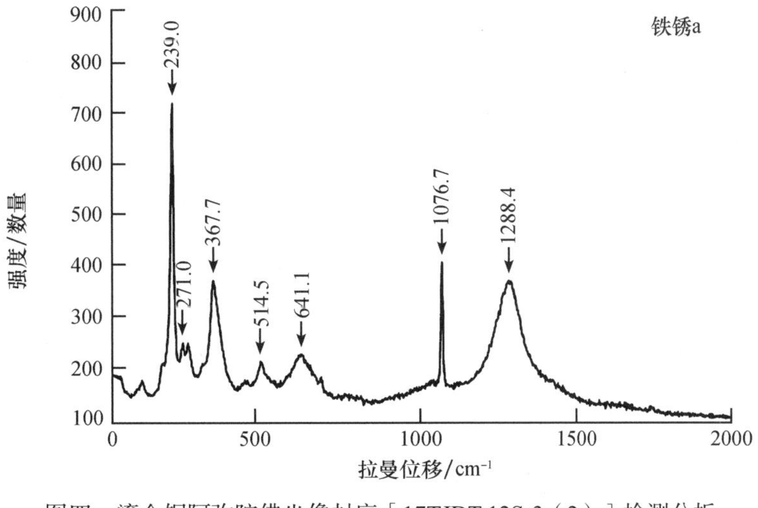

图四　鎏金铜阿弥陀佛坐像封底［17TJDT-12S-3（2）］检测分析

现包裹内疑似为琉璃或玻璃制器物，器形暂时无法明确；二是其余的8件金属造像，装藏保存完好、结构清晰，以悬挂或填满状态保存在造像空腔内，共5件；装藏已掉落或腐蚀殆尽，共3件；金属造像的封口板全部位于造像底部，有的用石灰勾缝黏接密封。木质造像用手术刀沿背部封口板边缘进行切割，直至封口板松动，取下，提取出纸张、琉璃品、纸质卷轴及木屑等；金属造像使用手术刀将封底口边缘或石灰层切开，待封板松动后取下。已粉化的装藏提取残渣分析；已散落的装藏分类提取；保存完好的根据装藏结构与入藏方式依次记录提取；金属造像内提取出棉絮、纸张、豆类、谷物、珍珠、琉璃、木棍、线香、纺织品、铜镜、金属饰等。

以四层南部佛龛出土的鎏金铜药师佛造像［17TJDT-4S-2（1）］装藏提取过程举例。提取前目测观察，造像有木质封底板，封底板边缘有棉絮漏出，造像使用石灰做粉底，粉底上涂红色，封闭底部，部分封底板与造像底部存在缝隙。使用拉曼光谱仪分析粉底上涂红色涂料，结果为朱砂（HgS）；使用X射线电磁波对造像内部进行探查分析，造像内有疑似铜镜与2～3件金属饰件，具体情况需打开封板后确认，似有机类文物，形制无法判断；提取工作中使用手术刀沿封底口边缘石灰层切开，待封底板松动后取下，发现造像内空腔塞满棉絮，棉絮上有折叠纸张一件，展开后为莲花图案，棉絮下有大量豆类，采集后取出棉絮，发现内腔内有第二层棉絮，第一层棉絮底部有一木块（长约1.5厘米），应为塞紧第一层棉絮所用，第二层棉絮取出后，发现其内部包裹有线香24枚、纺织品1件、青铜镜1枚、金属饰物2组，其中一组为双菱形加一心形，一组为有凸槽的长方形器物加一铃铛。铜镜位于纺织品背部顶端，两件金属饰物细绳相连放在纺织品上面，再上放置线香，略包裹后用第二层棉絮包裹（图五；图版四，1）。

第四节　文物保护、资料整理与编写体例

一、出土文物初步整理

2017年11月5～7日，天津市文化遗产保护中心的项目组在蓟州区文物保管所文物库房对多宝佛塔佛龛清理出的文物与包含物进行初步整理、筛选。11月12日对此批文物进行再次防护、包装、登记，文物分装28箱，采集的包含物分装33箱。11月14日，文物全部运送至天津博物馆文物库房常压低氧气调系统消杀后保存。佛龛内的包含物运送至天津市文化遗产保护中心蓟州工作站进行下一步筛选与采样。

二、出土文物抢救性保护

2018年，天津市文化遗产保护中心委托中国文化遗产研究院编制《多宝佛塔出土文物抢救性保护修复方案》，2019年天津市文物局批复同意了此方案（津文博〔2019〕9号）。2020

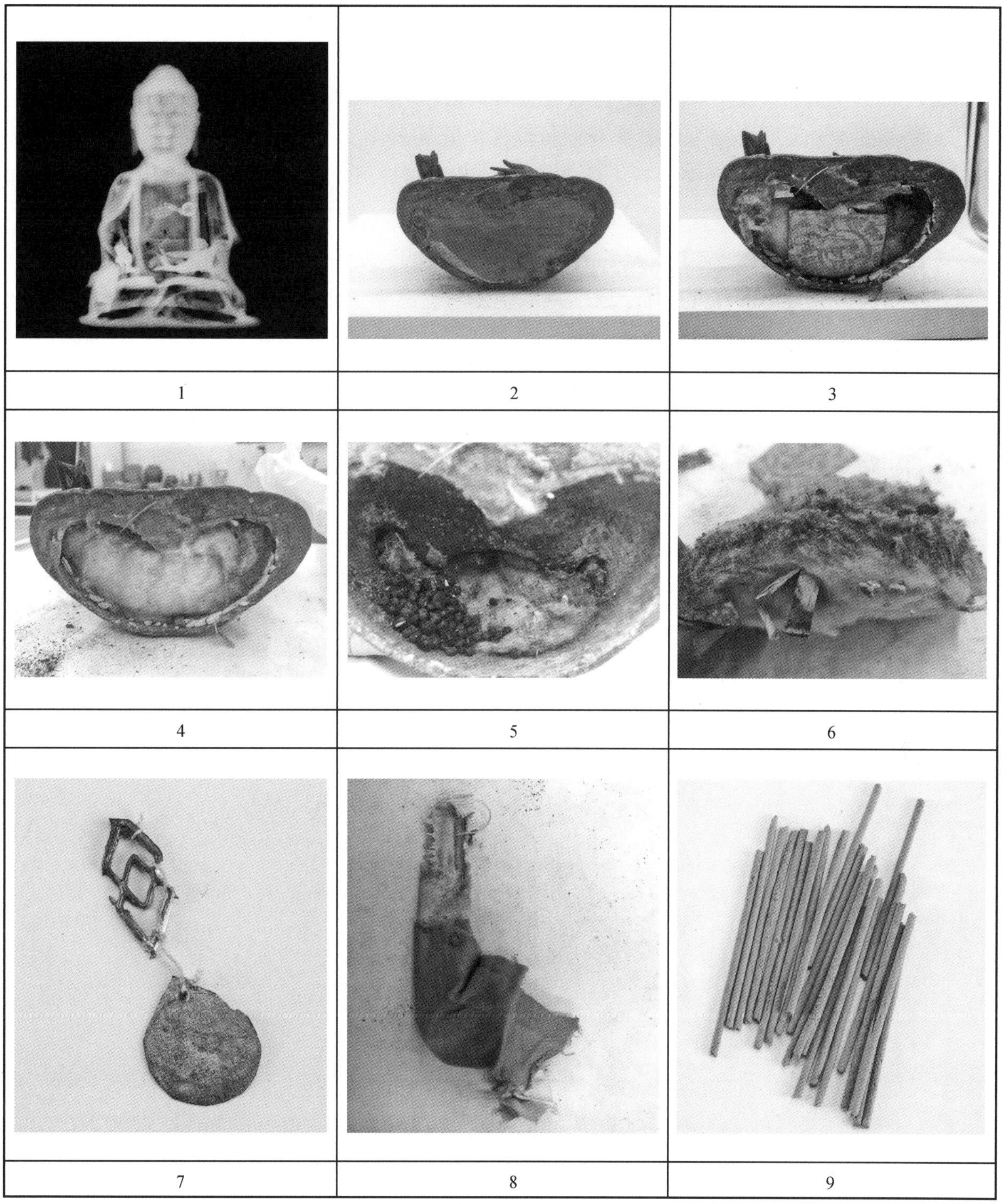

图五　鎏金铜药师佛造像［17TJDT-4S-2（1）］装藏提取过程

1. X射线电磁波内部探查　2. 封底情况　3. 打开封底发现纸张　4. 提取纸张后情况
5. 提取棉絮发现豆类与第二层棉絮　6. 第二层棉絮包裹的木棍　7. 第二层棉絮包裹的金属饰件
8. 第二层棉絮包裹的丝织品　9. 第二层棉絮包裹的线香

年中国文化遗产研究院与我中心联合启动“多宝佛塔出土文物抢救性保护修复项目”，文物保护修复工作正式开展。因此批出土的文物材质种类多样，金属、陶、瓷、石、木、泥、丝织品、纸制品均有涉及，故项目以装藏提取、金属文物、纺织品文物、纸张文物、漆木器文物、石质、瓷器文物、泥塑文物为分类展开抢救性保护修复工作①。三年的保护修复，完成了蓟州多宝佛塔出土文物全部的病害调查、病害描述、灭菌消杀、装藏提取、文物本体保护修复等工作。

（1）装藏提取在保证文物安全的前提下以科学检测、定量分析为先导，以规范记录、慎重操作为手段，完成全部11件造像装藏的提取工作。提出金属饰件、棉絮、纺织品、纸张、金珠、珊瑚、木块、果壳、稻谷、种子大量遗存（图六；图版五）。

（2）金属文物的保护修复工作主要使用纯水加温与2A（酒精+纯水）溶液软化方法去除造像上包裹的蜂巢、蜂蜜、表面污染物；使用机械卸力调整方法缓慢校正文物变形；使用苯骈三氮唑和甲酸钠加固、回贴、黏接文物鎏金层；使用环氧树脂与矿物颜料完成造像的修补、勾缝、全色等工作。

（3）纸质文物保护修复主要选用环氧乙烷熏蒸灭菌；选取配纸染色，文物拆分拼对，去离子水清洁、脱酸，文物修补加固、展平晾干、方裁、恢复文物原形制。

（4）纺织品文物保护修复主要使用环氧乙烷对文物进行熏蒸，采用回潮法进行揭展，采用去离子水清洗、中性清洗液对文物进行清洗；选用重压法平整，针线法修复，配色染色等完成文物修复。

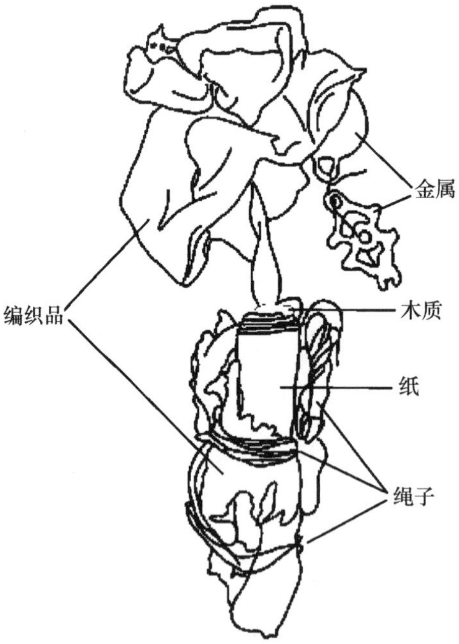

图六　鎏金铜观音菩萨坐像（17TJDT-11S-1）装藏捆扎关系示意图

① 杨森等：《天津蓟州多宝佛塔佛造像装藏提取报告》，中国文化遗产研究院（内部资料），2023年。

（5）漆木器文物保护修复主要用纯水加温与2A（酒精+纯水）溶液软化方法去除造像上包裹的蜂巢、蜂蜜、表面污染物，使用明胶、漆液，加固、回贴、黏接，使用木粉加入黏接剂进行勾缝填补。

（6）泥塑文物的保护修复工作步骤基本与木质文物保护过程相同；石质、瓷器文物保护主要以表面污染物的清洗为主①。

蓟州多宝佛塔出土文物抢救性保护修复项目主要由杨森、刘健牵头；我中心的尹承龙、李斌协助了文物保护工作。中国文化遗产研究院的马菁毓、吴嘉钰、李星媛、范花宁、周姿好、李欣芮、张浩、董博艺主要负责了金属文物的保护修复工作。王珊、吕佳丽、姚娜、李益涛主要负责了纸张文物的保护修复工作。罗丽、黄俐君主要负责了纺织品文物的保护修复工作。李元涛、杨森、李园霖、左洪斌主要负责了漆木器、彩绘泥塑、石质、瓷质文物的保护修复工作（图版六、图版七）。2023年2月，多宝佛塔出土文物抢救性保护项目通过市文物局组织的结项检查验收。2023年3月，文物返还天津市文化遗产保护中心。

三、考古资料整理

2023年3月，我中心与中国人民大学考古文博系合作，对多宝佛塔考古资料进行整理。刘健、王晓琨、尹承龙全面负责资料梳理、研究、编排；邱国斌负责器物描述，刘海文负责器物绘图，孔群负责器物拍摄，罗武干带领中国科学院大学的团队对多宝佛塔出土的部分文物进行了材质的检测分析。参加工作的还有孙静怡、高杉、任晨琪、陈慧、梁乐诺等。团队完成了多宝佛塔出土文物的单位核对、装藏对应、摄影、测量、规范编号等工作，并查阅大量资料进行综合比对（图版八）。

四、报告编写体例与编号规则

本报告以多宝佛塔塔身作为遗址，以佛龛作为遗迹单位，以佛龛出土文物与包含作为遗物，系统地梳理与介绍此批资料。报告分为四章，第一章为概述，介绍蓟州与盘山的自然环境与历史沿革、多宝佛塔及佛龛清理概况、文物保护情况、资料整理情况等。第二章为蓟州多宝佛塔与佛龛形制结构，对塔身与佛龛的形制、装饰、布局等进行介绍和描述。第三章为佛龛及出土物，以层位为节，按由低到高的顺序安排各节先后，以佛教“绕塔”顺序，按南、西、北、东顺时针方向安排各单位前后。每个佛龛的介绍分为佛龛形制与包含物、龛内文物位置与保存状况、佛龛内出土文物与装藏情况三大部分。佛龛形制与包含物介绍佛龛平面形状、立体结构、尺寸大小、佛龛内包含物情况；龛内文物位置与保存状况介绍文物、出土物情况，出土

① 多宝佛塔出土文物抢救性保护修复项目组：《天津蓟州多宝佛塔出土文物抢救性保护修复报告》，中国文化遗产研究院（内部资料），2023年。

时在龛内的位置与保存情况等；佛龛内出土文物与装藏情况先介绍造像或器物，再介绍佛龛内遗留其他遗物，如造像封底、装藏等。造像介绍包括器名、质地、件数、尺寸、面相、服饰、手印、装藏等。其他器物介绍包括器名、件数、质地、形制、纹饰、尺寸等。因部分造像的封底板已经脱落，装藏物散落在其周围，如确定是装藏的文化遗物则与造像一起进行介绍。第四章为结语，对造像年代、题材、艺术风格、装藏物等方面概括总结。

清理出的遗物按年度、遗址拼音字母、佛塔层数、佛龛方位英文字母进行编号，例如17TJDT-3S-1（1）①中，17表示2017年，T表示天津，J表示蓟州，DT表示多宝佛塔，3表示第三层，S表示南面佛龛，1表示第1号（套）遗物，（1）表示一套并列关系文物的第一件，如造像与莲台一套两件分别用（1）（2）表示，①表示造像装藏物的第1件。

第二章　蓟州多宝佛塔与佛龛形制结构

古印度供奉佛祖舍利的窣堵坡是由台基、覆钵、宝匣、相轮四部分组成的实心建筑，在汉代传入我国，与中国阁楼式建筑相结合形成了“塔”这种具有中国特色的建筑。最初用于供奉或收藏佛骨、佛像、佛经等，称“佛塔”。一般由塔基、塔身、塔顶和塔刹组成。

塔基包括基台和基座。塔刹在塔顶之上，通常由须弥座、仰莲、覆钵、相轮和宝珠组成，也有在相轮之上加宝盖、圆光、仰月和宝珠的塔刹。随佛教在东方传播，塔成为中国建筑艺术的一个重要类型。中国现存塔的种类较多，以样式来区别，有覆钵式塔、柱塔、雁塔、十七重塔、十五重塔、十三重塔、九重塔、七重塔、多宝塔、金刚宝座塔等等。按结构和造型，可分为楼阁式、密檐式、单层式等等。

蓟州多宝佛塔，为八角形十三级密檐式实心砖塔，由塔基、塔座、塔身、塔顶构成，现高约24米（图七～图一〇；图版九、图版一〇），据记载此塔塔刹于民国十五年（1926年）被盗。多宝佛塔基础情况不详。基座为八角形，各边长约3.3、直径约8、高4.8米。由下向上，分为五层，下三层用长方形石条平砌，每层以凸起的长方形石条相隔。第二层各面中心装饰石雕，南、西南、西、西北、北、东北、东、东南面依次为法螺、瑞兽、瑞兽、玉兔、宝象花、祥鹿、瑞兽、瑞兽。上两层为砖砌，第四层为砖雕，西北、北、东北、东面已残损；南、西南、西、东南面雕瑞兽、祥草纹饰（图一一、图一二；图版一一，2～8）。第五层砖砌莲瓣纹。其上为八角形塔身。塔身为砖仿木结构，共十三层。用青砖砌筑，用灰浆作为砌体黏结材料。全塔的密檐部分随高度增加，每一层出檐深度都向里作递减，向上越发急收，十三层上先以砖砌叠涩向外仿木出沿，并在角部饰砖雕沿脊，后以圆锥形叠涩渐收，至塔顶部。整体形成极富弹性的外轮廓曲线，使比例瘦长的塔虽高挺而不显尖削，虽硕壮而不显笨拙（图一三～图一六；图版一二、图版一三）。

多宝佛塔第一层塔身较高，平面呈八边形，各边宽约2.3、高4.4米。塔身南面中间辟门，门扇被盗，门洞为券顶长方形，门内为塔心室，中间有门道相连。门道平面呈长方形，弧顶，长1.4、宽1.1、高约1.7米，塔心室平面呈长方形，四壁为直壁，弧顶，宽约2.3、进深约2.8、高2.2米（图一七、图一八；图版一一，1）。

图七　蓟州多宝佛塔南立面图
（天津大学建筑研究设计院测绘）

图八　蓟州多宝佛塔西南立面图
（天津大学建筑研究设计院测绘）

图九　蓟州多宝佛塔西立面图
（天津大学建筑研究设计院测绘）

图一〇　蓟州多宝佛塔西北立面图
（天津大学建筑研究设计院测绘）

图一一　蓟州多宝佛塔塔基石雕示意图

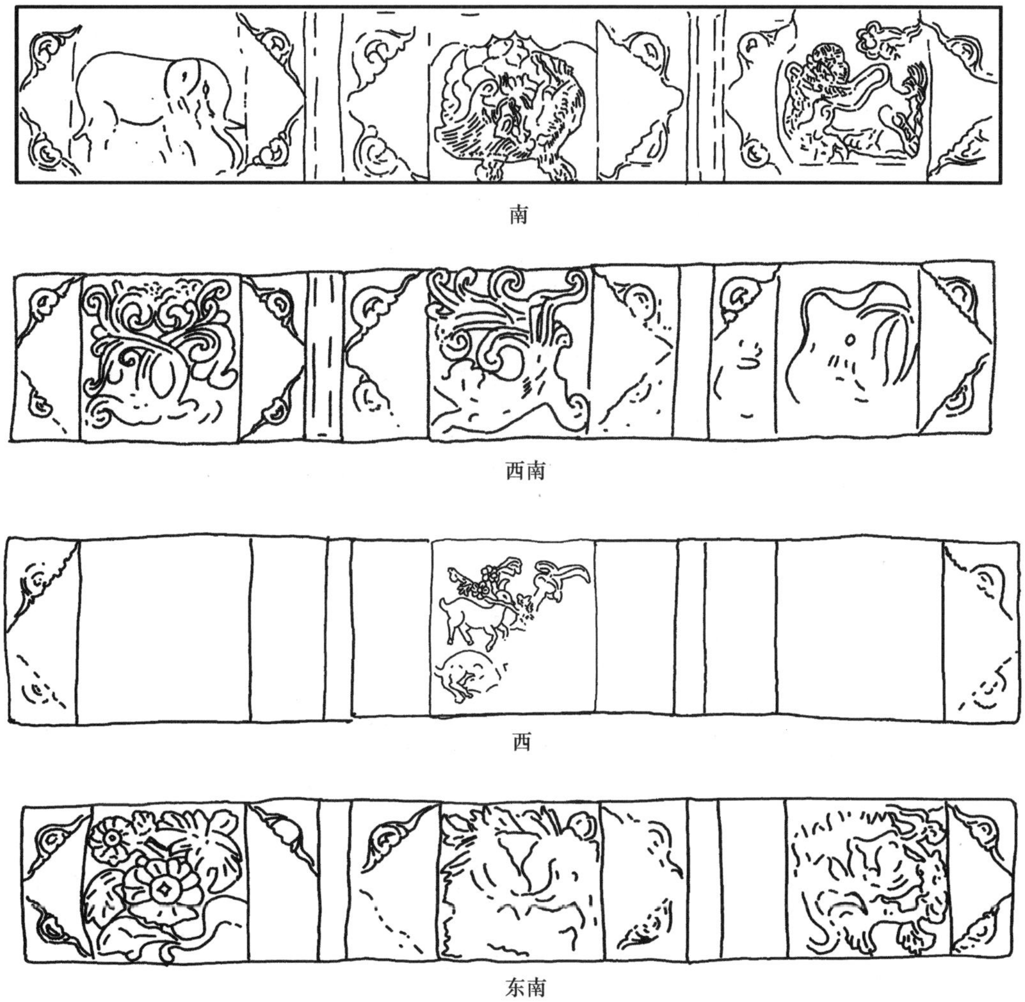

图一二　蓟州多宝佛塔塔基砖雕示意图

图一三　蓟州多宝佛塔北立面图
（天津大学建筑研究设计院测绘）

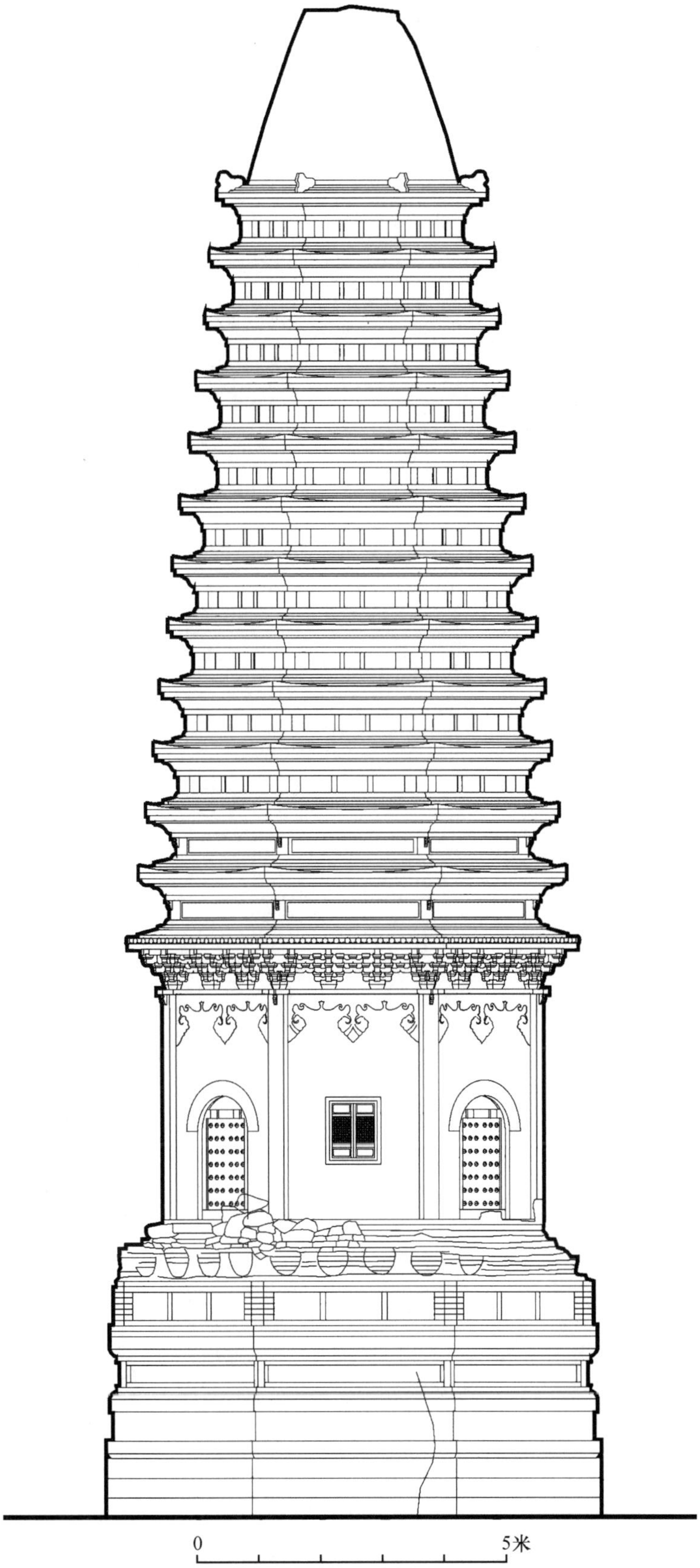

图一四　蓟州多宝佛塔东北立面图
（天津大学建筑研究设计院测绘）

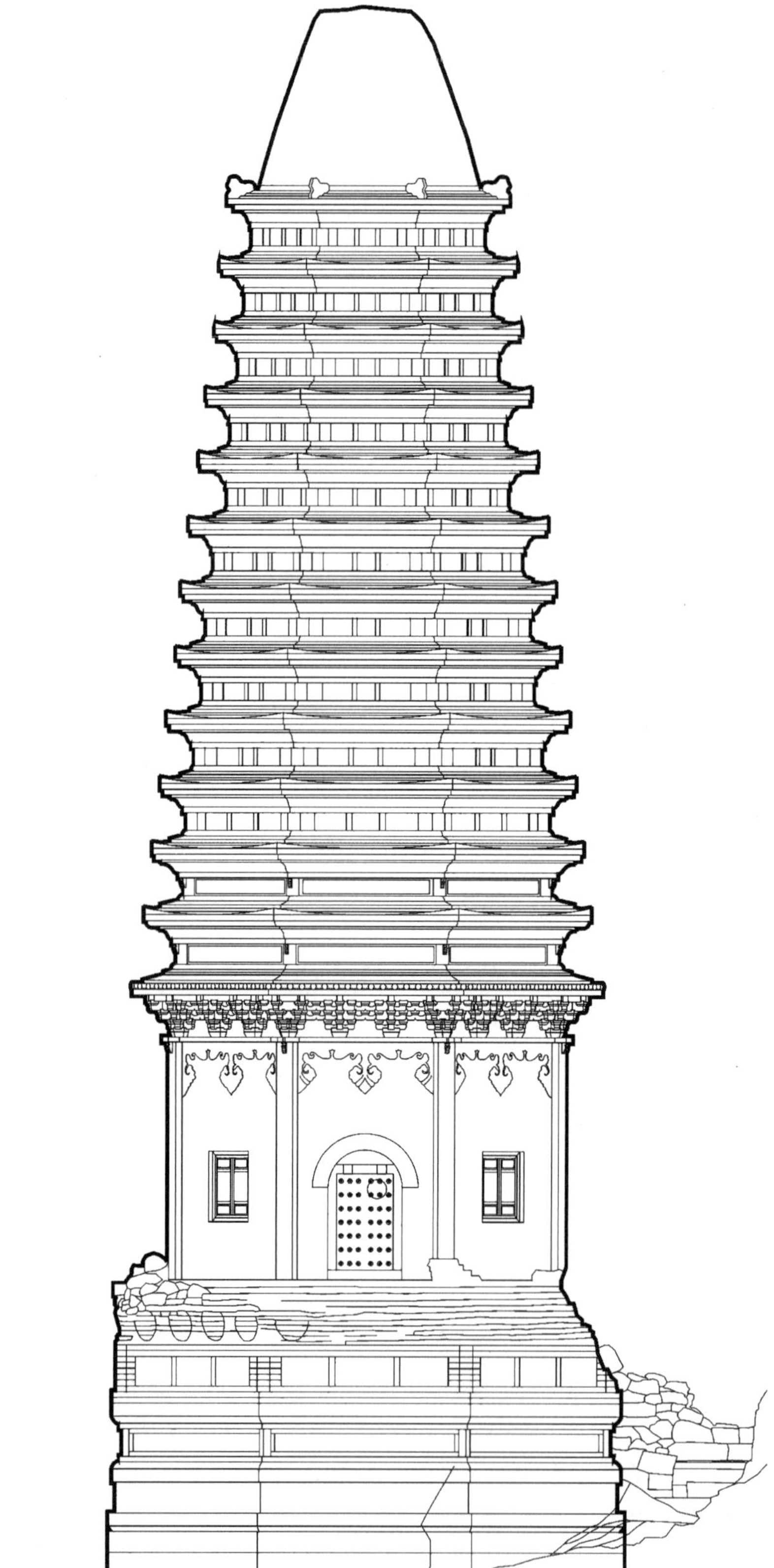

图一五　蓟州多宝佛塔东立面图
（天津大学建筑研究设计院测绘）

图一六　蓟州多宝佛塔东南立面图
（天津大学建筑研究设计院测绘）

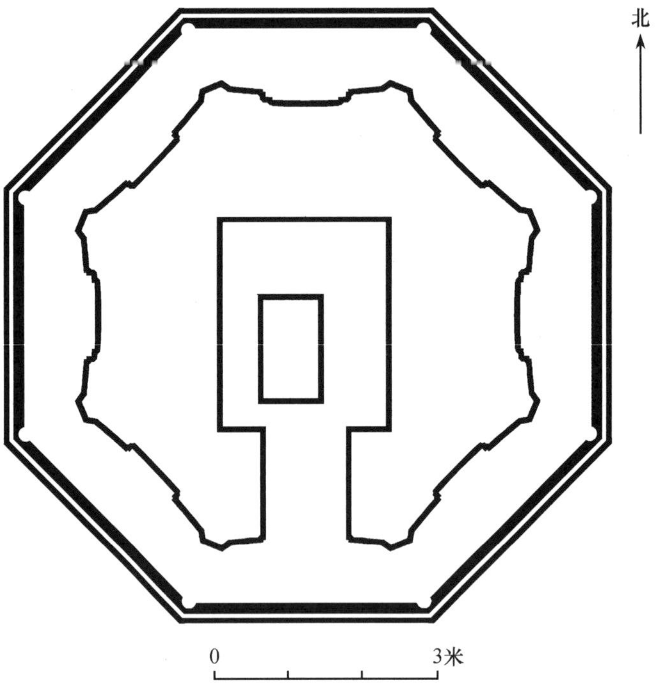

图一七　蓟州多宝佛塔第一层剖面复原图
（天津大学建筑研究设计院测绘）

塔心室顶部中央有一方孔，应与佛龛后壁的通气孔相连，直通塔顶。门楣镶嵌拱形双龙戏珠砖雕，砖雕上方嵌双线勾刻“多宝佛塔”四字的石匾，石匾左侧单线勾刻“大明崇祯十七年敕建”，右侧单线勾刻“大清顺治九年修完”，右下角单线勾刻“少林寺住持僧比丘慧兴监造”（图一九；图版一一，1）。塔身每面相连处雕出方形立柱，西、北、东三面中部设拱券式假门，门扇上镶嵌有铺首和门钉，门钉为7排，每排3个（图二〇）。

塔身东南、东北、西北、西南四面正中设长方形雕花假窗。第一层檐下砖雕柱头与补间斗拱，檐上雕瓦头小兽。第二层至第十三层密檐之间均作矮层塔身，第二层高1.1米，第三层至第十三层每层的高均为0.99米。第二、三层塔身每面相连处雕柱头与圆形立柱，密檐间东南、东北、西北、西南四面设长方形卷草、花卉、瑞兽、宝珠等纹饰的雕花假窗（图二一）。第四层至第十三层每面相连处雕圆形立柱，塔身东北、西北、东南、西南密檐间用立砖分隔出长方形素面假窗。

多宝佛塔第十三层至第二层塔身西、南、北、东四面设佛龛，龛口向外。用方形雕刻花砖封堵，花砖纹饰分为梵文、汉字、图案三种。佛塔南面第十三层至第十层佛龛封砖雕饰仿木券顶假门，第十、十一层佛龛中央雕刻“卍”字图案，第十二、十三层图案缺损。第九层至第四层封砖依次雕饰梵文，组合起来为六字大明咒；第三层、第二层整体雕饰花卉、云纹、仿木券顶假门。佛塔西面第十三层至第十一层佛龛封砖雕饰汉文“佛”字；第十层至第四层佛龛封砖皆雕饰仿木券顶假门，除第七层中央雕刻法轮图案外，其余佛龛中央雕刻“卍”字图案；第三层整体雕饰花卉、云纹，第二层整体雕饰云纹、宝珠、仿木券顶假门。佛塔北面第十三层至第十层佛龛封砖依次雕饰汉文“多”“宝”“佛”“塔”四字；第九层佛

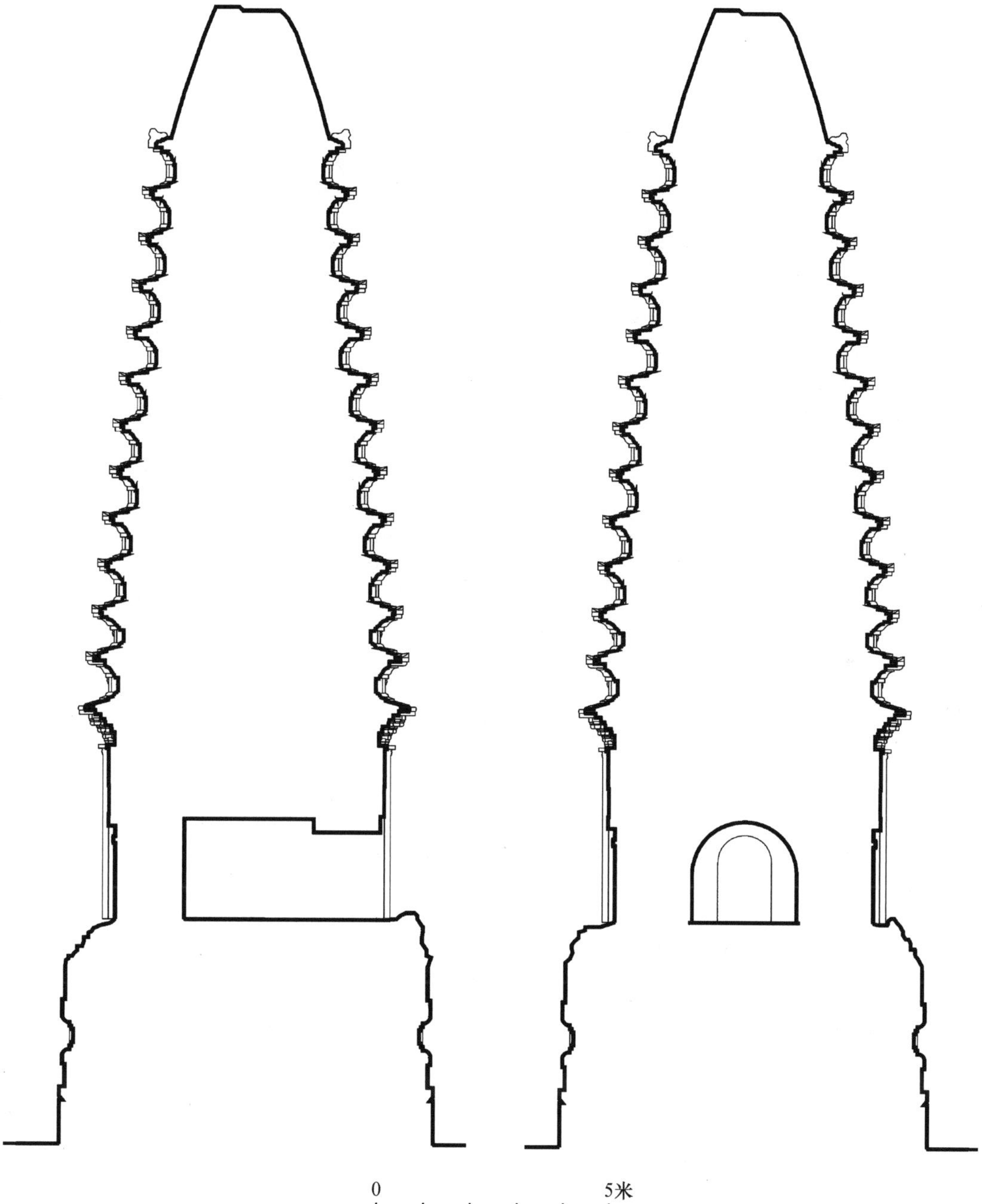

图一八　蓟州多宝佛塔侧视、正视剖面图
（天津大学建筑研究设计院测绘）

图一九　蓟州多宝佛塔第一层南立面图及石匾、砖雕细部图

龛封砖雕饰仿木券顶假门，中央雕刻“卍”字图案；第八层、第七层、第五层封砖依次雕饰梵文，第六层封砖缺失；第四层整体雕饰花卉与两侧带云纹的“佛”字；第三层整体雕饰双龙戏珠图案，第二层整体雕饰云纹、宝珠、仿木券顶假门，中央雕刻“卍”字图案。佛塔东面第十三层封砖缺失；第十二层至第十层佛龛封砖雕饰汉文“佛”字；第九层至第四层佛龛封砖皆雕饰仿木券顶假门，除第八层中央雕刻法轮图案外，其余佛龛中央雕刻“卍”字图案；第三层整体雕饰花卉、云纹，第二层整体雕饰云纹、花卉、仿木券顶假门，中央雕刻“卍”字图案（图二二；图版一四、图版一五）。

多宝佛塔共设佛龛48个，平面均为长方形，佛龛结构以双重龛为主，外龛立放封砖，以白灰填缝封堵，内龛多用白灰抹平，供奉造像。因内窥检测未在佛塔二层、三层西、北、南与四

图二〇　蓟州多宝佛塔塔身第一层西立面图

层北部佛龛发现文物存在迹象，故这8个佛龛未清理。根据已清理的佛龛观察，除三层南部佛龛封砖大于龛口，其余封砖均小于或近似于佛龛口部，自十三层向下外龛口部高度变化不大，约26～29厘米；宽度逐渐增加，从26厘米增至48厘米，因龛门的封砖尺寸变化不大，只能将灰缝加宽，由1厘米逐渐增至近10厘米；佛龛的进深逐渐缩短，从74厘米减至18厘米；除四层东部、西部佛龛，其余所有佛龛均为内外龛结构，外龛正面基本为方形，向后延伸0.2～0.3米后整体向上凸起0.1～0.2米，形成另一方形空间，为内龛，其宽度与外龛基本相同，较为特殊的是四层南部佛龛的内龛不仅向上加高了0.18米，还向下加深0.09米。此种设计增加了造像的放置空间，但像九龙浴太子这样的文物依然放置困难，只能将器物拆分放置。

此次工作共清理佛龛40个，所有龛后壁底部中间均设置一方形通气孔。保证了龛内的空气流通与环境干燥。龛内大致有三种情况，第一种是龛门封砖密封较严，佛龛内部除文物外只存在一些灰尘；第二种是龛门封砖上存在小孔，蜜蜂在佛龛内筑巢，对文物造成影响，一些文物表面布满蜂巢；第三种是龛门封砖缝隙或开孔较大，鸟类或蜜蜂在佛龛内部筑巢，文物被掩埋或包裹。此次工作发现37个佛龛中供奉有造像。五层西部和十二层北部佛龛未发现文物，十一层北部佛龛虽未发现造像但发现有木质佛龛和念珠。大部分造像的供奉方式为单龛、单尊，少数佛龛内供奉多尊造像，在第五、七、十二、十三层佛龛中发现有万历、崇祯、顺治年号的铜钱。

多宝佛塔第二、三层南面雕砖

多宝佛塔第二、三层西南面雕砖

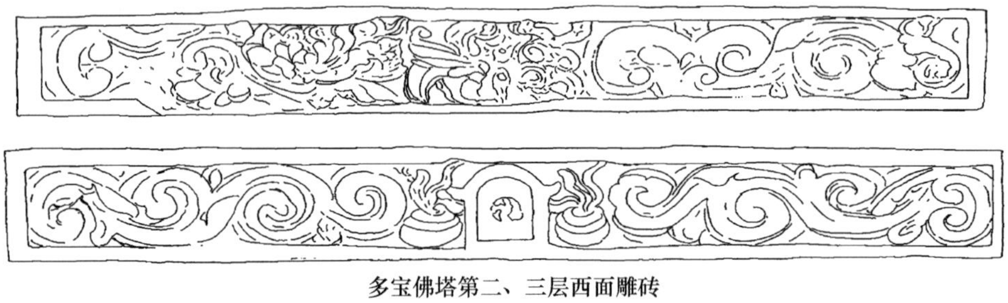

多宝佛塔第二、三层西面雕砖

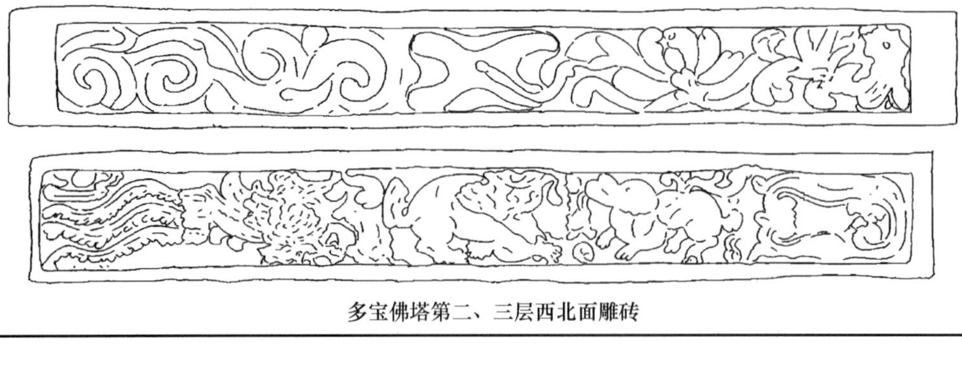

多宝佛塔第二、三层西北面雕砖

多宝佛塔第二、三、四层北面雕砖

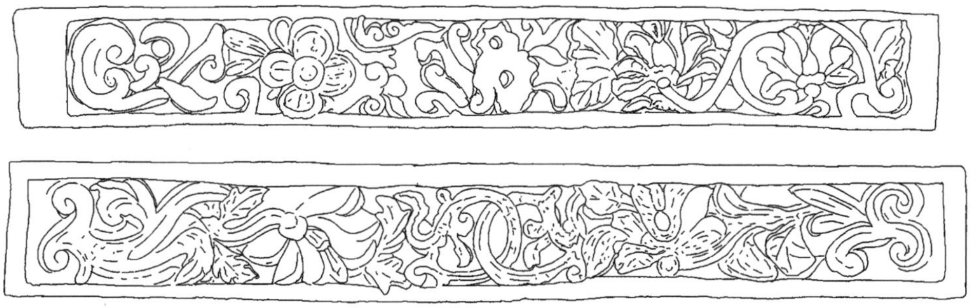

多宝佛塔第二、三层东北面雕砖

多宝佛塔第二、三层东面雕砖

多宝佛塔第二、三层东南面雕砖

图二一　蓟州多宝佛塔雕砖示意图

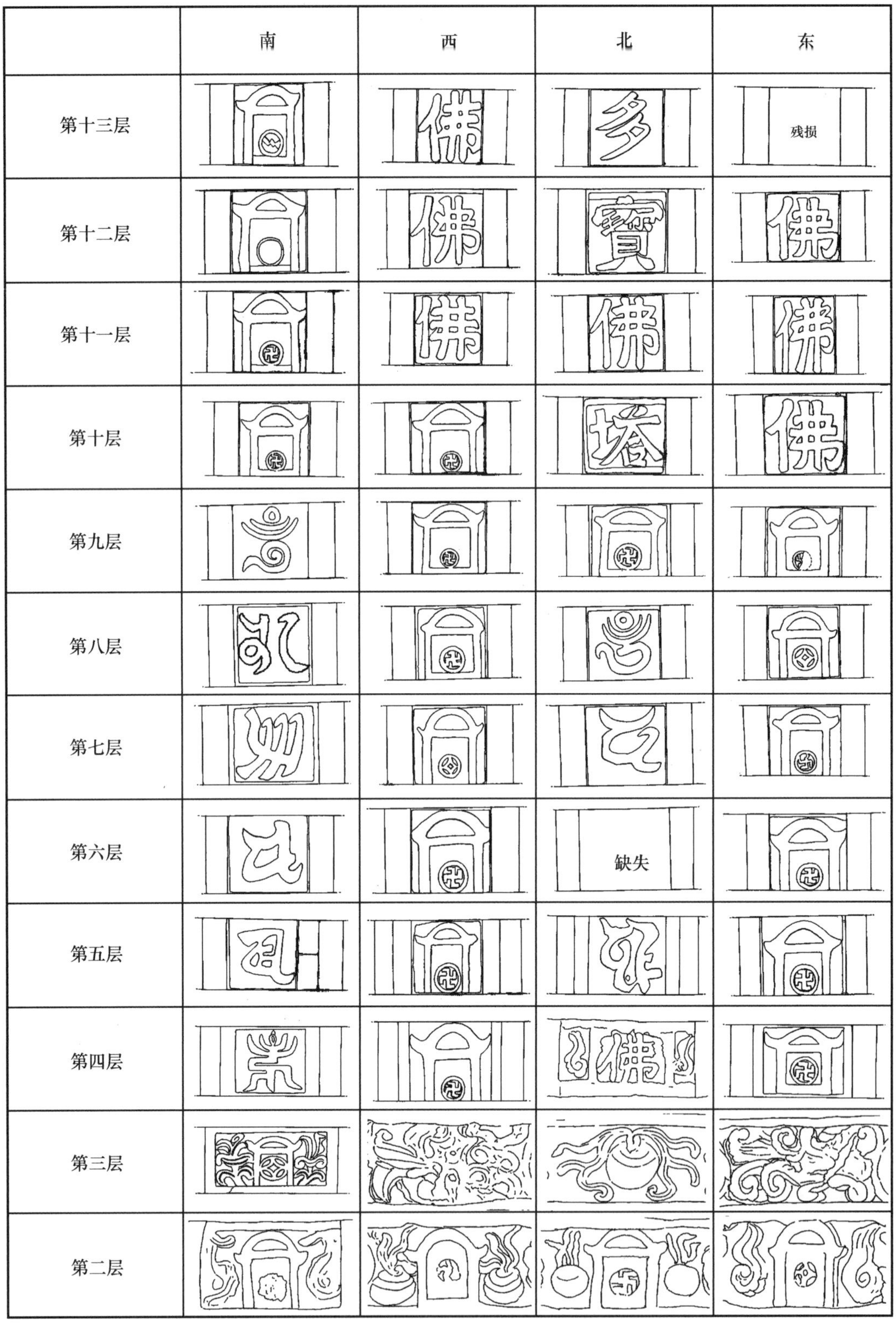

图二二　蓟州多宝佛塔佛龛封砖文字、图案排列示意图

第三章　蓟州多宝佛塔佛龛及出土物

蓟州多宝佛塔经田野发掘与装藏提取共发现包括造像、佛龛模型、佛塔模型、饰件、经卷、丝织品、铜钱等不同质地文物169件（套）。共出土铜、瓷、木、泥、石质造像45尊；铜法器2件；铜镜6件，铜钱36枚；丝织品18件（套）；纸质经卷3件；及各种金属小件、各色琉璃、玛瑙、水晶、珊瑚、各类植物种子等。

本章以龛为单位，按层位由低到高，依南、西、北、东绕塔顺序，进行描述，全面反映单位内的器物信息、组合关系及整体摆放情况。

第一节　第三层佛龛及出土物

蓟州多宝佛塔第三层密檐之间矮层塔身的南、西、北、东四面墙体中部均设置佛龛，密檐间整体用卷草、花卉、瑞兽、宝珠等纹饰装点。根据内窥镜检测结果，除南面佛龛外，其余三面佛龛均未发现文物迹象，故未打开。仅对南面佛龛进行发掘。

第三层南面佛龛17TJDT-3S，位于蓟州多宝佛塔第三层密檐南壁正中，龛口向外，封砖图案向南。

（一）佛龛形制与包含物

双重龛，前后双层。由龛门、外龛、内龛组成。外龛立面为纵长方形，平面横长方形，内龛立面为纵长方形，平面横长方形，口直，龛顶、龛底平，东、西龛壁略弧，后壁较直，下方有方形通气孔。龛门宽48、进深8厘米；外龛宽32、进深23.6、高30厘米；内龛宽32、进深20、高44厘米。龛口用雕刻仿木券顶假门和花草纹的长方形花砖封堵，封门砖宽42、高24、厚8厘米（图二三；图版一六，1）。龛内被蜂巢填满。清理后发现鎏金铜造像3尊。

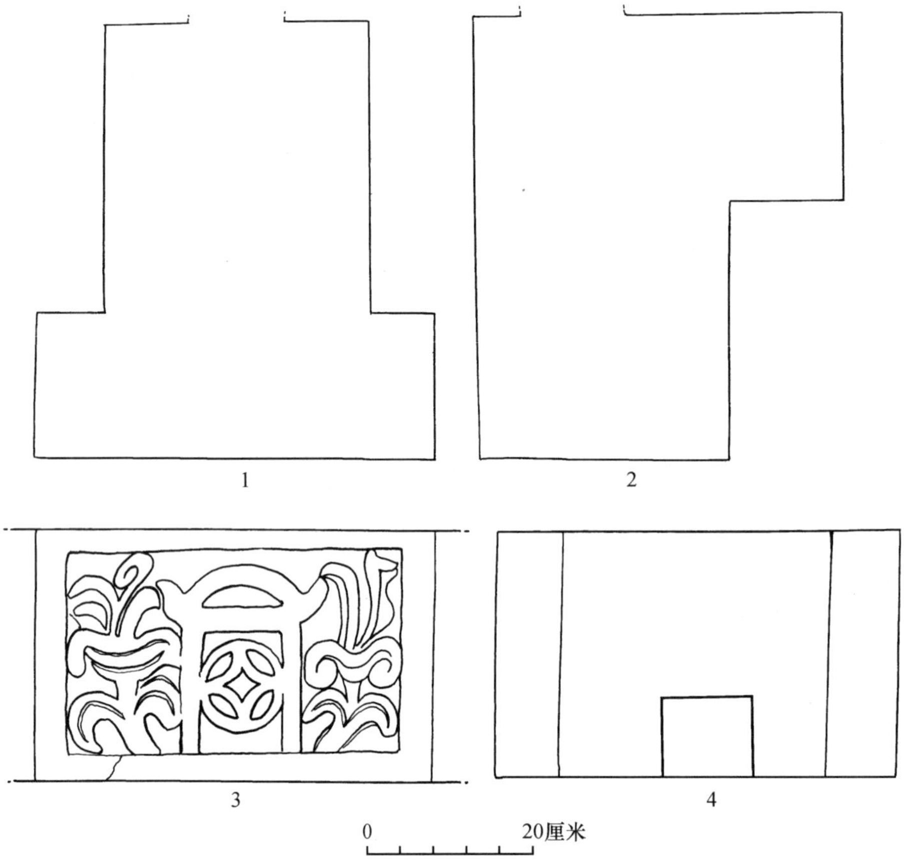

图二三　蓟州多宝佛塔第三层南面佛龛（17TJDT-3S）俯、侧、正视图
1. 俯视图　2. 侧视图　3. 正视图（清理前）　4. 正视图（清理后）

（二）龛内文物位置与保存状况

出土3尊造像。2尊在前，1尊铜鎏金绿度母坐像（17TJDT-3S-3）发现于前龛中部偏东位置，向南倾倒，面向下。出土时被蜂巢包裹全身。1尊铜鎏金观音菩萨坐像（17TJDT-3S-2）位于后龛中部，发现时东倾，斜靠在东壁上，面相南。造像底部有一残缺的木质莲台粘连，出土时造像与莲台全部被蜂巢包裹；在塔下临时抢救性保护中莲台与造像剥离，发现散落在造像与莲台间的木片、纸张、种子、藜麦、贝壳、絮状物等遗存，应为此像的封底板与装藏物。后龛紧贴后壁正中置1尊鎏金铜释迦牟尼坐像（17TJDT-3S-1），面向南，坐在用两块残砖为铺垫的台上，造像、残砖全部被蜂巢包裹。

（三）出土造像、装藏与器物标本情况

1. 鎏金铜释迦牟尼坐像（17TJDT-3S-1）

螺发平缓，眉间有白毫，鼻梁窄而修直，眉眼细长，垂目睇视。身穿褒衣博带式袈裟，袈

裟一角搭左肩，下身着裙，腰带系扣，衣褶深刻。右手施触地印，左手施禅定印，结跏趺坐于薄垫上。高20厘米。出土时其下垫两块残损青砖（图二四、图二五；图版二〇、图版二一）。

2. 鎏金铜观音菩萨坐像（17TJDT-3S-2）

造像17TJDT-3S-2（1），头梳发髻，顶饰莲花，双目微阖，嘴角上翘，面含微笑，表情慈和。头戴花鬘冠，冠前中部有一化佛，两侧各有一绺头发顺肩垂至肘部，缯带在耳后U形上扬。耳珰上部为团花形，下垂花坠，胸前佩璎珞，戴脚链。璎珞在胸两侧对称悬挂上下两层U形珠串，对称U形珠串中间垂下三根放射式珠串，中间长、两侧短。身穿覆右肩式开襟广袖宽袍，袍一角搭左肩，下身着裙，腰带下垂璎珞，腿部衣褶左右对称。右手施与愿印，左手施无畏印，结跏趺坐于薄垫上。像高20.4厘米（图二六、图二七；图版二二）。下承木质半圆形束腰底座，残高6.7厘米。

3. 木质半圆形束腰底座［17TJDT-3S-2（2）］

为鎏金铜观音菩萨坐像（17TJDT-3S-2）底座。残，半圆形，束腰，髹红漆，半部缺失。宽14.6、厚9.7、残高6.7厘米（图二八）。

4. 封底木板［17TJDT-3S-2（3）］

为鎏金铜观音菩萨坐像（17TJDT-3S-2）封底。残，木质，心形，薄片，发现时已脱落。长14.1、宽8.6、厚0.2厘米（图二九；图版八三，1）。

纸张、贝壳残片、种子、藜麦若干，散落在造像与木质半圆形束腰底座间，应为此像装藏物。

（1）纸张1件，17TJDT-3S-2（1）③。单页纸张。在纸的中部有多圈红色圆形图案和藏文符号。残缺严重。装裱后长17、宽16、厚0.085厘米（图版八三，2）。

（2）种子、藜麦若干，17TJDT-3S-2（1）②。近橄榄形，表面红褐色。

（3）贝壳残片4片，17TJDT-3S-2（1）①。天然贝壳残片，平面呈不规则形，片状。

5. 鎏金铜绿度母坐像（17TJDT-3S-3）

梳扁平高发髻，头略向右歪，面庞方正，双眉高挑，垂目睇视。戴五叶冠，中间一叶较大，缯带在耳朵上方成扇形外展。团花形耳珰，胸佩倒葫芦形璎珞，戴臂钏、手镯，通肩袈裟光素，轻薄裹身，飘荡若纱，腰束帛带，右手牵乌巴拉花枝（蓝莲花），掌心向外置于膝前施与愿印，左手亦牵乌巴拉花枝，置于胸前施三宝印，乌巴拉花枝倚双臂而上，左侧在肩头开敷。游戏坐姿，双腿屈左展右，左腿单座，右腿向下舒展，身下长圆形双层仰覆莲台，台上铺双层坐垫，莲台上下沿各饰一匝联珠纹，莲瓣宽大，呈U形，莲舌饱满。莲台仅在前面施纹，后面光素。通高9.9厘米（图三〇；图版二三，1）。

图二四　鎏金铜释迦牟尼坐像（17TJDT-3S-1）正视图

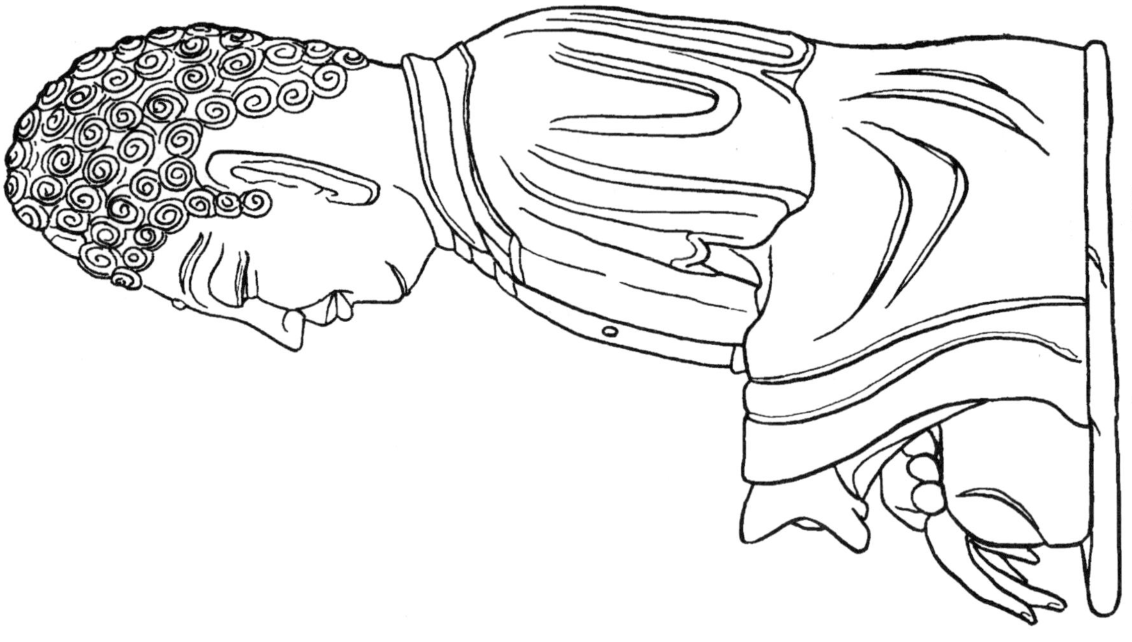

图二五　鎏金铜释迦牟尼坐像（17TJDT-3S-1）侧视图

图二六　鎏金铜观音菩萨造像［17TJDT-3S-2（1）］正视图

图二七　鎏金铜观音菩萨造像［17TJDT-3S-2（1）］侧视图

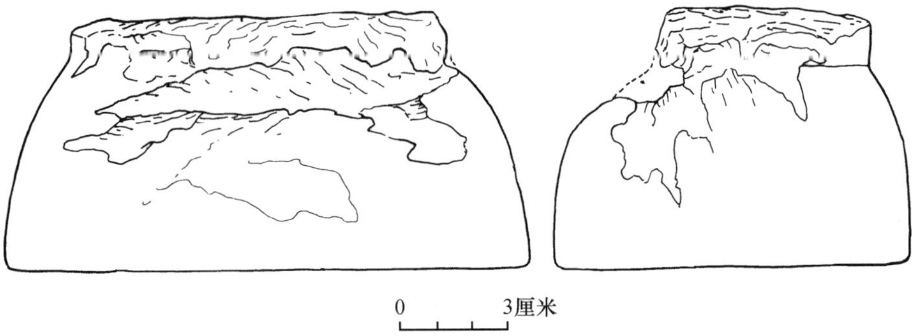

图二八　木质半圆形束腰底座［17TJDT-3S-2（2）］

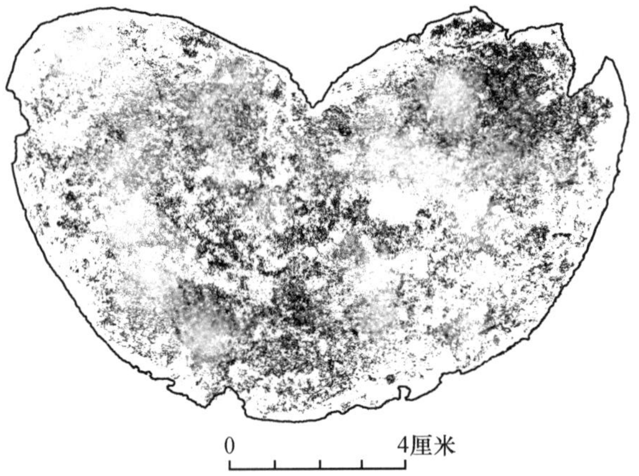

图二九　封底木板［17TJDT-3S-2（3）］

图三〇　鎏金铜绿度母坐像（17TJDT-3S-3）

第二节　第四层佛龛及出土物

蓟州多宝佛塔第四层密檐之间矮层塔身的南、西、北、东四面墙体中部均设置佛龛，东、西两面佛龛封砖皆雕饰仿木券顶假门，中央雕刻“卍”字图案，其余部分用素面砖涂白装点；南面封砖雕梵文，两侧用素面砖涂白装点；北面封砖雕汉文“佛”字，两侧以花卉装饰。根据内窥镜检测结果，除北面佛龛未发现文物迹象、未打开外，其余三面佛龛内均有出土物。

一、第四层南面佛龛17TJDT-4S

位于蓟州多宝佛塔第四层密檐南壁正中，龛口朝外，封砖图案向南。

（一）佛龛形制与包含物

双重龛，前后双层。由外龛和内龛组成，龛门左右两侧各有一砖砌方形立柱。外龛立面横长方形，平面横长方形，口直，宽43、高31、进深22厘米，龛顶、龛底平，龛壁较直。内龛立面纵长方形，平面近方形，口直，宽32、高58、进深30.4厘米，龛顶、龛底平，东、西龛壁不甚规整，后壁较直，下方有方形小孔。龛口用雕刻符号的方形花砖封堵，封门砖较小，宽30、高31、厚9厘米，两侧灰缝宽6厘米（图三一；图版一六，2）。龛内基本被鸟类筑巢用的干草、树木枝条与灰土填满。出土造像2尊。

（二）龛内文物位置与保存状况

打开封砖清理鸟巢后发现在内龛中部靠前处放置有1尊贴金彩绘泥塑灵宝天尊坐像［17TJDT-4S-1（1）］，坐姿，面向南。双手脱落，颈部断裂，彩绘与贴金剥落严重；在塔下临时抢救性保护中发现此像底部缝隙中有纸质文物存在。泥塑后发现1尊鎏金铜药师佛坐像（17TJDT-4S-2），坐姿，面向南。造像锈蚀严重，封底完好，空腔内有装藏物，文物保护工作开展前，在实验室内提出。

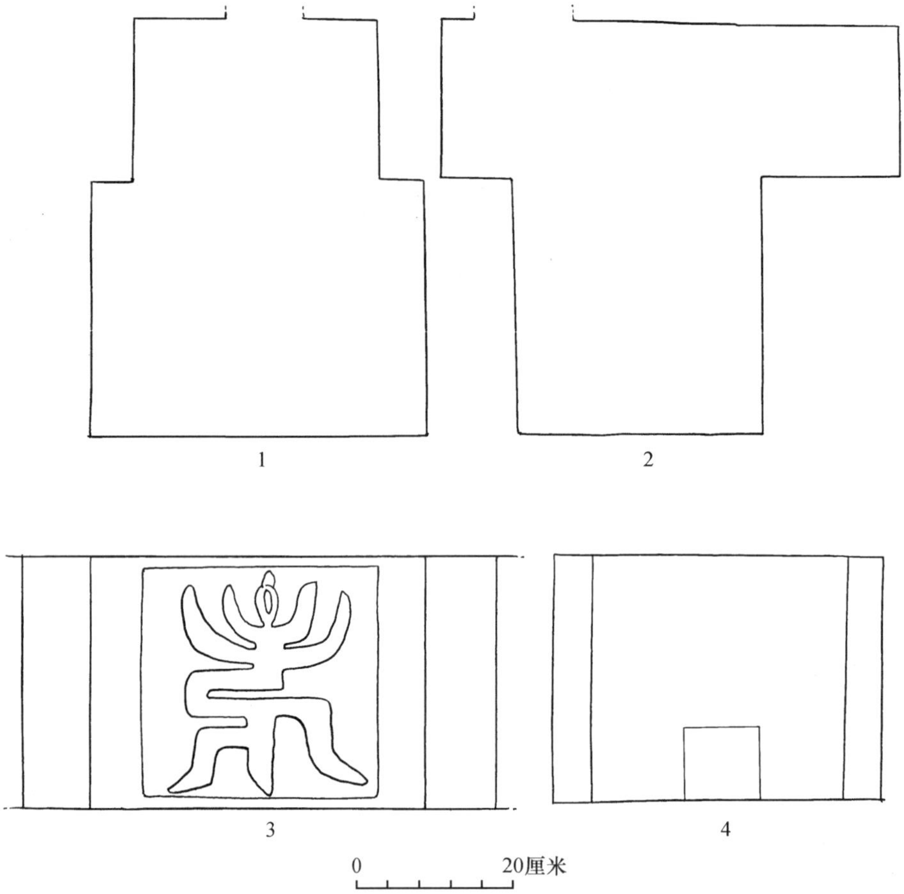

图三一　蓟州多宝佛塔第四层南面佛龛（17TJDT-4S）俯、侧、正视图
1. 俯视图　2. 侧视图　3. 正视图（清理前）　4. 正视图（清理后）

（三）出土造像、装藏与器物标本情况

1. 贴金彩绘泥塑灵宝天尊坐像［17TJDT-4S-1（1）］

造像发髻高耸，冠外裸露的头发涂青色，眉间有白毫，黑色点睛，眼半睁，身形修长。头戴五叶冠，冠叶上部残缺。身穿开襟广袖宽袍，外罩披肩，下着裙，袍裳自腿下分成五个莲瓣形衣片平铺在莲台上并垂下莲台，身后一片较大，约占莲台的三分之一。左手在上右手在下斜握木杆，似拂尘，但头部残缺。结跏趺坐于仰莲台座上，右脚赤裸，左脚被袍裳覆盖；椭圆形莲台有三层莲瓣，莲瓣窄长，上端出尖，下有假圈足式底座，莲台只在前面三分之二面积有莲瓣，后三分之一光素。莲台面和下沿未被袍裳和莲瓣覆盖的部分及圈足、手持物涂绿彩，莲瓣上见有红彩。通高34.9厘米（图三二、图三三；图版二四、图版二五）。

2. 纸券［17TJDT-4S-1（2）］

2件，贴金彩绘泥塑灵宝天尊坐像［17TJDT-4S-1（1）］底部缝隙间发现。17TJDT-4S-1（2），长方形，长10.2、宽3.6、厚0.09厘米。黑色长方形双边框，整体稍向右斜，边框内竖

图三二　贴金彩绘泥塑灵宝天尊坐像［17TJDT-4S-1（1）］正视图

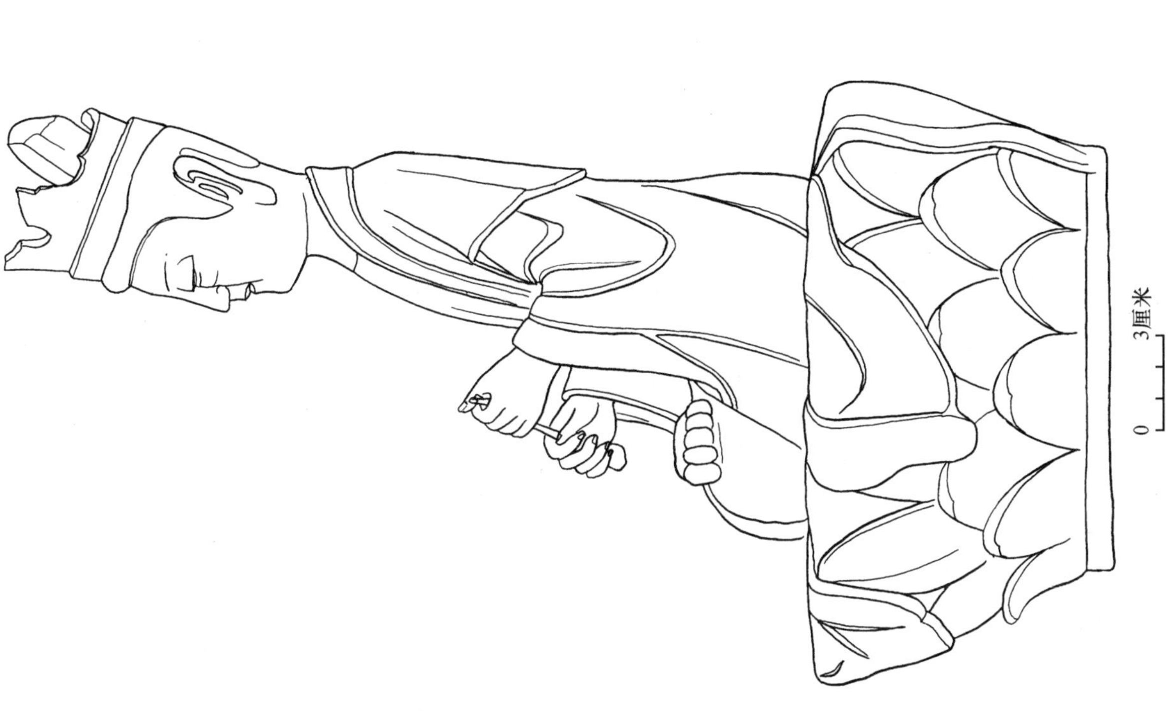

图三三　贴金彩绘泥塑灵宝天尊坐像［17TJDT-4S-1（1）］侧视图

书两排汉文行书“赵铺发卖檀速高/香壹束纹银壹分”（图版八三，4）。另一件纸券已粉化成残渣，无法确定其形状。

3. 鎏金铜药师佛坐像（17TJDT-4S-2）

由造像［17TJDT-4S-2（1）］、椭圆形莲台［17TJDT-4S-2（2）］和六边形底座［17TJDT-4S-2（3）］三部分组成。造像螺发平缓，眉间有白毫，胸前阴线双勾一“卍”字图案。面庞方正，阴线刻划双重下颏，鼻梁修直，双目细长，双眼皮，垂目睇视，面含温和的笑容。上身穿褒衣博带式袈裟，袈裟一角搭左肩，下身着裙，衣缘饰花边，腰带系扣，衣褶稀疏。左手施禅定印，右手持药果，结跏趺坐于椭圆形仰莲台上。莲台，三层莲瓣，莲瓣窄长，上端出尖，两侧转角处各出一飘起的单片莲瓣，前面有两条帛带垂下。莲台在粗壮的莲枝主干之上，主干两侧的旁枝卷曲，上端在莲台底部出莲枝、花蕾；主干立在六边形的水池中央，水池四周以规则的长方形和方形“石板”交替砌成，边缘有六边形栏杆，池内雕刻水波纹，池下有云板支脚。池内及莲枝、莲台面周边和底部涂绿色。莲台与底座以插销的形式连接固定。像高19.1、通高29.4厘米（图三四～图三六；图版二六、图版二七）。

4. 封底木板［17TJDT-4S-2（4）］

鎏金铜药师佛坐像（17TJDT-3S-2）封底。木质，心形，片状。后期实验室内取下。长10.8、宽6.2、厚0.7厘米（图三七；图版八三，5）。

后期实验室内提取出金属饰4件、纸张1件、豆麦种子若干、丝织品1件、线香1束，应为鎏金铜药师佛坐像（17TJDT-4S-2）装藏物。

（1）菱形与鸡心形饰件1件，17TJDT-4S-2（1）②。锡铅合金制成，上为两个相同的菱形对角相合，下为鸡心形，其间用黄色细丝线相连。通长5.5厘米（图三八；图版八三，3）。

（2）管状饰1件，17TJDT-4S-2（1）③。由锡铅合金制成，呈横S形卷成双筒，中间栓系有黄色细丝线。长1.6厘米（图三九）。

（3）铃形饰1件，17TJDT-4S-2（1）⑨。锡铅合金制成，中部为一球形，两端对称有扁纽。通长1.7、直径1.1厘米（图四〇）。

（4）铜片1件，17TJDT-4S-2（1）⑤。残，呈不规则多边形，直径2～2.1、厚0.05厘米（图四一）。

（5）圆花形图案纸张1件，17TJDT-4S-2（1）⑧。单页纸张，在纸的中部有一红色圆形图案，整个图案分三区，内区一圆圈，圆圈内似为动物纹；中区划分出八个连续的扇面形，扇面上的纹饰模糊不清；外区有十三个连续的瓣。装裱后长20.1、宽12.2、厚0.072厘米（图版八三，6）。

（6）豆麦种子若干，17TJDT-4S-2（1）①。种子均为椭圆形，依据大小和颜色不同可分为两种，深褐色种子略小，黑色种子略大。

（7）丝织品（幡）1件，17TJDT-4S-2（1）⑥。由本白色和橙色泛黄的丝质平纹绢组成。本白色平纹绢长约15、宽3厘米，对折后用跑针将两边对齐缝合，针脚1～5厘米不等，跑针

图三四　鎏金铜药师佛坐像（17TJDT-4S-2）正视图

图三五　鎏金铜药师佛坐像（17TJDT-4S-2）侧视图

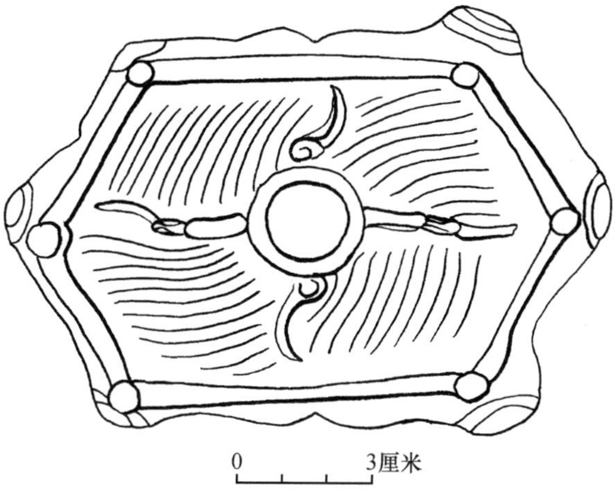

图三六　鎏金铜药师佛坐像底座
［17TJDT-4S-2（3）］俯视图

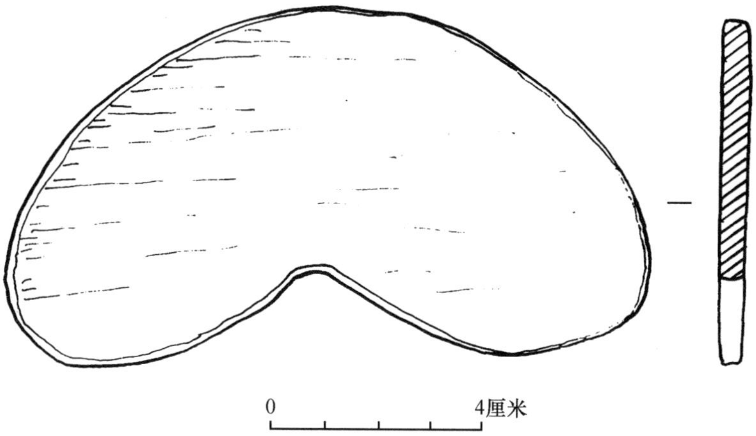

图三七　封底木板［17TJDT-4S-2（4）］

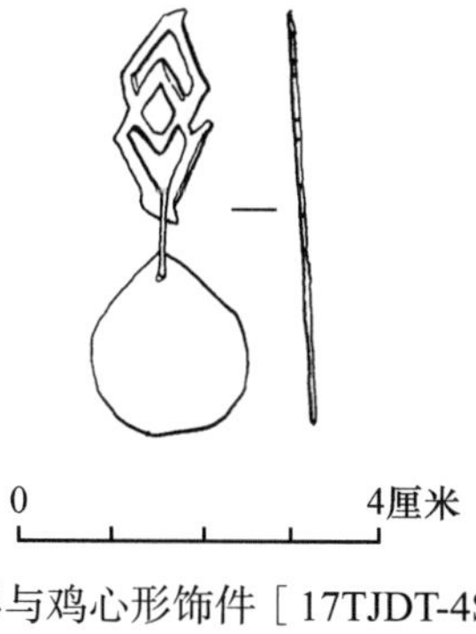

图三八　菱形与鸡心形饰件［17TJDT-4S-2（1）②］

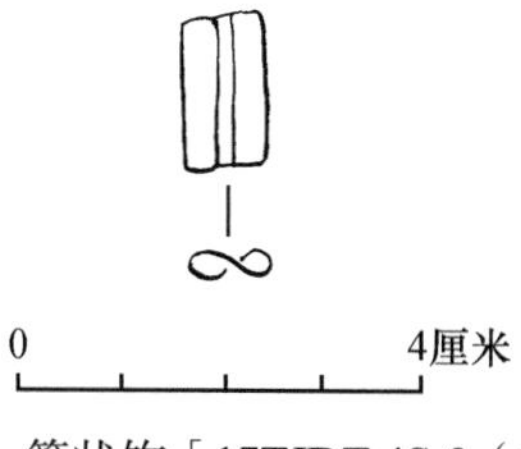

图三九　管状饰［17TJDT-4S-2（1）③］

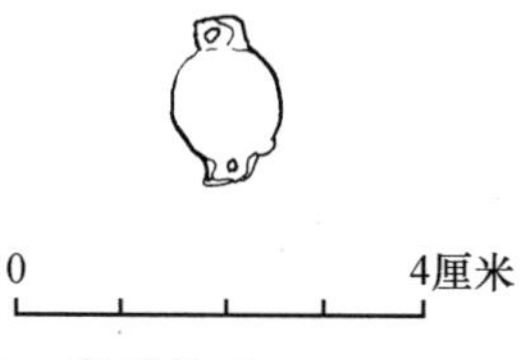

图四〇　铃形饰［17TJDT-4S-2（1）⑨］

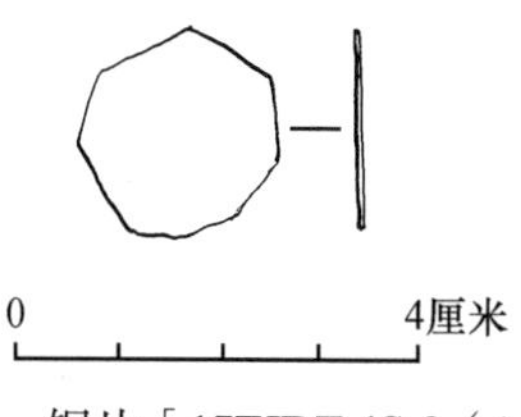

图四一　铜片［17TJDT-4S-2（1）⑤］

后将缝线一头抽紧，形成褶皱，对折褶皱后形成长12、宽1.5厘米的绢带。橙色泛黄的绢片分左右2片缝在距本白色绢带上端3.5厘米处，左片长7.5厘米为一幅边，宽6.5厘米，下斜边10厘米，斜边不规则；从斜边中间对折6.5厘米处向上提0.5厘米后，在斜边中缝宽2.2厘米处往下方外侧劈出2厘米后与幅边平行。绢片将长与宽的连接点作为中缝对折，连接点处折进1.5～2厘米作为上部与右片的上部相合，用缝线缝合在本白色绢带上。左右片的上部两头重叠，左片在外，右片在里。右片与左片的形状相若，尺寸略有差异，长7.5、宽5.5厘米，长与宽的连接点对折后形成中缝，中缝长6.5厘米（图四二；图版八四，2）。

（8）线香24颗，17TJDT-4S-2（1）④。呈长条形，柱状，黄褐色（图版八四，1）。

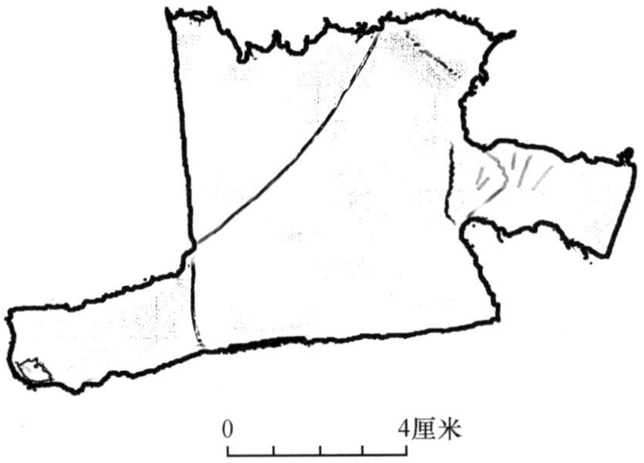

图四二　丝织品（幡）［17TJDT-4S-2（1）⑥］

二、第四层西面佛龛17TJDT-4W

位于蓟州多宝佛塔第四层密檐西壁正中，龛口向外，封砖图案向西。

（一）佛龛形制与装藏物

单层龛，长方形。龛门左右两侧各有一砖砌方形立柱。佛龛平面、立面皆呈横长方形，进深较浅。南、北壁较直，涂抹白灰，后壁下方有方形小孔。龛口宽44、高32、进深18厘米。龛口用雕刻仿木券顶假门方形花砖封堵，封门砖宽35、高32、厚8厘米（图四三）。龛内基本被鸟类筑巢用的干草、树木枝条与灰土填满。出土鎏金铜造像2尊、鎏金铜饰1件。

（二）龛内文物位置与保存状况

剔除佛龛北侧灰缝后发现鎏金铜真武大帝立像1尊（17TJDT-4W-2），紧靠佛龛后部西北角，面向西。锈蚀严重。鸟巢清理完成后，在龛后部中央发现鎏金铜阿弥陀佛坐像1尊（17TJDT-4W-1），背贴通气孔，面向西。鎏金层脱落殆尽，锈蚀严重。龛南侧后部发现鎏金铜日光菩萨法器1件，锈蚀严重。因此龛进深较浅，3件器物出土时皆紧近龛后壁。

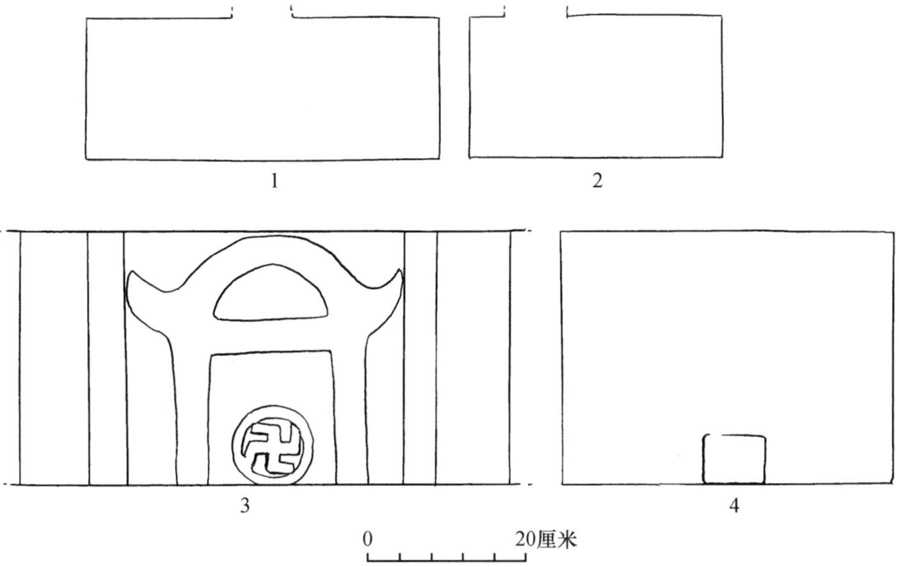

图四三　蓟州多宝佛塔第四层西面佛龛（17TJDT-4W）俯、侧、正视图
1. 俯视图　2. 侧视图　3. 正视图（清理前）　4. 正视图（清理后）

（三）出土造像与器物标本

1. 鎏金铜阿弥陀佛坐像（17TJDT-4W-1）

双层螺发，顶饰宝珠，面庞方正，垂目睇视，面含微笑，表情慈和。身着袒右式袈裟，袈裟一角搭于左肩，衣缘饰花边，下身着裙，在两腿外侧呈现少许褶皱，中间衣褶对称铺成扇形，造型灵动。双手施禅定印，结跏趺坐仰莲台上。莲台近椭圆形，上沿饰一匝联珠纹，有三层莲瓣，莲瓣窄长，上端出尖，近边缘用单阴线勾边。莲台置于一束由莲枝、花蕾、莲叶组成的托架上，下承六边形束腰须弥座，转角处各有一兽面形支脚。须弥座顶面边缘起双棱形成浅池，六角各出一莲瓣，浅池内雕刻水涡纹，并在近边缘处等距铸出四只瑞兽；须弥座的上、下沿面和束腰的六面均线刻鱼子地缠枝花草纹，花纹刻划细腻，规整流畅。莲台以插销的形式插于须弥座台面中央的孔内，并以销端劈成四瓣花形锁死在须弥座上。通高20.3厘米（图四四、图四五；图版二八）。

2. 鎏金铜真武大帝坐像（17TJDT-4W-2）

长者扮相，长发齐腰，大耳垂肩，双眼上挑，蒜头鼻，鼻梁通天，颏下一绺山羊须，表情严肃。身后帔帛，形如背光，上身穿铠甲，下身着裙，腰束宽带，右手握铁剑置于右膝之上，左手自然放于左膝上。游戏坐姿，单层覆莲台座接地，右侧和左前莲瓣间各有一小圆孔，莲瓣宽大，莲舌短薄。通高6.5厘米（图四六；图版二三，2）。

3. 鎏金铜日光菩萨法器（17TJDT-4W-3）

主干两侧出旁枝，花在主干顶端开敷，花上置日轮。高14.1厘米（图四七；图版二三，3）。

图四四　鎏金铜阿弥陀佛坐像（17TJDT-4W-1）正视图

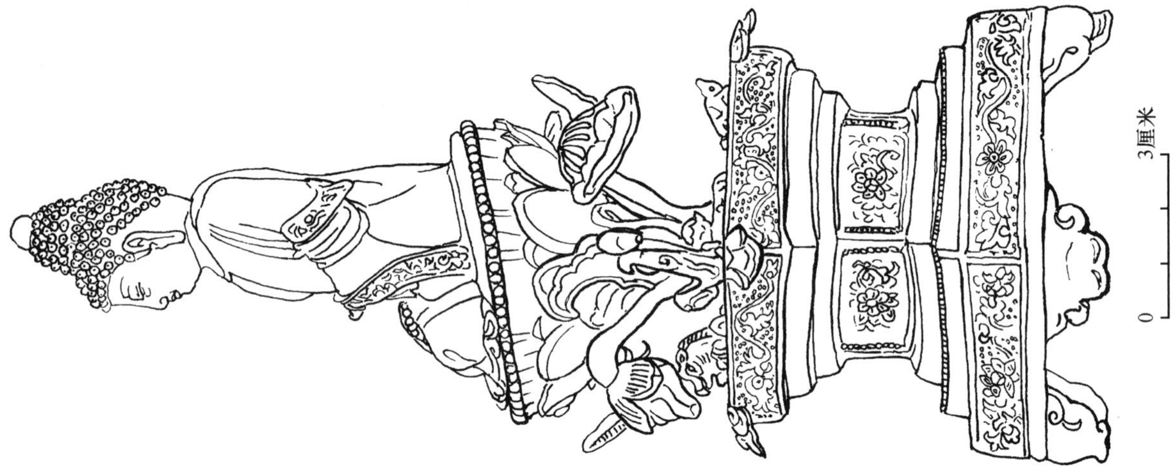

图四五　鎏金铜阿弥陀佛坐像（17TJDT-4W-1）侧视图

图四六　鎏金铜真武大帝坐像（17TJDT-4W-2）

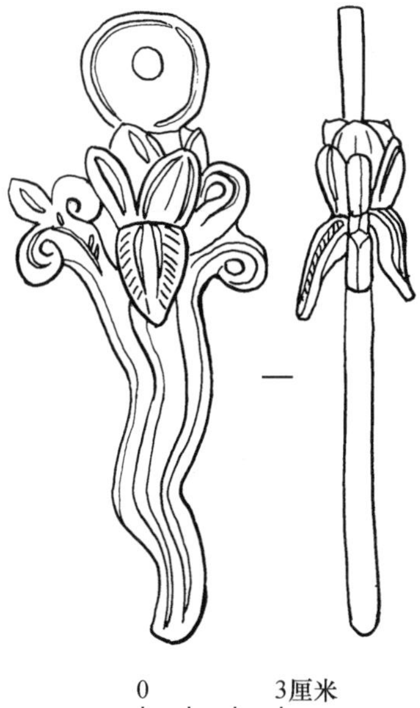

图四七　鎏金铜日光菩萨法器（17TJDT-4W-3）

三、第四层东面佛龛17TJDT-4E

位于蓟州多宝佛塔第四层密檐东壁正中，龛口朝外，封砖图案面向东。

（一）佛龛形制与装藏物

单层龛，长方形。龛门左右两侧各有一砖砌方形立柱，中间放置封砖，佛龛北部龛门处略向外突，佛龛平面为长方形，立面近方形，进深较浅。口直，龛顶、龛底平，北壁较直，南壁向内凸，涂抹白灰，后壁下方有方形小孔。龛门宽39、进深8厘米，龛宽31、高28、进深17厘米。龛口用雕刻仿木券顶假门方形花砖封堵，封门砖宽32、高26、厚9厘米（图四八；图版一六，3）。龛内环境保持较好，只有一些灰尘堆积。出土鎏金铜造像1尊。

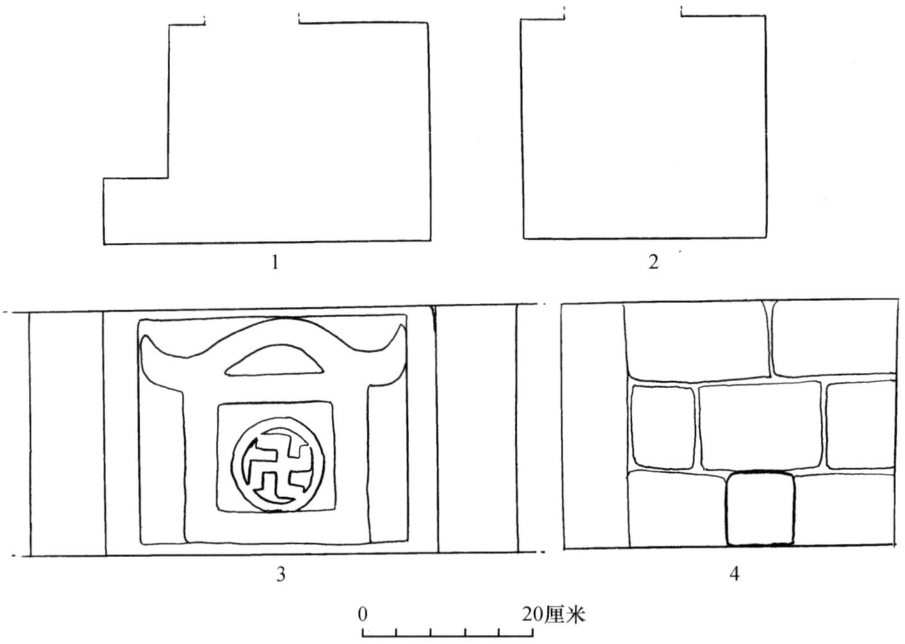

图四八　蓟州多宝佛塔第四层东面佛龛（17TJDT-4E）俯、侧、正视图
1. 俯视图　2. 侧视图　3. 正视图（清理前）　4. 正视图（清理后）

（二）龛内文物位置与保存状况

鎏金铜释迦牟尼坐像（17TJDT-4E-1），发现时位于佛龛后壁中央，面相东。背部紧贴通气孔，造像底部有白灰将造像与龛底粘连。锈蚀严重，鎏金层脱落殆尽，锈蚀严重。

（三）出土造像标本情况

仅出土1尊造像。

鎏金铜释迦牟尼坐像（17TJDT-4E-1）。双层螺发，顶饰宝珠。双耳垂肩，上眼皮宽鼓，双目微睁，鼻梁粗厚，表情肃穆。身着半披式袈裟，袈裟一角搭右肩，衣缘刻花装饰。左手施禅定印，右手施触地印，结跏趺坐于双层仰覆莲台上。莲台上、下近边缘处各饰一匝联珠纹，联珠纹形制长方，未经打磨。仰、覆莲瓣形状相同，仰小覆大；莲瓣宽大，呈U形，莲舌较小、阴刻卷草纹。莲台只在前部和两侧施纹，后部光素。通高17.8厘米（图四九、图五〇；图版二九）。

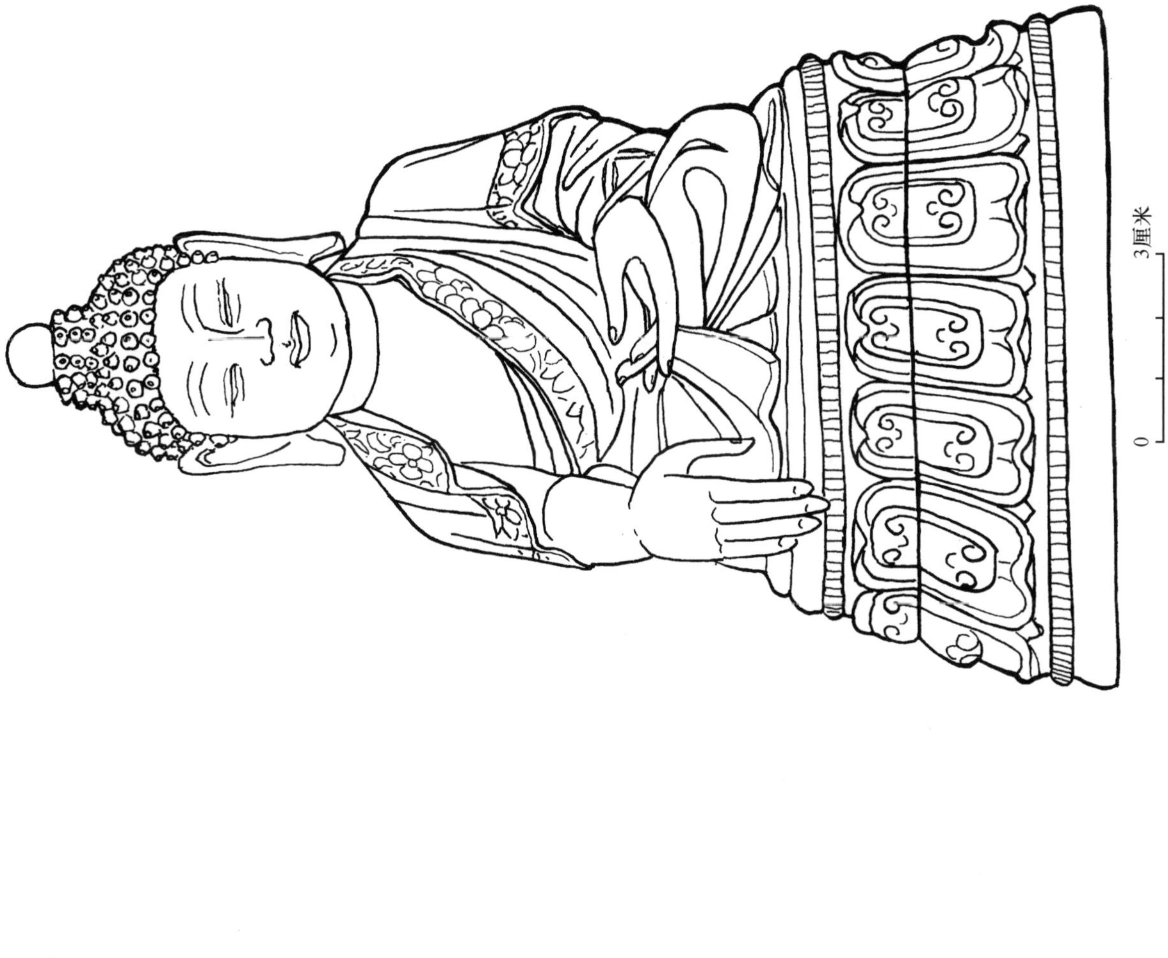

图四九　鎏金铜释迦牟尼坐像（17TJDT-4E-1）正视图

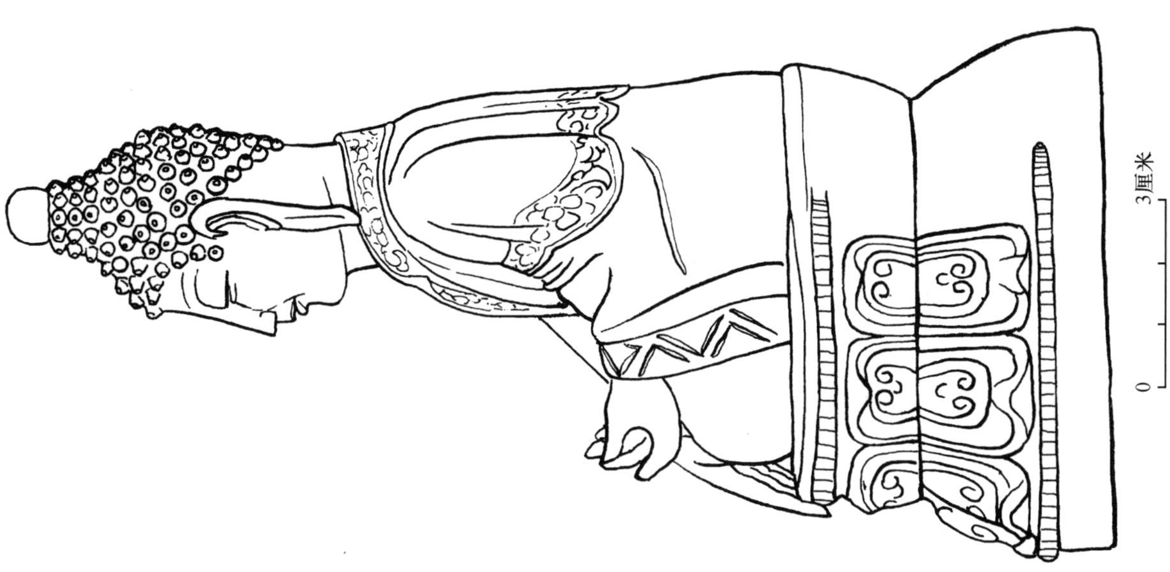

图五〇　鎏金铜释迦牟尼坐像（17TJDT-4E-1）侧视图

第三节　第五层佛龛及出土物

蓟州多宝佛塔第五层密檐之间矮层塔身的南、西、北、东四面墙体中部均设置佛龛，东、西两面的佛龛封砖皆雕饰仿木券顶假门，中央雕刻“卍”字图案；南、北面封砖皆雕梵文；其余部分用素面砖涂白装点。第五层的四个佛龛，除西面龛未发现文物外，其余三面龛内均有文物出土。

一、第五层南面佛龛17TJDT-5S

位于蓟州多宝佛塔第五层密檐南壁正中，龛口向外，封砖图案向南。

（一）佛龛形制与包含物

双重龛，前后双层。由龛门、外龛、内龛组成，龛口左右两侧各有一砖砌方形立柱。外龛平面和立面近方形，内龛平面近方形，立面纵长方形。口直，东、西壁向内凸，涂抹白灰，后壁下方有方形小孔。龛口宽39、进深6厘米；外龛宽28、进深26、高28厘米；内龛宽28、进深24、高43厘米。内龛口用雕刻符号方形花砖封堵，封门砖宽29、高27、厚9厘米（图五一）。龛内有墙壁掉落的白灰与自然落尘堆积。出土鎏金铜观音菩萨坐像1尊、铜钱、金属饰件与纺织品残渣。

（二）龛内文物位置与保存状况

龛内有鎏金铜观音菩萨坐像（17TJDT-5S-1），坐姿，面向南。摆放于后龛中央，体型高大，几乎占满后龛。造像身体覆盖灰尘，提取后发现造像封底已破碎，金属饰件及纺织品残渣散落在造像底部，当为此像装藏。铜钱发现于前龛底部灰土中。造像与铜钱锈蚀严重，造像鎏金层几乎全部剥落。

（三）出土造像、装藏与器物标本情况

1. 鎏金铜观音菩萨坐像（17TJDT-5S-1）

头梳髻，呈绀蓝色，顶饰莲花，身躯饱满结实，眉眼细长，眼睛半睁，表情肃穆。头戴花鬘冠，两侧各有一绺头发顺肩垂下，在肩头打结后分成三绺下垂，缯带在耳后U形上扬。耳

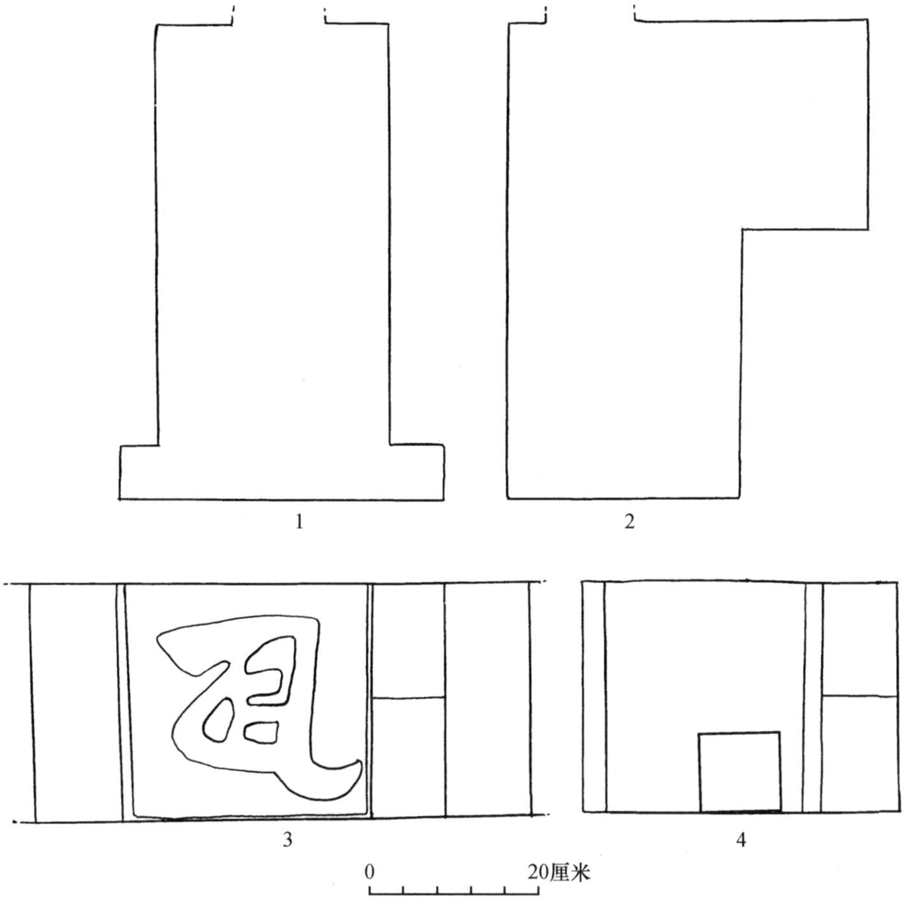

图五一　蓟州多宝佛塔第五层南面佛龛（17TJDT-5S）俯、侧、正视图
1. 俯视图　2. 侧视图　3. 正视图（清理前）　4. 正视图（清理后）

珰上部为五瓣花形，下垂花坠，胸前佩璎珞，戴手镯、脚链。璎珞在胸两侧对称悬挂上下两层U形珠串，对称U形珠串中间垂下三根放射式珠串。身穿覆右肩式开襟广袖宽袍，袍一角搭左肩，下身着裙，衣缘饰宽花边，腰带系蝴蝶结，衣褶深刻，质感厚重。右手施说法印，左手施禅定印，结跏趺坐于薄垫上，未见台座。通高37.7厘米（图五二、图五三；图版三〇、图版三一）。

4件金属饰及丝织品残渣掉落于造像底部，应为此像装藏物。

（1）小铜镜1枚，17TJDT-5S-1②。半圆形纽，光素，背面鎏金，正面光可鉴人。直径3.2厘米（图五四；图版八四，3）。

（2）螺形器1件，17TJDT-5S-1①。锡铅合金制成，中空，上下纵穿一孔，孔内穿双股扁银条。最大径3.5、高5.1厘米（图五五；图版八四，4）。

（3）圆形饰件1件，17TJDT-5S-1④。锡铅合金制成，残，薄片，近边缘处有对称2个圆孔。直径3.5、厚0.1厘米（图五六）。

（4）管状饰件1件，17TJDT-5S-1③。锡铅合金制成，残，由银片呈横S形卷成双筒，两端筒间各有一圆孔，其中一端穿一节银链。

图五二　鎏金铜观音菩萨坐像（17TJDT-5S-1）正视图

图五三　鎏金铜观音菩萨坐像（17TJDT-5S-1）侧视图

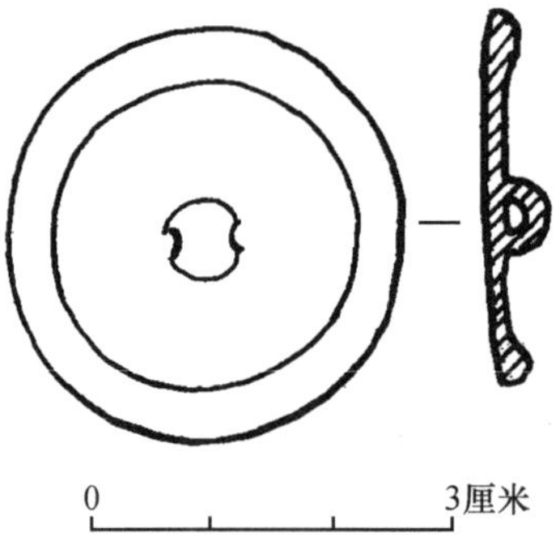

图五四　小铜镜
（17TJDT-5S-1②）

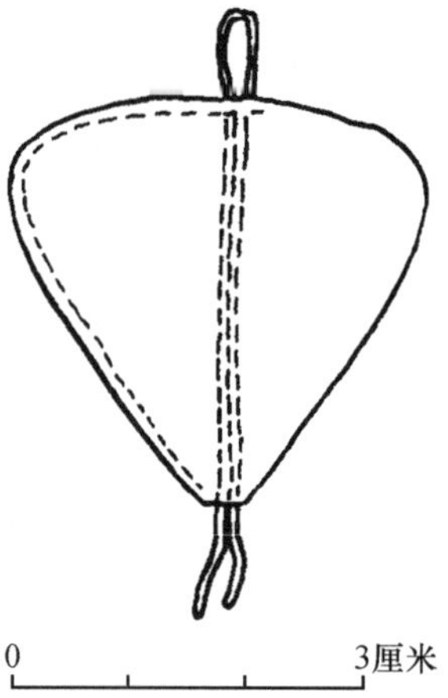

图五五　螺形器
（17TJDT-5S-1①）

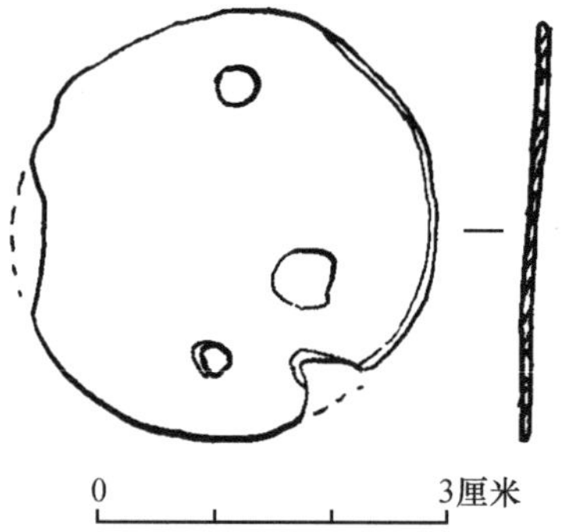

图五六　圆形饰件
（17TJDT-5S-1④）

2. 铜钱（17TJDT-5S-2）

3枚，其中崇祯通宝2枚、万历通宝1枚。小平钱，钱文楷书对读，光背。钱背内外廓略宽于正面。万历通宝，钱径26、正面廓宽2.6、背面廓宽4、廓厚1.3毫米。崇祯通宝，一枚钱径26、正面廓宽2.8、背面廓宽4、廓厚1.4毫米；另一枚钱径26.9、正面廓宽3.1、背面廓宽3.9、廓厚1.2毫米（图五七；图版八四，5）。

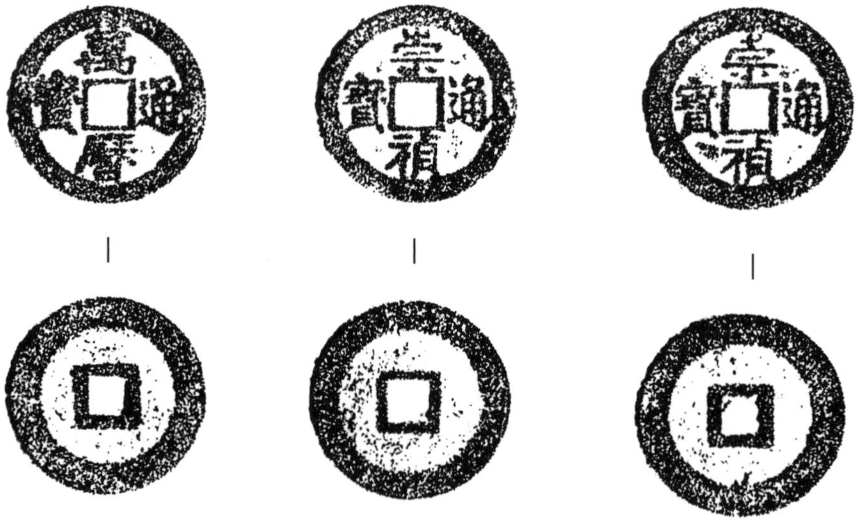

图五七　万历通宝、崇祯通宝（17TJDT-5S-2）

二、第五层西面佛龛17TJDT-5W

位于蓟州多宝佛塔第五层密檐下西壁正中，龛口向外，封砖图案向西。

双重龛，前后双层。由外龛和内龛组成，龛口左右两侧各有一砖砌方形立柱。外龛立面近方形，平面纵长方形，内龛立面纵长方形，平面近方形，口直，龛顶、龛底平，南、北壁较直，涂抹白灰，后壁下方有方形小孔。外龛宽30、进深33、高27厘米；内龛宽30、进深21、高42厘米。龛口用雕刻仿木券顶假门方形花砖封堵，封门砖宽30、高27、厚8厘米（图五八）。龛内满布干燥的蜂巢，未发现遗物。

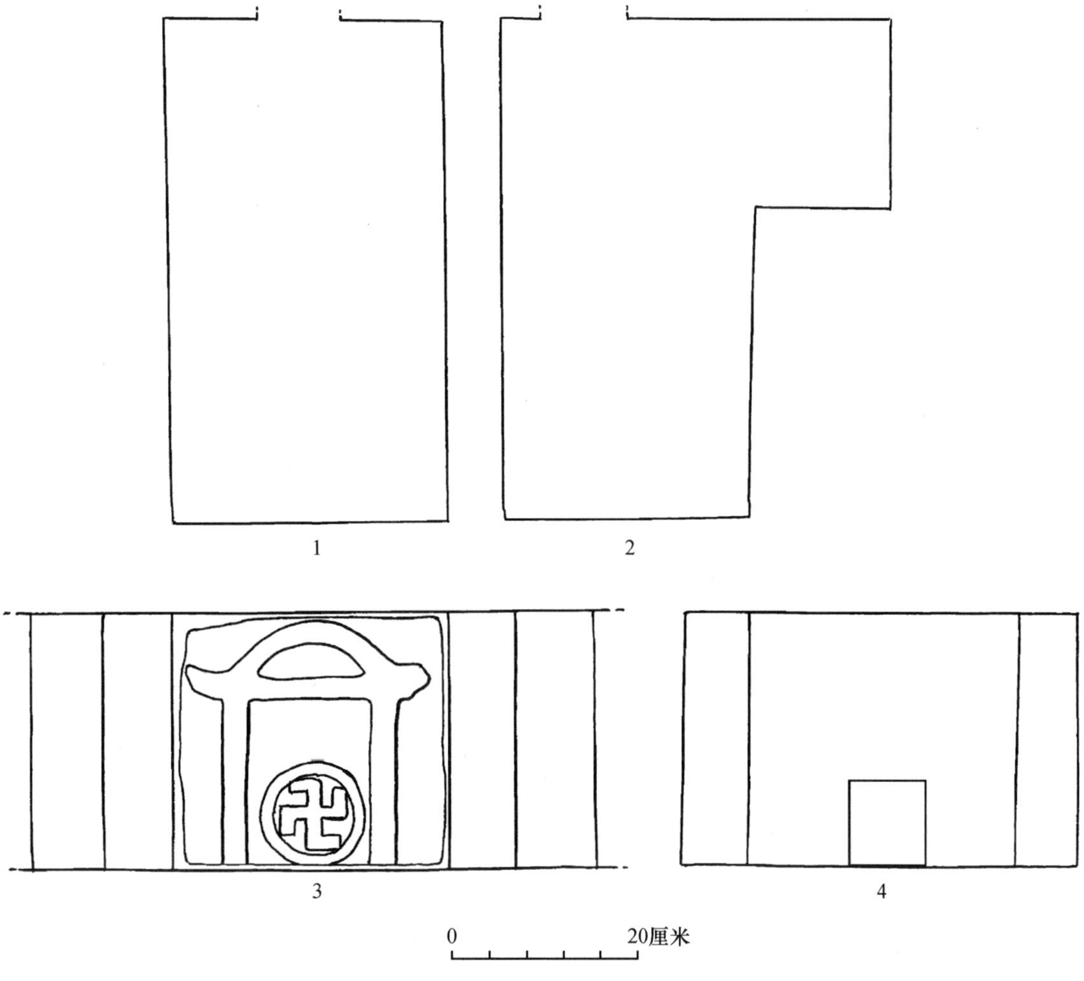

图五八　蓟州多宝佛塔第五层西面佛龛（17TJDT-5W）俯、侧、正视图

1. 俯视图　2. 侧视图　3. 止视图（清理前）　4. 正视图（清理后）

二、第五层北面佛龛17TJDT-5N

位于蓟州多宝佛塔第五层密檐北壁正中，龛口向外，封砖图案面向北。

（一）佛龛形制与包含物

双重龛，前后双层。由外龛、内龛组成，龛门左右两侧各有一砖砌方形立柱。外龛立面横长方形，平面横长方形，内龛立面纵长方形，平面横长方形，口直，龛顶、龛底平，东、西壁向内凸，涂抹白灰，后壁下方有方形小孔。外龛宽44、进深33、高29厘米；内龛宽31、进深23、高48厘米（图五九）。龛口用雕刻符号方形花砖封堵，封门砖宽32、高29、厚9厘米。龛内有蜂类筑巢，干燥的蜂巢与龛壁掉落的灰块堆积在龛底。出土鎏金铜文殊菩萨坐狮像1尊。

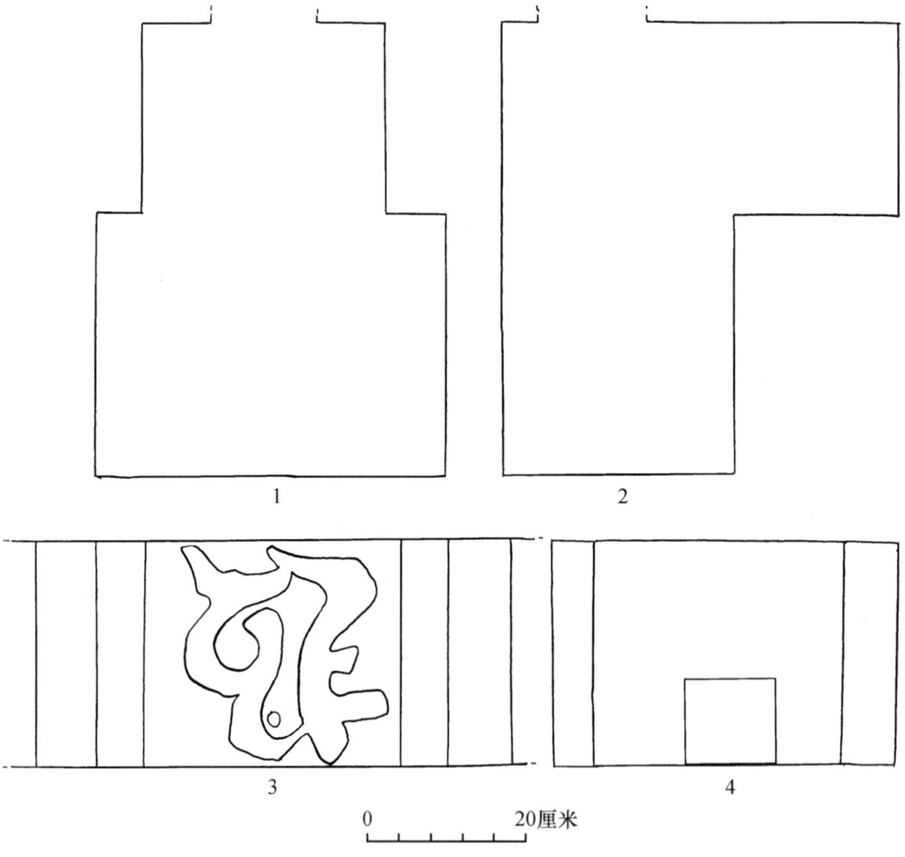

图五九　蓟州多宝佛塔第五层北面佛龛（17TJDT-5N）俯、侧、正视图

1. 俯视图　2. 侧视图　3. 正视图（清理前）　4. 正视图（清理后）

（二）龛内文物位置与保存状况

鎏金铜文殊菩萨坐狮像（17TJDT-5N-1），发现时摆放在内、外龛之间，位置离封门砖较近。坐姿，面向北。全身被蜂巢包裹。鎏金层脱落殆尽。

（三）出土造像标本情况

仅出土1尊造像。

鎏金铜文殊菩萨坐狮像（17TJDT-5N-1）。头梳发髻，饰莲花，面庞清秀，眉眼细长，用阴线刻划双重下颏，头略下低，垂目睇视。戴五叶冠，两侧各有一绺头发顺肩垂至肘部，缯带在耳后U形上扬；耳珰上部为五叶花形，下垂花坠，佩项圈、璎珞、手镯、脚链。璎珞繁密细致，胸前的项链分为两部分，靠近项部的短项链中间垂下三根珠串，两边对称悬挂U形珠串，呈倒葫芦形的长璎珞垂落到腹上部。双臂曲起，右手施禅定印，左手施无畏印，并各牵一莲枝，莲枝倚两臂在肩头开敷，左肩莲心置经卷，右肩莲心置智慧剑。身着披肩，天衣从两肩而下，绕双臂肘间飘起，再绕臂而下，垂落狮背。下身着双层裙，外层短裙长至膝部略上部分，裙带下垂璎珞，前后各一组，形制与胸前项饰大同小异；里层长裙垂到脚面，侧身游戏坐于狮背，趺足。狮子卧伏在覆莲台上，头朝左侧，回首向外作吼叫状，项挂铃，尾根上部梳髻，下垂璎珞。莲台圆角长方形，上沿和近下沿各有一匝联珠纹，莲瓣窄尖，莲舌单阴线勾边并刻写意卷草纹。通高23.9厘米（图六〇、图六一；图版三二）。

四、第五层东面佛龛17TJDT-5E

位于蓟州多宝佛塔第五层密檐东壁正中，龛口向外，封砖图案面向东。

（一）佛龛形制与包含物

双重龛，前后双层。由龛门、外龛、内龛组成，龛门左右两侧各有一砖砌方形立柱。外龛立面近方形，平面纵长方形，内龛立面纵长方形，平面近方形，口直，龛顶、龛底平，南、北壁向内凸，涂抹白灰，后壁下方有方形小孔。龛门宽32、进深6厘米；外龛宽23、进深27、高28厘米；内龛宽23、进深21、高42厘米。龛口用雕刻仿木券顶假门的方形花砖封堵，封门砖宽30、高28、厚9厘米（图六二；图版一七，1）。龛内尚有新鲜蜂巢存在。出土鎏金铜观音菩萨坐像1尊、木质残件等。

图六〇　鎏金铜文殊菩萨坐狮像（17TJDT-5N-1）正视图

图六一　鎏金铜文殊菩萨坐狮像（17TJDT-5N-1）侧视图

图六二　蓟州多宝佛塔第五层东面佛龛（17TJDT-5E）俯、侧、正视图
1. 俯视图　2. 侧视图　3. 正视图（清理前）　4. 正视图（清理后）

（二）龛内文物位置与保存状况

鎏金铜观音菩萨坐像［17TJDT-5E-1（1）］，发现时位于内龛中部，仰面向西倾倒，面向上。出土时造像全身被蜂蜜、蜂巢包裹。鎏金层脱落殆尽。造像封底完好，空腔内有装藏。文物保护工作开展前，在实验室内提取。

（三）出土造像、装藏与器物标本情况

1. 鎏金铜观音菩萨坐像［17TJDT-5E-1（1）］

头梳发髻，顶饰莲花，面庞宽厚，双眉如新月，双目低垂，鼻梁修直，鼻翼较宽，阴线刻划双重下颏。戴花鬘冠，两侧各有一绺头发顺肩垂至肘部，缯带在耳后U形上扬，耳珰上部为五瓣花形，下垂花坠，胸前佩璎珞，戴手镯、脚链。璎珞在胸两侧对称悬挂上下两层U形珠

串，对称U形珠串中间垂下三根放射式珠串，中间长、两侧短。身着覆右肩式开襟广袖宽袍，一角搭左肩，下身穿长裙，腰带系蝴蝶结，衣褶深刻稠密。右手施说法印，左手施禅定印，结跏趺坐于薄垫上，薄铁片封底。像高20.5厘米。造像空腔内有装藏物，保存极差，仅发现金属残渣和纸制品残渣（图六三、图六四；图版三三、图版三四）。

图六三　鎏金铜观音菩萨坐像［17TJDT-5E-1（1）］正视图

图六四　鎏金铜观音菩萨坐像［17TJDT-5E-1（1）］侧视图

2. 木质残件［17TJDT-5E-1（3）］

残损严重，仅存一小部分，当为鎏金铜观音菩萨坐像［17TJDT-5E-1（1）］的木质台座。残长12.7、残宽4.5、残高3.8厘米（图版八五，2）。

3. 封底铁板［17TJDT-5E-1（2）］

鎏金铜观音菩萨坐像［17TJDT-5E-1（1）］封底。铁质，残，心形薄片。实验室内提取装藏时打开。残长11.3、残宽6.1、厚0.2厘米（图六五；图版八五，1）。

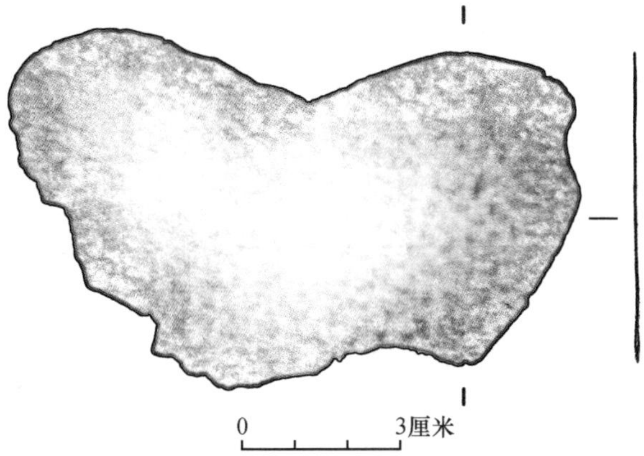

图六五　封底铁板［17TJDT-5E-1（2）］

第四节　第六层佛龛及出土物

蓟州多宝佛塔第六层密檐之间矮层塔身的南、西、北、东四面墙体中部均设置佛龛，东、西两面佛龛封砖皆雕刻仿木券顶假门，中央雕刻“卍”字图案；南面封砖雕梵文；北面封砖缺失，露出蜂巢。其余部分用素面砖涂白装饰。西面佛龛内有蜂巢，其余两龛内只有一些灰土覆盖在文物表面。四个龛内皆有文物出土。

一、第六层南面佛龛17TJDT-6S

位于蓟州多宝佛塔第六层密檐南壁正中，龛口向外，封砖图案面向南。

（一）佛龛形制与包含物

双重龛，前后双层。由外龛、内龛组成，龛口左右两侧各有一砖砌方形立柱。外龛立面近方形，平面纵长方形，内龛立面纵长方形，平面横长方形，口直，龛顶、龛底平，东、西壁向内凸，涂抹白灰，后壁下方有方形小孔。外龛宽32、进深33、高29厘米；内龛宽32、进深20、

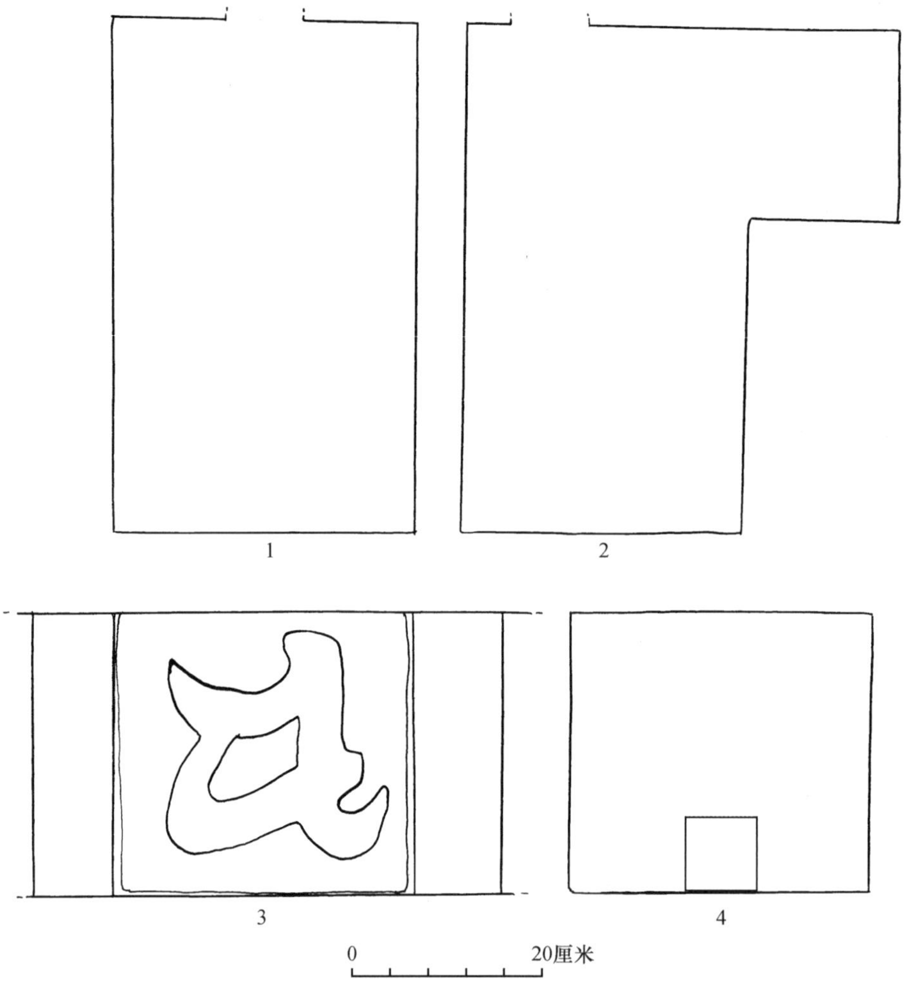

图六六　蓟州多宝佛塔第六层南面佛龛（17TJDT-6S）俯、侧、正视图
1. 俯视图　2. 侧视图　3. 正视图（清理前）　4. 正视图（清理后）

高45厘米。龛口用雕刻符号的方形花砖封堵，封门砖宽31、高27、厚9厘米（图六六）。出土木雕贴金彩绘释迦牟尼坐像1尊。

（二）龛内文物位置与保存状况

木雕贴金彩绘释迦牟尼坐像（17TJDT-6S-1），发现时位于内龛中部，从莲台上掉落，身后倾，面相南。双手脱落，分别位于造像前部与底部。莲台平放于龛后部。造像贴金剥落严重。头部、背部可见封口板，背部空腔内有装藏物。文物保护工作开展前，在实验室内提取。

（三）出土造像与装藏标本情况

仅出土1尊坐像。

木雕贴金彩绘释迦牟尼坐像（17TJDT-6S-1）。由造像［17TJDT-6S-1（1）］、莲台［17TJDT-6S-1（2）］组成。造像，螺发肉髻，呈绀蓝色，顶饰宝珠，眉描黑彩，眼球外涂白、内涂黑色，耳垂上有坠孔。面庞清秀，眉眼细长，眼睛半睁。着半披式袈裟，袈裟一角披右肩，裙摆在两腿间铺成扇形。右手施触地印，左手施禅定印，结跏趺坐于仰覆莲台上。莲台，近半圆形，上沿和下沿近边缘处各饰一匝联珠纹，莲瓣宽大，呈U形，莲舌饱满雕刻卷草纹；莲台后部正中的一个仰、覆莲瓣约占2个莲瓣的位置，呈长圆形。仰、覆莲台间采用榫卯形式以长方形木销连接固定。髹紫红色底漆，贴金脱落殆尽。造像背部、头部后有开窗，背部为竖长方形，头部为圆形，各用与开窗相同形状的木板封口。坐像通高37.9厘米，莲台高7.6厘米（图六七、图六八；图版三五、图版三六）。

后期实验室内的检测分析中未发现造像头部空腔内存有装藏物，只在背部空腔内提取了造像的装藏物：

（1）经卷1卷，17TJDT-6S-1（1）⑦。长10.4、直径3.5厘米。内卷经书共12页，书页长73.6～81.4厘米，宽10.1～10.3厘米。封皮，黄色纸，长19.6、宽10.3厘米，中部偏上印有竖排版黑色四周双边框楷书汉文“五佛四母真言等经咒”九字经卷名（图版八五，5）。书页纸厚0.068厘米，白纸黑字，每页版心有横排版藏文经文6行，仅第2页经文左右侧各有一佛像，佛像下方有藏文名称。每页经文左右侧有单栏，右边栏外及第2页佛像右侧为楷书汉字“般若论”，并在其下印有页码，惜皆有破损，不能全识；左边栏外及第2页佛像左侧为藏文（图版八六～图版八八）。

（2）纸张，17TJDT-6S-1（1）⑧。纸张板结，形状不规则，颜色泛黄。

（3）漆皮，17TJDT-6S-1（1）②，贴金木雕彩绘释迦牟尼坐像（17TJDT-6S-1）残留物。残，形状不规则，深红色，上有黑色纹饰。

（4）玛瑙，17TJDT-6S-1（1）①。残，白色，近不规则椭圆形。

（5）浅蓝琉璃，17TJDT-6S-1（1）⑨。残，浅蓝色半透明，形状不规则。

（6）绿琉璃，17TJDT-6S-1（1）⑩。残，绿色半透明，形状不规则。

（7）黄水晶，17TJDT-6S-1（1）⑪。残，黄色半透明，形状不规则。

（8）白水晶，17TJDT-6S-1（1）⑫。残，白色半透明，形状不规则。

（9）蓝琉璃，17TJDT-6S-1（1）③。残，蓝色半透明，半环状。直径0.5厘米（图六九）。

（10）黄琉璃，17TJDT-6S-1（1）⑤。残，黄色半透明，近椭圆形。宽1.2～1.5厘米（图七○；图版八五，3）。

（11）红琉璃，17TJDT-6S-1（1）④。残，红色，形状不规则。

（12）木屑，17TJDT-6S-1（1）⑥，木雕贴金彩绘释迦牟尼坐像（17TJDT-6S-1）残留物。褐色，为天然木屑。

图六七　木雕贴金彩绘释迦牟尼坐像（17TJDT-6S-1）正视图

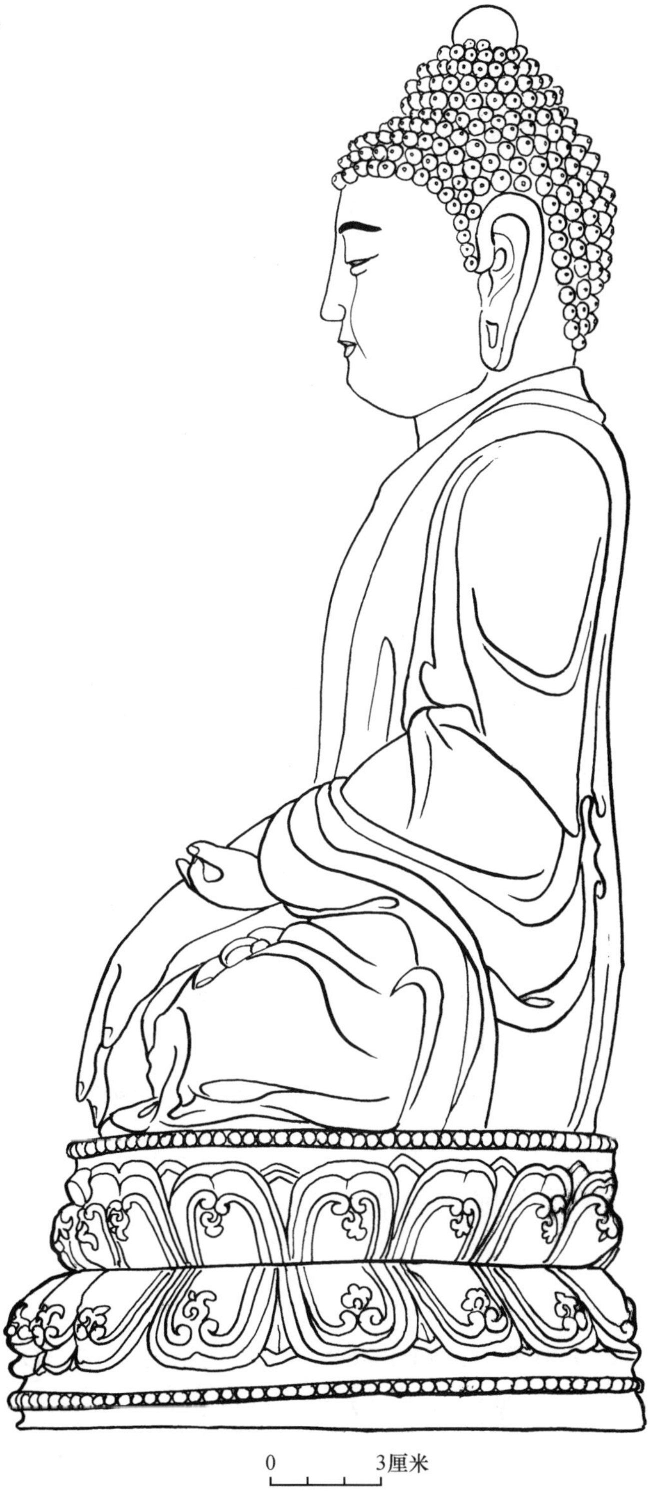

图六八　木雕贴金彩绘释迦牟尼坐像（17TJDT-6S-1）侧视图

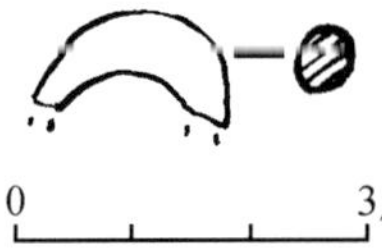

图六九　蓝琉璃［17TJDT-6S-1（1）③］

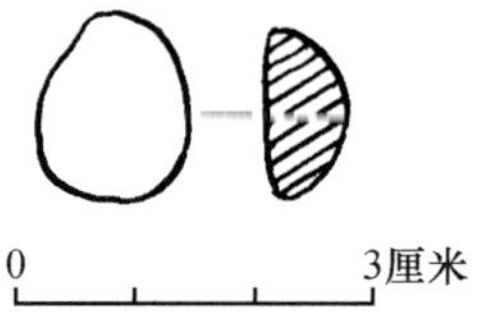

图七〇　黄琉璃［17TJDT-6S-1（1）⑤］

二、第六层西面佛龛17TJDT-6W

位于蓟州多宝佛塔第六层密檐西壁正中，龛口塔外，封砖图案向西。

（一）佛龛形制与包含物

双重龛，前后双层。由外龛、内龛组成，龛门左右两侧各有一砖砌方形立柱。由于建造原因，外龛龛口北部略向内凹2厘米。外龛立面近方形，平面纵长方形，内龛立面纵长方形，平面横长方形，口直，龛顶、龛底平，南、北壁较直，涂抹白灰，后壁下方有方形小孔。外龛宽30、进深29、高29厘米；内龛宽30、进深20、高44厘米。龛口用雕刻仿木券顶假门的方形花砖封堵，封门砖宽27、高28、厚8厘米（图七一）。出有木雕贴金彩绘观音菩萨坐像1尊，造像背部空腔内有装藏物。佛龛后部有一掉落的干燥蜂巢，前部有鸟类筑巢的干草、树木枝条与灰土堆积。

（二）龛内文物位置与保存状况

木雕贴金彩绘观音菩萨坐像（17TJDT-6W-1），发现时位于内龛后部，靠近佛龛后壁，坐姿，面相西。造像从莲台上向南侧略位移，双手脱落不见。造像贴金剥落严重。头部、背部可见封口板，背部空腔内有装藏物。文物保护工作开展前，在实验室内提取。

（三）出土造像与装藏标本情况

仅出土1尊坐像。

木雕贴金彩绘观音菩萨坐像（17TJDT-6W-1）。由造像［17TJDT-6W-1（1）］、莲台［17TJDT-6W-1（2）］组成。造像，头梳发髻，呈绀蓝色，顶饰莲花，眉毛、眼球内涂黑色，双唇涂红，面庞丰满，眉眼细长。戴六叶冠，前部五叶相连，头后部单独一叶，前部正中和头后的冠叶较宽，呈“山”字形，两侧各有一绺头发顺肩垂下，缯带在耳后U形上扬。耳珰上部为圆饼形，雕刻有仿嵌宝石图案，下垂花坠。胸前佩项圈、璎珞，戴臂钏、手镯、脚链。璎珞繁密细致，胸前的项饰分为两部分，胸部的短项链中间垂下三根珠串，中间长两侧短，两边对称悬挂U形珠串，其左右分别向两侧斜垂两根短珠串；呈倒葫芦形的长璎珞，垂落到腹上

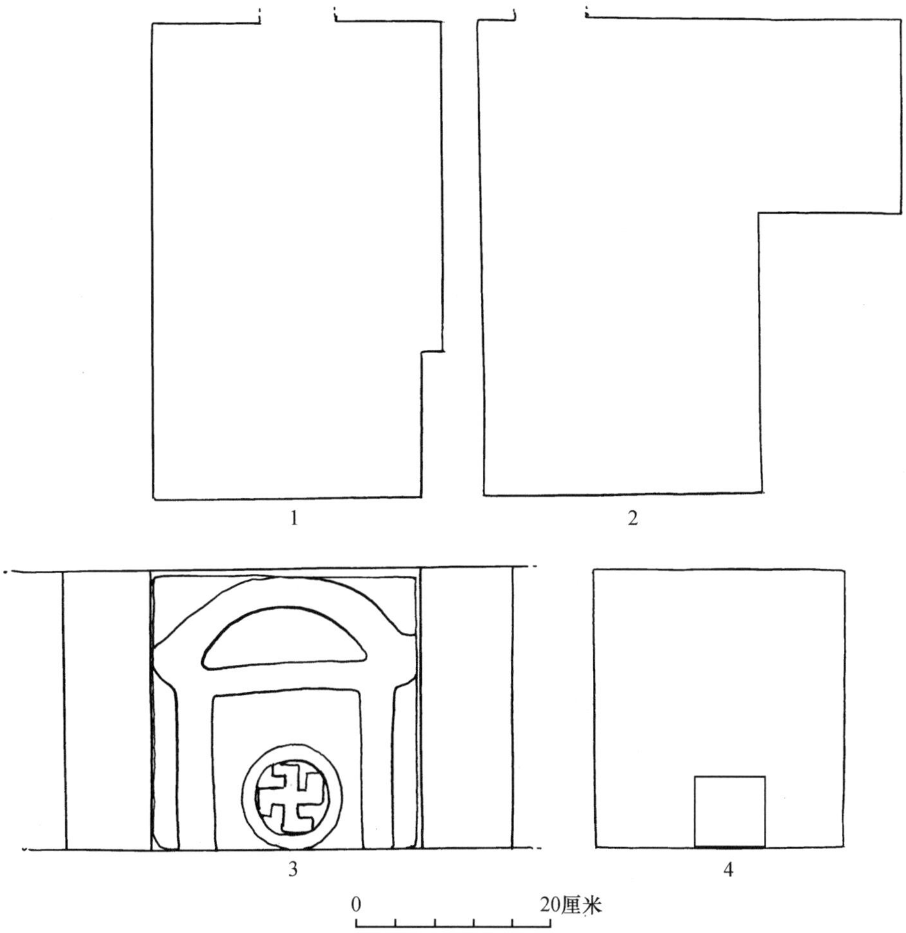

图七一　蓟州多宝佛塔第六层西面佛龛（17TJDT-6W）俯、侧、正视图
1. 俯视图　2. 侧视图　3. 正视图（清理前）　4. 正视图（清理后）

部。双臂曲至胸前，双手缺失，臂两侧各有一莲枝，莲枝倚两臂至肩头，莲枝上各有三朵花，一朵为花蕾，一朵正在开敷，一朵完全开敷。披肩覆盖双肩，天衣从两肩而下，绕双臂肘间飘起，再绕臂而下，垂落莲台，下着裙，腰系珠串带，结跏趺坐于仰覆莲台上。莲台，下半部的覆莲台缺失，仰莲台上沿饰一匝联珠纹，莲瓣宽大，呈U形，莲舌饱满雕刻卷草纹；莲台后中部的一个仰莲瓣约占2个莲瓣的位置，呈长圆形。莲台底中部有长方形卯。髹紫红色底漆，贴金脱落殆尽。莲台高3.2厘米。造像背部、头部后有开窗，背部为竖长方形，头部为方形，各用与开窗相同形状的木板封口。通高32.9厘米（图七二、图七三；图版三七、图版三八）。

后期实验室内的检测分析中未发现造像头部空腔内存有装藏物，只在背部空腔内提取了造像的装藏物：

（1）水晶，17TJDT-6W-1（1）①。残，青色半透明，形状不规则。

（2）黄琉璃，17TJDT-6W-1（1）⑥。残，黄色半透明，形状不规则。

（3）蓝琉璃，17TJDT-6W-1（1）⑦。残，蓝色半透明，形状不规则。

（4）绿水晶，17TJDT-6W-1（1）⑧。浅绿色半透明，形状不规则。

（5）漆皮，17TJDT-6W-1（1）⑨。形状不规则，深红色，上有黑色纹饰。

图七二　木雕贴金彩绘观音菩萨坐像（17TJDT-6W-1）正视图

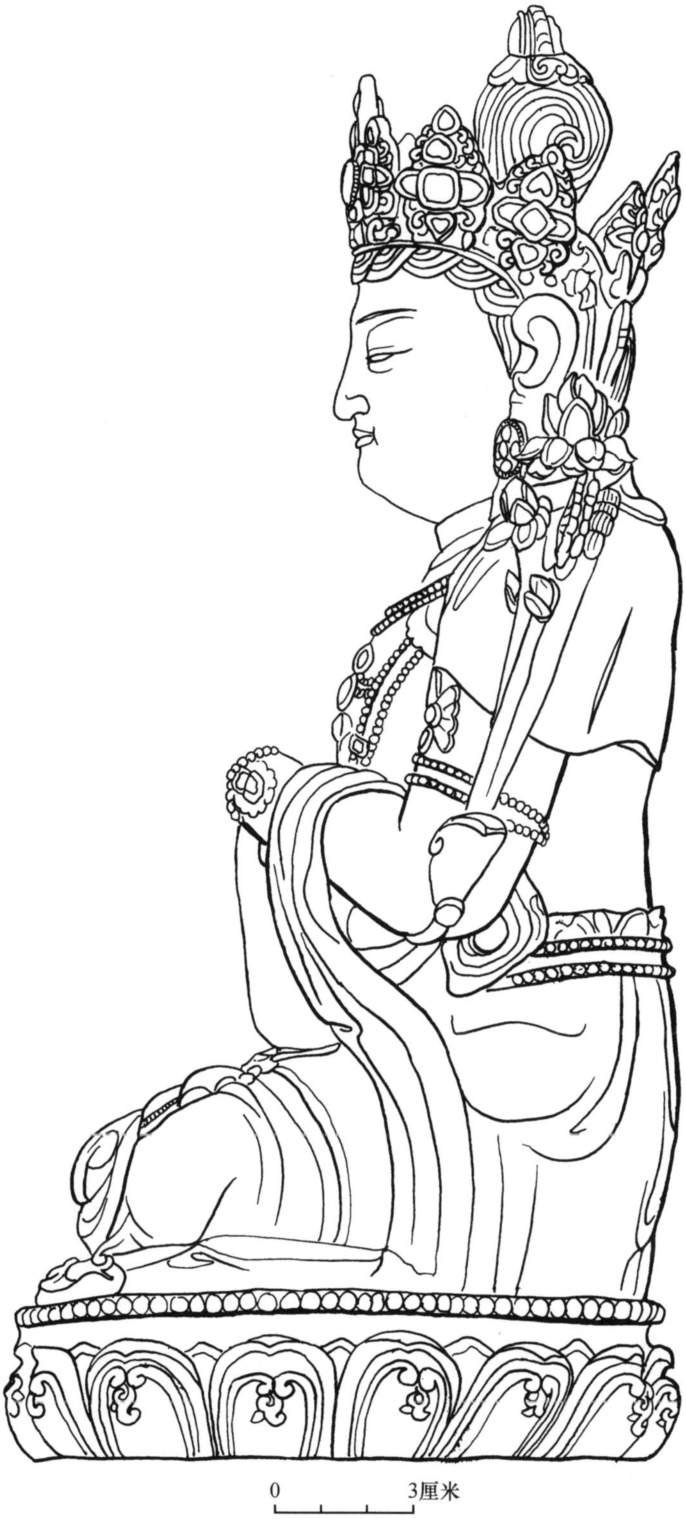

图七三　木雕贴金彩绘观音菩萨坐像（17TJDT-6W-1）侧视图

（6）水晶，17TJDT-6W-1（1）⑩。残，半透明，形状不规则。

（7）水晶，17TJDT-6W-1（1）⑪。残，半透明，形状不规则。

（8）琉璃，17TJDT-6W-1（1）⑫。蓝色半透明，形状不规则。

（9）琉璃，17TJDT-6W-1（1）⑬。蓝色，形状不规则。

（10）绿琉璃，17TJDT-6W-1（1）②。残，绿色，近椭圆形，一侧边缘刻一周凹槽，另一侧平整（图版八五，4）。

（11）木屑，17TJDT-6W-1（1）⑤，木雕贴金彩绘观音菩萨坐像（17TJDT-6W-1）残留物。褐色，为天然木屑。

（12）纸1张，17TJDT-6W-1（1）③。方形空白纸，长19.8、宽18.8、厚0.069厘米。

（13）经卷1卷，17TJDT-6W-1（1）④。长10.2、直径3.1厘米。内卷经书共11页，书页长72.8～82厘米，宽10.1～10.2厘米。封皮，黄色纸，长11.7、宽10.2厘米。中部偏上印有竖排版黑色四周双边框楷书汉文“五佛四母真言等经咒”九字经卷名。书页厚0.079厘米，白纸黑字，每页版心有横排版藏文经文5行，经文左右有单栏，右边栏外为竖书楷书汉字“〇比量”，并在其下标有页码，页码从第1～11页分别为“上二十四”“下二十四”“下二十三”“上二十三”“下二十二”“上二十”“上二十二”“下二十一”“上二十一”“下十九”“下二十”；左边栏外页码标“上”的（即第1、4、6、7、9页）有藏文，页码标“下”的（即第2、3、5、8、10、11页）无藏文（图版八九～图版九一）。

三、第六层北面佛龛17TJDT-6N

位于蓟州多宝佛塔第六层密檐北壁正中，龛口向外，封砖图案向北。

（一）佛龛形制与包含物

双重龛，前后双层。由外龛、内龛组成，龛口左右两侧各有一砖砌方形立柱。外龛立面近方形，平面纵长方形，内龛立面纵长方形，平面近方形，口直，龛顶、龛底平，东、西壁向内凸，涂抹白灰，后壁下方有方形小孔。外龛宽30、进深29、高27厘米；内龛宽30、进深24、高56厘米。龛口用方形砖封堵，封门砖宽28、高26、厚8厘米。龛内上部为新鲜蜂巢，下部是灰土与蜂蜜的混合物（图七四；图版一七，2）。出有木雕贴金观音菩萨坐像1尊。

（二）龛内文物位置与保存状况

木雕贴金彩绘观音菩萨坐像（17TJDT-6N-1），发现时位于内龛中部，坐姿，面相北。造像与莲台全部被蜂蜜、蜂巢包裹，贴金脱落殆尽，身体从中部竖向断裂。造像头部、背部可见封口板，但未发现装藏物，应全部被腐蚀。

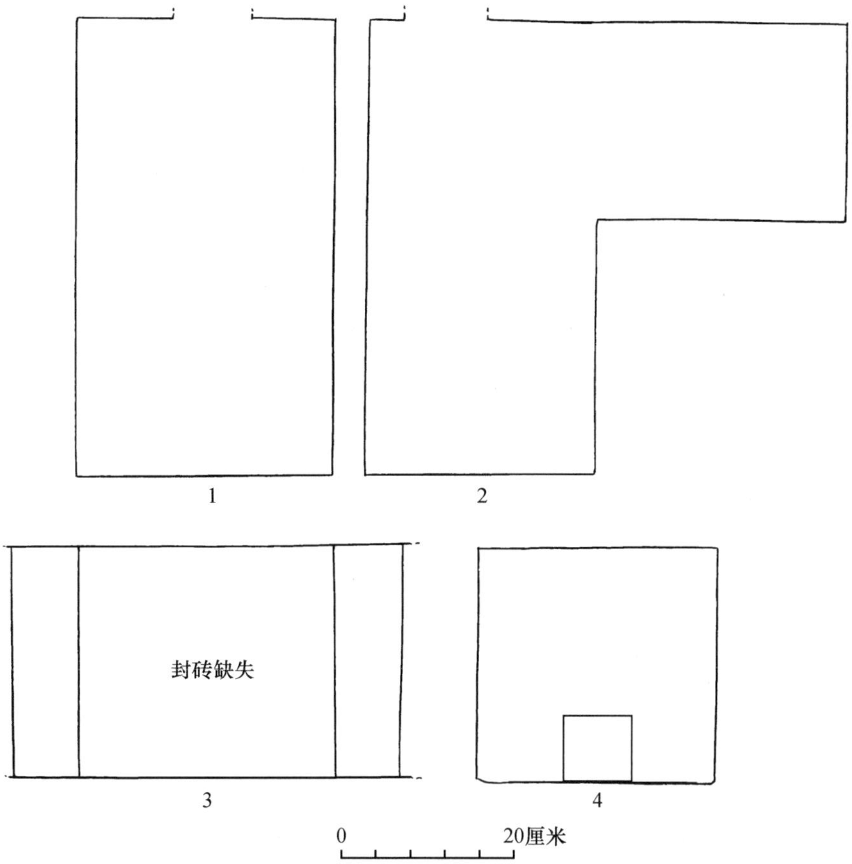

图七四　蓟州多宝佛塔第六层北面佛龛（17TJDT-6N）俯、侧、正视图
1. 俯视图　2. 侧视图　3. 正视图（清理前）　4. 正视图（清理后）

（三）出土造像与装藏标本情况

仅出土1尊坐像。

木雕贴金彩绘观音菩萨坐像（17TJDT-6N-1）。由造像［17TJDT-6N-1（1）］、莲台［17TJDT-6N-1（2）］组成。造像，头梳高髻，顶饰莲花，身体肌肉饱满，面庞清秀，头略低下，眼睛半睁。戴六叶冠，前部五叶连续（右侧最后一叶缺失），脑后单独一叶，前部正中和脑后的冠叶较宽大，呈“山”字形，两侧各有一绺头发顺肩垂下。耳珰上部为圆形，有装饰图案，下垂花坠，佩项圈、璎珞、臂钏、手镯、脚链。璎珞繁密细致，胸前的项饰分为两部分，胸部的短项链中间垂下三根珠串至长璎珞的上缘，中间长、两侧短，两边对称悬挂U形珠串；呈倒葫芦形的长璎珞垂落到腹上部。双臂曲至胸前，双手缺失。天衣从两肩而下，绕双臂肘间飘起，再绕臂而下，垂落莲台，披肩覆盖双肩，下着长裙，腰系珠串带，结跏趺坐于仰覆莲台上，右膝部分缺失。莲台，上沿和下沿近边缘处各饰一匝联珠纹，莲瓣宽大，呈U形，莲舌饱满，雕刻卷草纹；莲台后部正中的仰、覆莲瓣约占2个莲瓣的位置，呈长圆形。仰、覆莲台间采用卯榫形式以长方形木销连接固定。髹紫红色底漆，贴金脱落殆尽。造像背部、头部后有开窗，背部为竖长方形，头部为圆形，各用与开窗相同形状的木板封口。莲台高7.5、通高36.7厘米。装藏物应已全部被腐蚀（图七五、图七六；图版三九、图版四〇）。

图七五　木雕贴金彩绘观音菩萨坐像（17TJDT-6N-1）正视图

图七六　木雕贴金彩绘观音菩萨坐像（17TJDT-6N-1）侧视图

四、第六层东面佛龛17TJDT-6E

位于蓟州多宝佛塔第六层密檐东壁正中，龛口向外，封砖图案向东。

（一）佛龛形制与包含物

双重龛，前后双层。由外龛、内龛组成，龛口左右两侧各有一砖砌方形立柱。外龛立面近方形，平面纵长方形，内龛立面纵长方形，平面横长方形，口直，龛顶、龛底平，南、北壁向内凸，涂抹白灰，后壁下方有方形小孔。外龛宽29、进深32、高29厘米；内龛宽29、进深20、高43厘米。龛口用雕刻仿木券顶假门的方形花砖封堵，封门砖宽29、高28、厚8厘米（图七七）。龛内保持较好，龛底有灰尘与草根堆积。出土木雕贴金彩绘释迦牟尼坐像1尊，造像背部空腔内有装藏物。

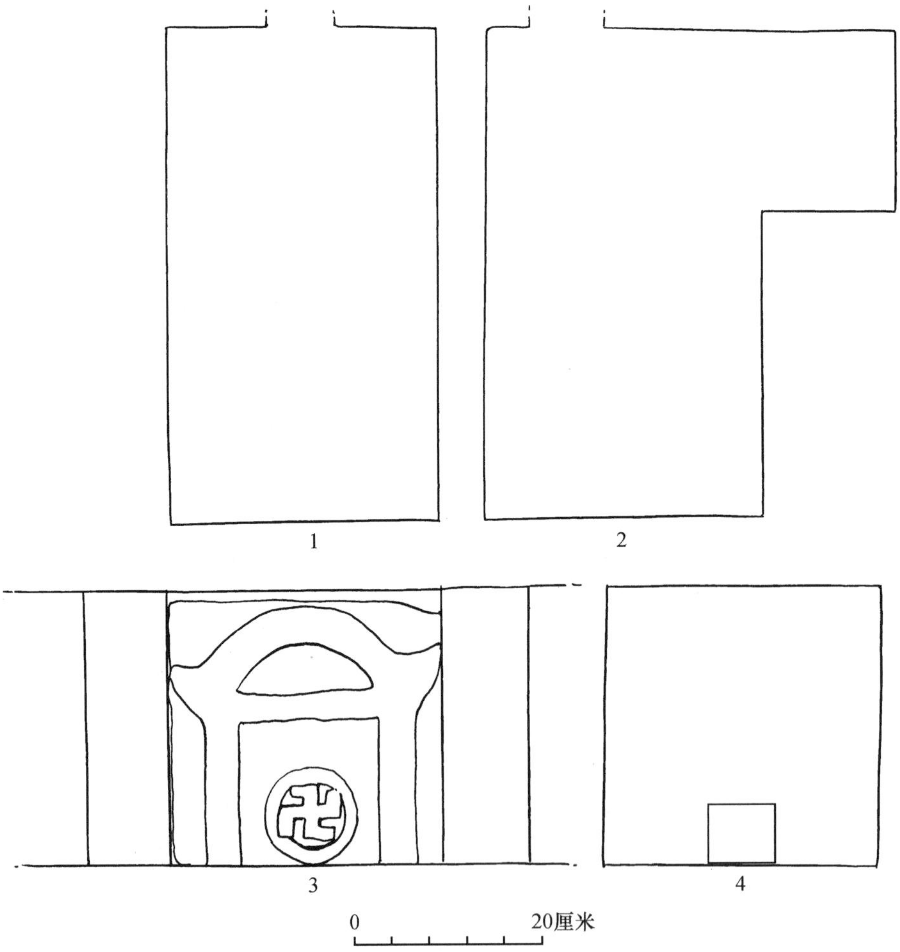

图七七　蓟州多宝佛塔第六层东面佛龛（17TJDT-6E）俯、侧、正视图

1. 俯视图　2. 侧视图　3. 正视图（清理前）　4. 正视图（清理后）

（二）龛内文物位置与保存状况

木雕贴金彩绘释迦牟尼坐像（17TJDT-6E-1），发现时位于内龛中部，坐姿，面相东。造像从莲台上向南侧略位移，右手脱落在造像身前。造像贴金部分剥落，莲台贴金剥落殆尽。头部、背部可见封口板，背部空腔内有装藏物。文物保护工作开展前，在实验室内提取。

（三）出土造像与装藏标本情况

仅出土1尊坐像。

木雕贴金彩绘释迦牟尼坐像（17TJDT-6E-1）。由造像［17TJDT-6E-1（1）］、莲台［17TJDT-6E-1（2）］组成。造像，螺发肉髻，呈绀蓝色，顶饰宝珠，眉毛、眼球内涂黑色，双唇涂红色，耳垂有孔，面庞清秀，鼻梁修直，鼻翼窄瘦，双眼半睁。着半披式袈裟，袈裟一角披右肩，着衣厚重。右手施说法印，左手施禅定印，结跏趺坐于仰覆莲台座上。莲台，上沿和下沿近边缘处各饰一匝联珠纹，莲瓣宽大，呈U形，莲舌饱满，雕刻卷草纹；莲台后中部的一个仰、覆莲瓣约占2个莲瓣的位置，呈长圆形。仰、覆莲台间采用卯榫形式以长方形木销连接固定。髹紫红色底漆。造像背部、头部后有开窗，背部为竖长方形，头部为圆形，各用与开窗相同形状的木板封口。莲台高7.4、通高37.1厘米（图七八、图七九；图版四一、图版四二）。

后期实验室内的检测分析中未发现造像头部空腔内存有装藏物，只在背部空腔内提取了造像的装藏物：

经卷1卷，17TJDT-6E-1（1）①。长10.2、直径3厘米。内卷经书共10页，书页长73.3～83.6、宽10.1～10.2厘米。封皮黄色纸，长15.2、宽10.1厘米，中部偏上印有竖排版黑色四周双边框楷书汉文，仅存“××四母××等经咒”经卷名，全名当为“五佛四母真言等经咒”（图版九二，1）。书页纸厚0.072厘米，白纸黑字，前9页每页版心有横排版藏文经文5行，最后一页3行。经文左右有单栏，右边栏外为竖书楷书汉字“○比量”，并在其下标有页码，页码从第1～10页分别为“上二十五”“下二十五”“上二十六”“下二十六”“上二十七”“下二十七”“上二十八”“下二十八”“上二十九”“下二十九”；左边栏外页码标“上”的（即第1、3、5、7、9页）有藏文，页码标“下”的（第2、4、6、8、10页）无藏文（图版九二，4、5；图版九三、图版九四）。

图七八　木雕贴金彩绘释迦牟尼坐像（17TJDT-6E-1）正视图

图七九　木雕贴金彩绘释迦牟尼坐像（17TJDT-6E-1）侧视图

第五节　第七层佛龛及出土物

蓟州多宝佛塔第七层密檐之间矮层塔身的南、西、北、东四面墙体中部均设置佛龛，东、西两面佛龛封砖皆雕饰仿木券顶假门，东面佛龛中央雕刻“卍”字图案，西面佛龛中央雕刻法轮图案；南、北两面封砖雕刻梵文。其余部分用素面砖涂白装饰。西面佛龛顶部有蜂巢，其余三面龛内只有一些灰土覆盖在文物表面。四面龛内皆有文物出土。

一、第七层南面佛龛17TJDT-7S

位于蓟州多宝佛塔第七层密檐南壁正中，龛口向外，封砖图案向南。

（一）佛龛形制与装藏物

双重龛，前后双层。由外龛、内龛组成，龛门左右两侧各有一砖砌方形立柱。外龛立面近方形，平面纵长方形，内龛立面纵长方形，平面近方形，口直，龛顶、龛底平，东、西壁向内凸，涂抹白灰，后壁下方有方形小孔。外龛宽32、进深30、高28厘米；内龛宽32、进深25、高55厘米。龛口用雕刻符号方形花砖封堵，封门砖宽28、高26、厚9厘米（图八〇）。龛内环境保持较好，只有一层薄薄的灰尘在龛底堆积。出土鎏金铜释迦牟尼坐像1尊、崇祯通宝3枚。另在造像底部发现管状饰、丝织品（幡）散落在造像底部破裂的封底木板上。

（二）龛内文物位置与保存状况

鎏金铜释迦牟尼坐像1尊［17TJDT-7S-1（1）］，发现时位于内龛中部，靠近龛东壁，坐姿，面相南。造像前的龛底放置崇祯通宝3枚。造像鎏金层剥落严重，装藏散落在造像底部破裂的封底木板上。

（三）出土造像与装藏标本情况

1. 鎏金铜释迦牟尼坐像［17TJDT-7S-1（1）］

造像螺发，呈绀蓝色，顶饰宝珠，眉间白毫，短颈宽肩，鼻梁修直，眉眼细长，面含温厚的笑容。戴六叶冠，前部连续五叶，脑后单独一叶，前部正中和脑后的冠叶较宽大，呈“山”字形，缯带在耳后曲成横S形后一端顺肩垂下。耳珰上部为团花形，下垂花坠，佩臂钏、手

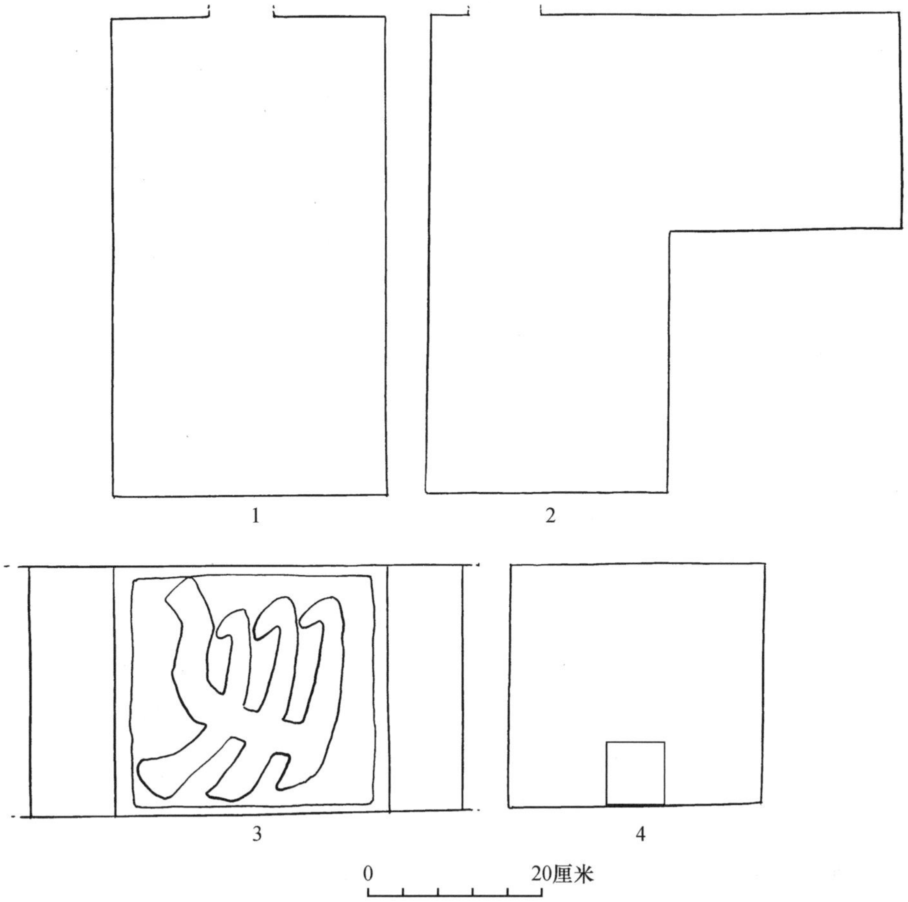

图八〇　蓟州多宝佛塔第七层南面佛龛（17TJDT-7S）俯、侧、正视图
1. 俯视图　2. 侧视图　3. 正视图（清理前）　4. 正视图（清理后）

镯、脚链。着半披式袈裟，袈裟一角搭右肩，衣缘饰双排联珠纹，下着裙，衣褶凌乱。右手施触地印，左手施禅定印，结跏趺坐于仰覆莲台上，木板封底。圆角半圆形莲台，上沿和近下沿处各饰一匝联珠纹，联珠纹长方，未经二次加工。莲瓣呈瘦长U形，莲舌线刻写意卷草纹。莲台高9.8、通高34.2厘米（图八一、图八二；图版四三、图版四四）。

2. 封底木板［17TJDT-7S-1（2）］

为鎏金铜释迦牟尼坐像［17TJDT-7S-1（1）］封底。近椭圆形，出土时碎裂为三片。长20.6、宽15.1、厚1.3厘米（图八三；图版九五，1）。

1件金属饰与1件丝织品掉落于造像底部，应为此像装藏物：

（1）管状饰1件，17TJDT-7S-1（1）①。残，锡铅合金制成，呈横S卷成双筒。

（2）丝织品（幡）1件，17TJDT-7S-1（1）②。多片纺织品用丝线捆扎在木棍的一端，捆扎两道，整体形状呈半开的伞形。木棍长9厘米。有明黄色、月白色、兰灰色绢，其中一种织物含金线。另有一件棕色方形布片，长宽皆为18.5厘米（图八四；图版九五，3）。

图八一　鎏金铜释迦牟尼坐像［17TJDT-7S-1（1）］正视图

图八二 鎏金铜释迦牟尼坐像［17TJDT-7S-1（1）］侧视图

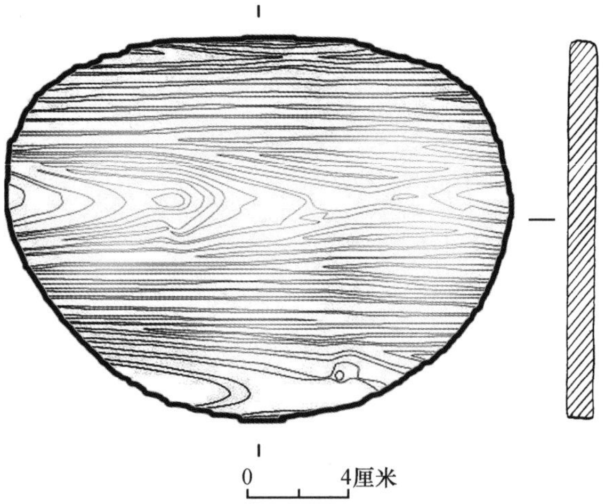

图八三　封底木板［17TJDT-7S-1（2）］

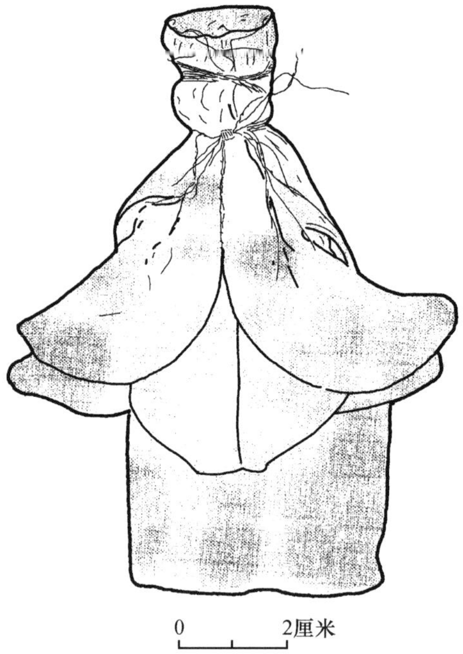

图八四　丝织品（幡）［17TJDT-7S-1（1）②］

3. 铜钱（17TJDT-7S-2）

3枚，均为崇祯通宝，小平钱，钱文楷书顺读，光背。钱背内外廓均略宽于正面。钱径26.4～27、廓厚1.4～1.5、正面外廓宽2.7～3.2、背面外廓宽3.8～4毫米（图八五；图版九二，2）。

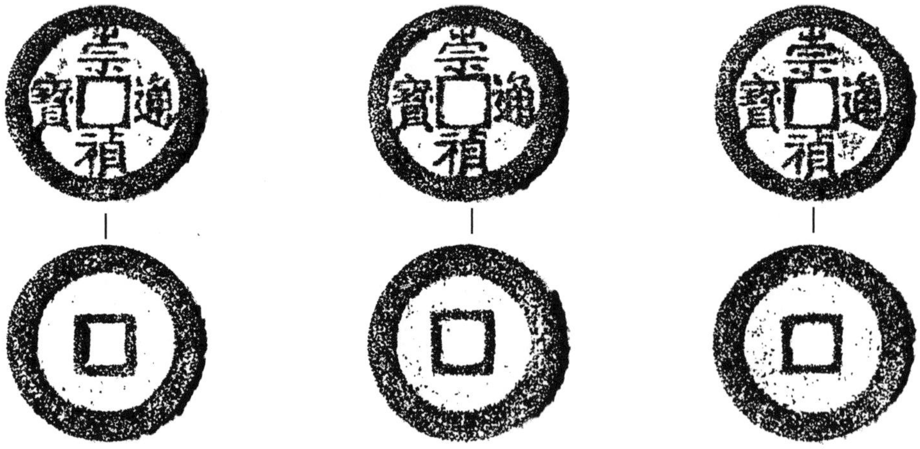

图八五　崇祯通宝（17TJDT-7S-2）

二、第七层西面佛龛17TJDT-7W

位于蓟州多宝佛塔第七层密檐下西壁正中，龛口向外，封砖图案向西。

（一）佛龛形制与包含物

双重龛，前后双层。由外龛、内龛组成，龛口左右两侧各有一砖砌方形立柱。外龛立面近方形，平面纵长方形，内龛立面纵长方形，平面近方形，口直，龛顶、龛底平，南、北壁较直，涂抹白灰，后壁下方有方形小孔。外龛宽27、进深33、高28厘米；内龛27、进深23、高45厘米。龛口用雕刻仿木券顶假门的方形花砖封堵，封门砖宽26、高26、厚8厘米（图八六）。龛内底部有干燥蜂巢碎屑，出土鎏金铜阿弥陀佛坐像1尊，有残缺的封底木板、金属饰件、铜钱、纺织品散落在造像周围。

图八六 蓟州多宝佛塔第七层西面佛龛（17TJDT-7W）俯、侧、正视图

1. 俯视图 2. 侧视图 3. 正视图（清理前） 4. 正视图（清理后）

（二）龛内文物位置与保存状况

鎏金铜阿弥陀佛坐像1尊［17TJDT-7W-1（1）］，发现时位于龛后部，向西南倾倒，面向上。造像全身被蜂巢包裹，鎏金剥落殆尽。残缺的封底木板1块、花形饰1件、菱形饰1件、圆锥形饰1件、管状饰1件与纺织品散落在造像周围，当为此像封底与装藏。外龛底部的堆积中发现崇祯通宝5枚。

（三）出土造像与装藏标本情况

1. 鎏金铜阿弥陀佛坐像［17TJDT-7W-1（1）］

螺发平缓，眉间有白毫，胸前阴线双勾“卍”字图案，鼻梁窄而修长，双目低垂，眼球突出，表情肃穆。身穿褒衣博带式袈裟，袈裟一角搭左肩，下身着裙，腰带系扣，衣缘饰宽花边，衣褶深刻，质感厚重。双手施禅定印，结跏趺坐于薄垫上，木质封底板已脱落。高17.5厘米（图八七、图八八；图版四五）。

2. 封底木板［17TJDT-7W-1（2）］

鎏金铜阿弥陀佛坐像［17TJDT-7W-1（1）］封底。残损严重，形状不规则。残长9.7、残宽5.7、厚1.2厘米（图八九；图版九五，2）。

5件金属饰与1件丝织品散落在造像周围，应为此像装藏物：

（1）小铜镜1枚，17TJDT-7W-1（1）①。半圆形纽，光素，背面鎏金，正面光可鉴人。直径3.2厘米（图九〇；图版九五，5）。

（2）花形饰1件，17TJDT-7W-1（1）②。锡铅合金制成，单层六瓣，中有一小圆孔。直径2.7厘米（图九一）。

（3）菱形饰1件，17TJDT-7W-1（1）④。锡铅合金制成，形状是两个菱形角相套，形成一个小菱形。长2.5、宽1.5厘米（图九二）。

（4）圆锥形饰1件，17TJDT-7W-1（1）③。锡铅合金制成，形状是两个圆锥体顶面相对，由银片焊接而成。最大径1.7、高1.8厘米（图九三）。

（5）管状饰1件，17TJDT-7W-1（1）⑤。锡铅合金制成，残，由锡铅合金片呈S形卷成双筒。残长1.7、宽0.9厘米（图九四）。

（6）丝织品（幡）1件，17TJDT-7W-1（1）⑥。多片纺织品用丝线捆扎在木棍的一端，捆扎两道，整体形状呈半开的伞形。织物有明黄色、月白色、兰灰色等，并粘有5件金属饰，布条上有红色字迹。宽10.6、高9.1厘米（图九五；图版九五，4）。

图八七　鎏金铜阿弥陀佛坐像［17TJDT-7W-1（1）］正视图

图八八　鎏金铜阿弥陀佛坐像［17TJDT-7W-1（1）］侧视图

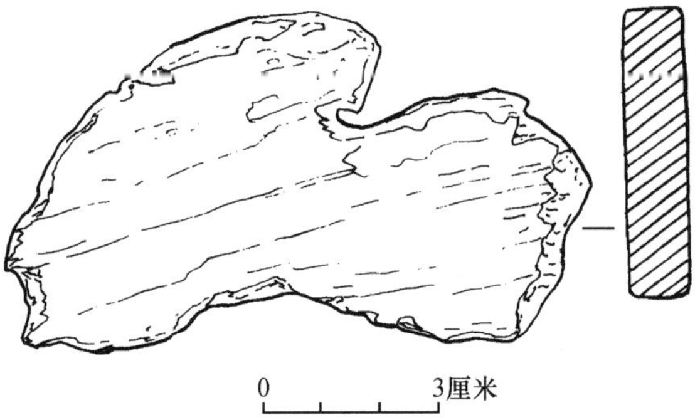

图八九　封底木板［17TJDT-7W-1（2）］

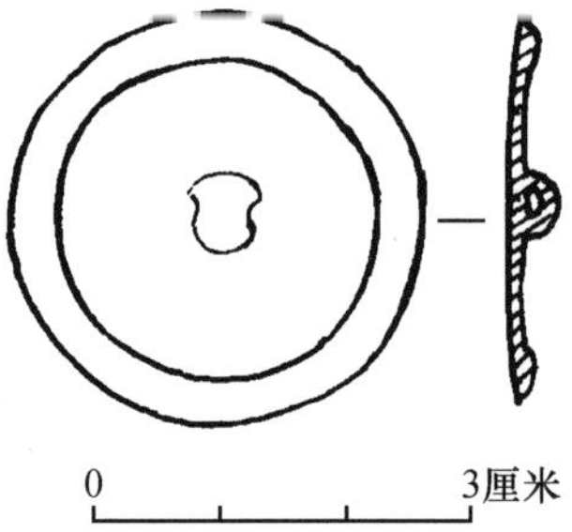

图九〇　小铜镜［17TJDT-7W-1（1）①］

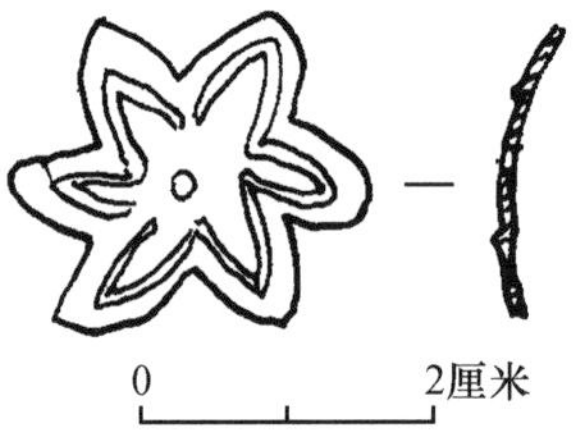

图九一　花形饰
［17TJDT-7W-1（1）②］

图九二　菱形饰
［17TJDT-7W-1（1）④］

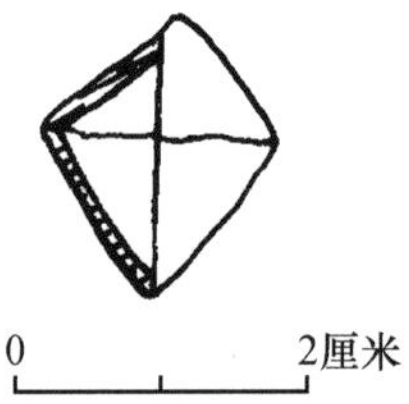

图九三　圆锥形饰
［17TJDT-7W-1（1）③］

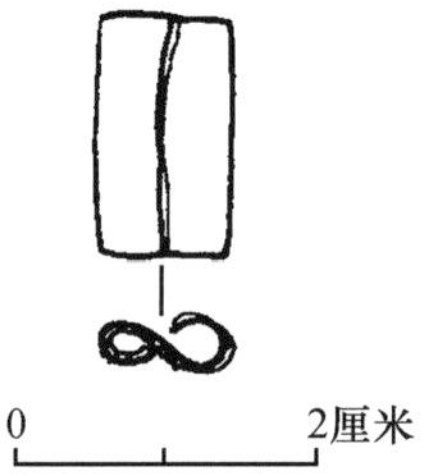

图九四　管状饰
［17TJDT-7W-1（1）⑤］

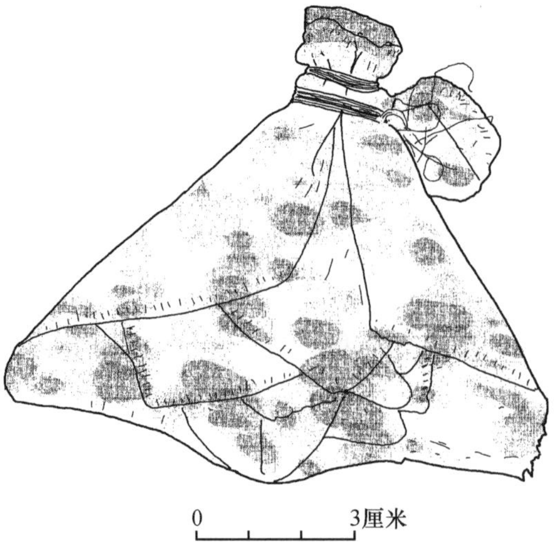

图九五　丝织品（幡）［17TJDT-7W-1（1）⑥］

3. 铜钱（17TJDT-7W-2）

5枚，均为崇祯通宝，小平钱，钱文楷书顺读，光背。钱背内外廓略宽于正面。钱径25.8～27.2、廓厚1.2～1.4、正面廓宽2.4～3.5、背面廓宽3.2～4毫米（图九六；图版九二，3）。

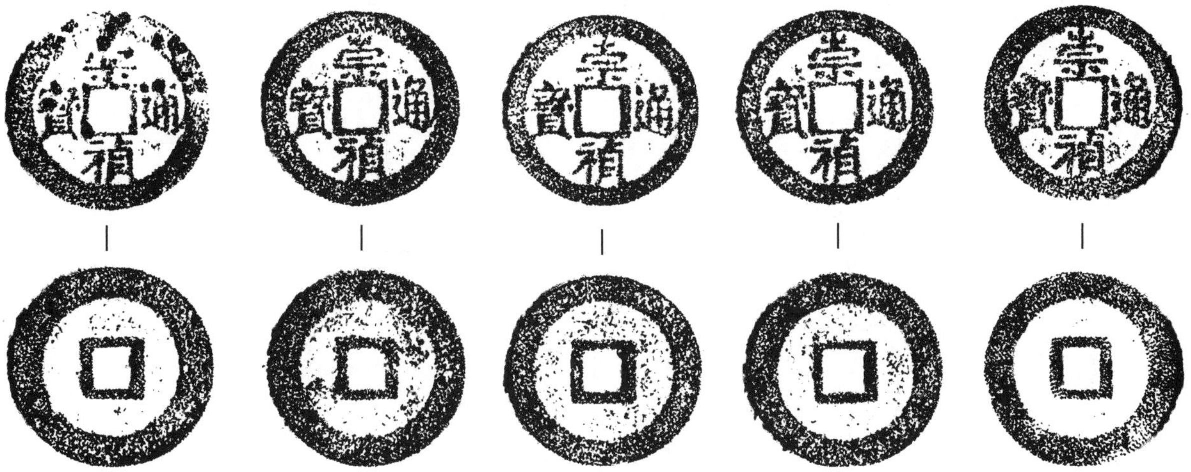

图九六　崇祯通宝（17TJDT-7W-2）

三、第七层北面佛龛17TJDT-7N

位于蓟州多宝佛塔第七层密檐北壁正中，龛口向外，封砖图案向北。

（一）佛龛形制与装藏物

双重龛，前后双层。由外龛、内龛组成，龛口左右两侧各有一砖砌方形立柱。外龛立面近方形，平面纵长方形，内龛立面纵长方形，平面纵长方形，口直，龛顶、龛底平，东、西壁向内凸，涂抹白灰，后壁下方有方形小孔。外龛宽29、进深30、高28厘米；内龛宽29、进深23、高54厘米。龛口用雕刻符号方形花砖封堵，封门砖宽27、高27、厚8厘米。龛内底部堆积植物碎屑与灰尘（图九七；图版一七，3）。出土鎏金铜阿弥陀佛坐像1尊、崇祯通宝5枚。封底木板、金属饰件、纺织品与絮状物散落在造像周围，当为此造像装藏。

（二）龛内器物位置与保存状况

鎏金铜阿弥陀佛坐像［17TJDT-7N-1（1）］，发现时位于内龛后部，向西北倾倒，面向下。造像鎏金剥落严重。封底木板、纺织品、絮状物、小铜镜1枚、菱形饰3件、花形饰1件、圆锥形饰1件散落在造像周围。前龛底部发现崇祯通宝5枚。

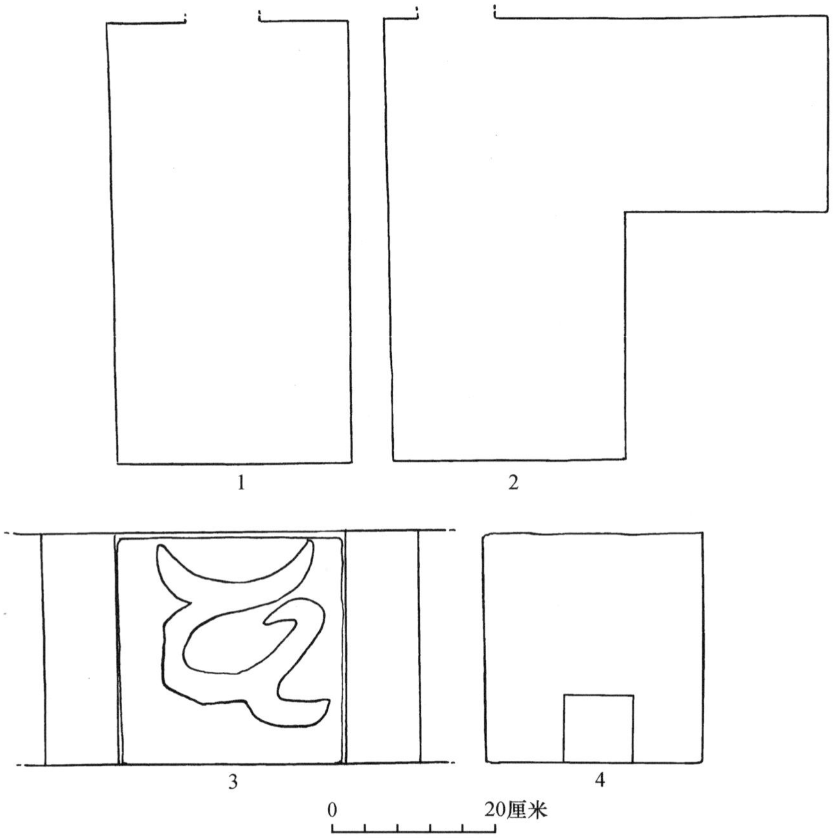

图九七　蓟州多宝佛塔第七层北面佛龛（17TJDT-7N）俯、侧、正视图
1. 俯视图　2. 侧视图　3. 正视图（清理前）　4. 正视图（清理后）

（三）出土造像与装藏标本情况

1. 鎏金铜阿弥陀佛坐像［17TJDT-7N-1（1）］

螺发平缓，面庞方正，眉眼细长，鼻梁修直，阴线刻划双层下颏，面含微笑，表情慈和。身穿褒衣博带式袈裟，袈裟一角搭左肩，下身着裙，衣缘饰宽花边，腰带系蝴蝶结，衣褶软绵。双手施禅定印，结跏趺坐于薄垫上，木板封底已脱落。高24.2厘米（图九八、图九九；图版四六、图版四七）。

2. 封底木板［17TJDT-7N-1（2）］

为鎏金铜阿弥陀佛坐像［17TJDT-7N-1（1）］封底。木质，心形，片状。长13.6、宽9.1、厚1.2厘米（图一〇〇；图版九六，1）。

6件金属饰与2件丝织品散落在造像周围，应为此像装藏物：

（1）小铜镜1枚，17TJDT-7N-1（1）①。半圆形纽，光素，背面鎏金，正面光可鉴人。直径3.2厘米（图一〇一；图版九七，1）。

图九八　鎏金铜阿弥陀佛坐像［17TJDT-7N-1（1）］正视图

图九九　鎏金铜阿弥陀佛坐像［17TJDT-7N-1（1）］侧视图

（2）菱形饰3件。均由锡铅合金制成。17TJDT-7N-1（1）④，两个菱形的两角相交，在中部又形成一个小的菱形，长2.2、宽1.6厘米。17TJDT-7N-1（1）⑦，两个菱形的两角相交，在中部又形成一个小的菱形，长2.4、宽1.5厘米。17TJDT-7N-1（1）⑧，菱形内套一个小的菱形，近于“回”字菱形，长2.1、宽1.8厘米（图一〇二～图一〇四；图版九七，2）。

（3）花形饰1件，17TJDT-7N-1（1）②。锡铅合金制成，由锡铅合金片锤揲而成，单片六叶，中有一圆孔。直径2.2厘米（图一〇五；图版九七，2）。

（4）圆锥形饰1件，17TJDT-7N-1（1）③。锡铅合金制成，形状是两个圆锥体顶面相对，由锡铅合金片焊接而成。最大径1.8、高2.1厘米（图一〇六；图版九七，2）。

（5）汉藏文丝织品1片，17TJDT-7N-1（1）⑤。为桑蚕丝平纹绢，长25.5、宽25厘米。其上书写有红色藏文和汉文。藏文以织物中心位置为圆心，外延书写2圈，中心点一个藏文符号，以

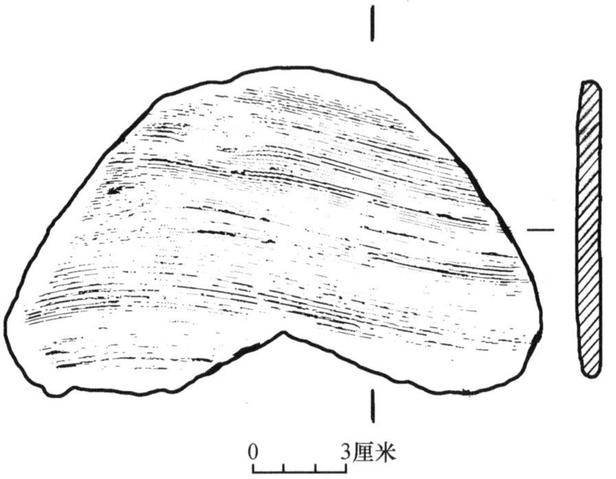

图一〇〇　封底木板［17TJDT-7N-1（2）］

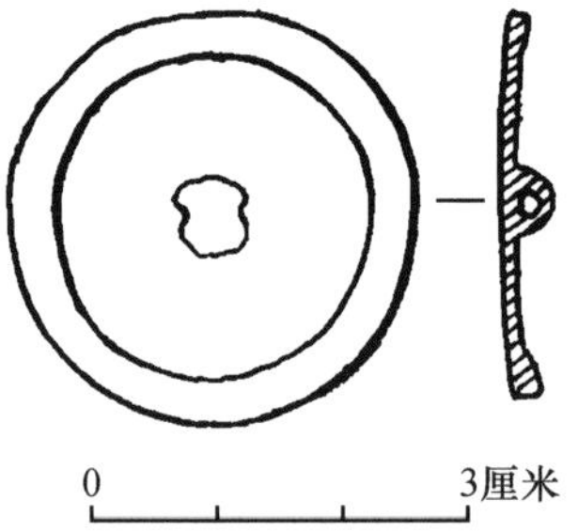

图一〇一　小铜镜［17TJDT-7N-1（1）①］

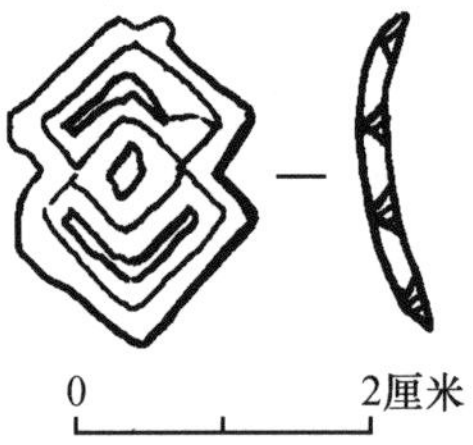

图一〇二　菱形饰［17TJDT-7N-1（1）④］

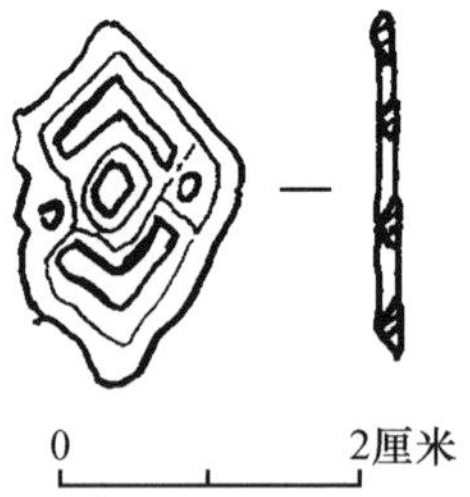

图一〇三　菱形饰［17TJDT-7N-1（1）⑦］

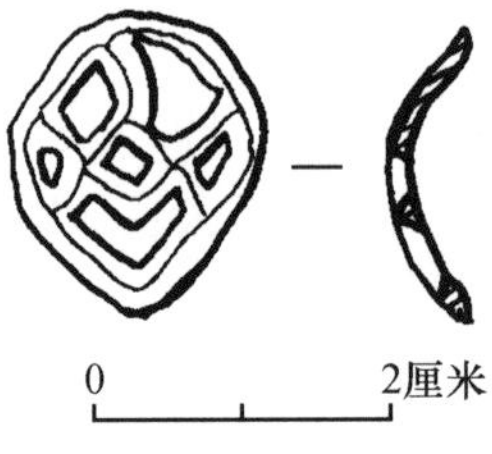

图一〇四　菱形饰
［17TJDT-7N-1（1）⑧］

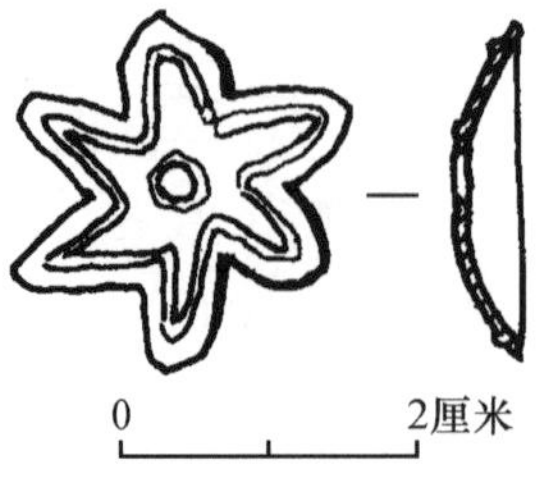

图一〇五　花形饰
［17TJDT-7N-1（1）②］

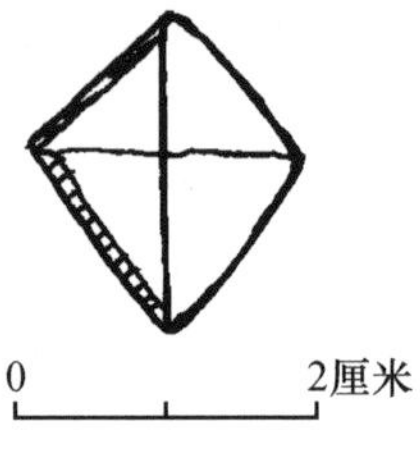

图一〇六　圆锥形饰
［17TJDT-7N-1（1）③］

4厘米为半径写一圈8个藏文符号，以8.5厘米为半径写一圈密集的藏文符号。藏文内容经辨认为咒语。藏文的右下有竖写的汉字一排“释迦文佛亲心永佑吉祥真言”12字（图版九六，3）。

（6）丝织品（幡）1件，17TJDT-7N-1（1）⑥。丝织品附金属挂饰，多宝佛塔第七层北龛出土。方形木棍的上端包裹10件共三层纺织品并以丝线捆扎两道固定，另外，还有织金织物，布条上绑有1枚小铜镜［17TJDT-7N-1（1）①］，以及5件金属挂饰，包括菱形饰3件［17TJDT-7N-1（1）④］、花形饰1件［17TJDT-7N-1（1）②］、圆锥形饰1件［17TJDT-7N-1（1）③］。木棍方形，长11厘米，下端长1.1、宽0.8厘米。木棍上端有一块月白色绢连接两条黄棕色飘带。贴近木棍的纺织品由2片黄色平纹绢缝合，平纹绢总长8.5、上宽4厘米，上宽的两边往外斜出至下宽11厘米处，在两边中间相等的位置上开剪，再将两片相同形制尺寸的绢片外边缝合在一起，左右对折，斜边和斜边拼合，形成一个筒状包裹在木棍上。斜边和斜边拼合的另一边两侧各钉有用月白色绢片制作的圆形植物，该织物是由一块长18、宽2厘米对折成1厘米缝合成的绢带，缝线至15厘米处明线抽紧盘成圆形，直径2厘米，盘两层。两层圆形盘花的外侧各钉有一粒用橙色平纹绢包裹并填充半月状丝织品。包裹在木棍最外层有三块丝织品残片，单层组织（图一〇七；图版九六，2）。

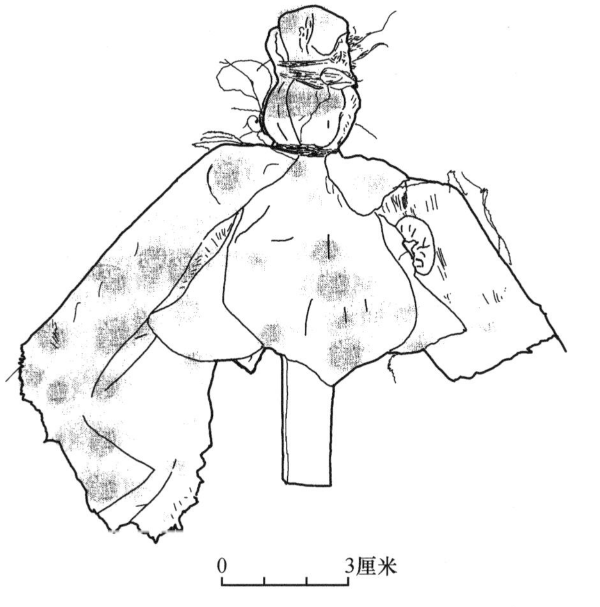

图一〇七　丝织品（幡）［17TJDT-7N-1（1）⑥］

3. 铜钱（17TJDT-7N-2）

5枚，均为崇祯通宝，小平钱，钱文楷书顺读，光背。钱背内外廓略宽于正面。钱径26.2～26.8、廓厚1.4～1.5、正面廓宽2.5～3、背面廓宽3.5～4毫米（图一〇八；图版九七，3）。

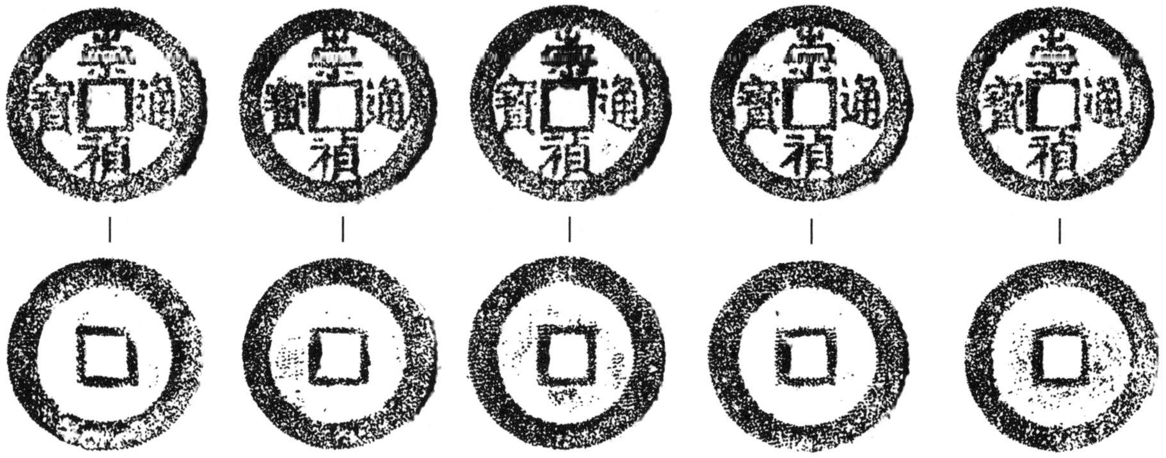

图一〇八　崇祯通宝（17TJDT-7N-2）

四、第七层东面佛龛17TJDT-7E

位于蓟州多宝佛塔第七层密檐东壁正中，龛口向外，封砖图案面向东。

（一）佛龛形制与装藏物

双重龛，前后双层。由外龛、内龛组成，龛口左右两侧各有一砖砌方形立柱。外龛立面近方形，平面纵长方形，内龛立面纵长方形，平面近方形，口直，龛顶、龛底平，南、北壁向内凸，涂抹白灰，后壁下方有方形小孔。外龛宽28、进深32、高27厘米；内龛宽28、进深22、高48厘米。龛口用雕刻仿木券顶假门的方形花砖封堵，封门砖宽28、高26、厚9厘米（图一〇九）。龛内环境保持较好，龛底堆积灰尘。出土鎏金铜地藏菩萨坐像1尊、崇祯通宝2枚、金属饰件、纺织品与絮状物。

（二）龛内器物位置与保存状况

鎏金铜地藏菩萨坐像1尊［17TJDT-7E-1（1）］，位于内龛后部，靠近北壁，坐姿。在造像身前发现崇祯通宝2枚。造像身体覆盖尘土，鎏金层几乎全部剥落。另有5件金属饰与2件纺织品掉落在碎裂的封底木板上，当为此造像装藏。

图一〇九　蓟州多宝佛塔第七层东面佛龛（17TJDT-7E）俯、侧、正视图
1. 俯视图　2. 侧视图　3. 正视图（清理前）　4. 正视图（清理后）

（三）出土造像与装藏标本情况

1. 鎏金铜地藏菩萨坐像［17TJDT-7E-1（1）］

造像梳高发髻，脸庞方正，眉如新月，眼睛半睁，面含微笑。头戴五叶冠，正中的冠叶宽大，呈“山”字形，缯带在耳后U形上扬。耳珰上部为六瓣花形，下垂花坠，佩项圈、璎珞、臂钏、手镯、脚链。项饰繁密，胸前的项饰分为两部分，胸部的项链中间垂下三根珠串至长璎珞的上缘，中间长、两侧短，两边对称悬挂U形珠串；呈倒葫芦形的长璎珞垂落到腹部。双手牵优钵罗花枝，花枝倚两臂至肩头开敷，左肩花心置经卷，右肩花心置嘎布拉碗。身披披肩，天衣从两肩而下，绕双臂肘间飘起，再绕臂而下，垂落莲台，下着长裙，裙带下垂璎珞，腿间衣褶对称，在莲台上铺成扇形。右手施说法印，左手托一宝珠，结跏趺坐于仰覆莲台上，木板封底。莲台近圆角半圆形，上沿和近下沿处各饰一匝联珠纹，莲瓣宽大呈U形，莲舌雕刻卷草纹。莲台后部小部分光素无莲瓣。莲台高7.9、通高32.3厘米（图一一〇、图一一一；图版四八）。

图一一〇　鎏金铜地藏菩萨坐像［17TJDT-7E-1（1）］正视图

图一一一　鎏金铜地藏菩萨坐像［17TJDT-7E-1（1）］侧视图

2. 封底木板，17TJDT-7E-1（2）

鎏金铜地藏菩萨坐像［17TJDT-7E-1（1）］封底。残，出土时已断裂。木质，近三角形，片状。长16.5、宽12.9、厚1.2厘米（图一一二；图版九七，4）。

5件金属饰与2件丝织品掉落在造像封底木板上，应为此像装藏物：

（1）小铜镜1枚，17TJDT-7E-1（1）①。半圆形纽，光素，背面鎏金，正面光可鉴人。直径3.2厘米（图一一三）。

（2）花形饰1件，17TJDT-7E-1（1）②。锡铅合金制成，单层六瓣，中有一小圆孔。直径2.5厘米（图一一四）。

（3）菱形饰1件，17TJDT-7E-1（1）④。锡铅合金制成，形状是菱形内套一个小的菱形，近于“回”字菱形。长2.1、宽1.8厘米（图一一五）。

（4）圆锥形饰1件，17TJDT-7E-1（1）③。锡铅合金制成，形状是两个圆锥体底面相对，由银片焊接而成。最大径1.8、高2.5厘米（图一一六）。

（5）管状饰1件，17TJDT-7E-1（1）⑤。锡铅合金制成，残，由金属片呈横S形卷成双筒。长1.6厘米（图一一七）。

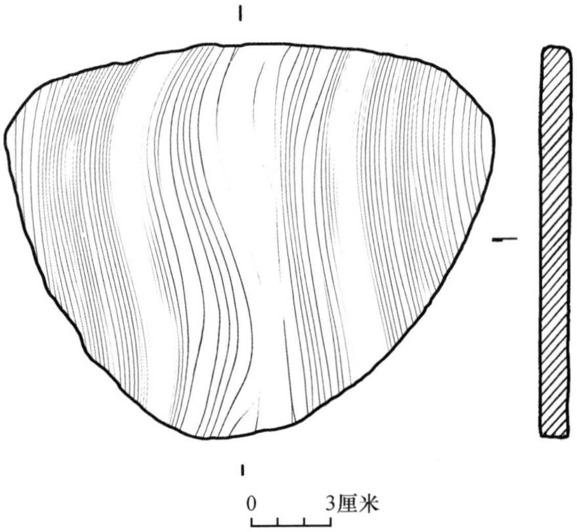

图一一二　封底木板［17TJDT-7E-1（2）］

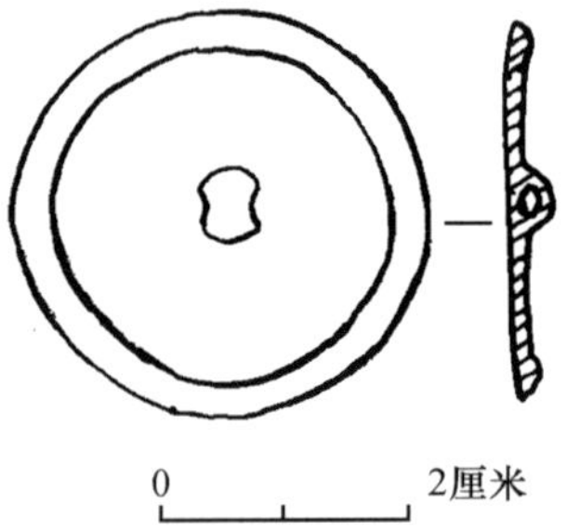

图一一三　小铜镜［17TJDT-7E-1（1）①］

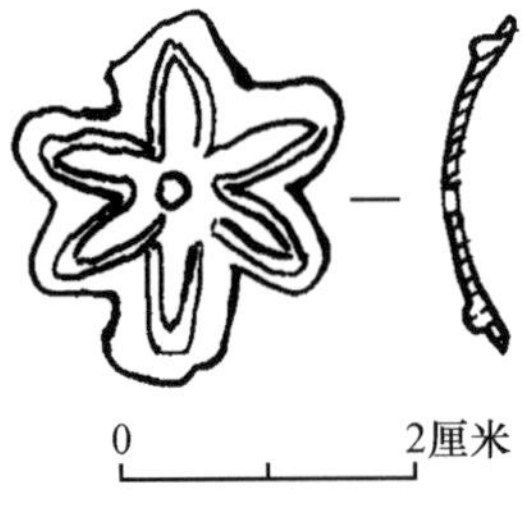

图一一四　花形饰［17TJDT-7E-1（1）②］

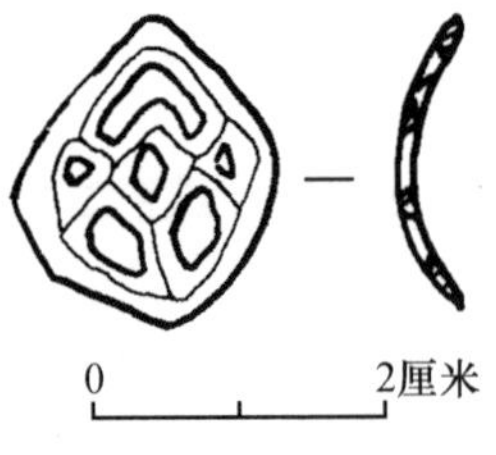

图一一五　菱形饰［17TJDT-7E-1（1）④］

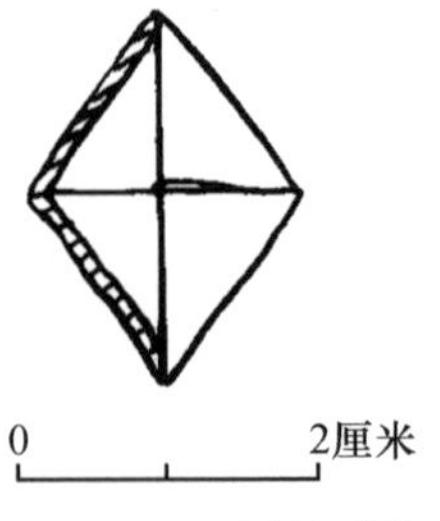

图一一六　圆锥形饰［17TJDT-7E-1（1）③］

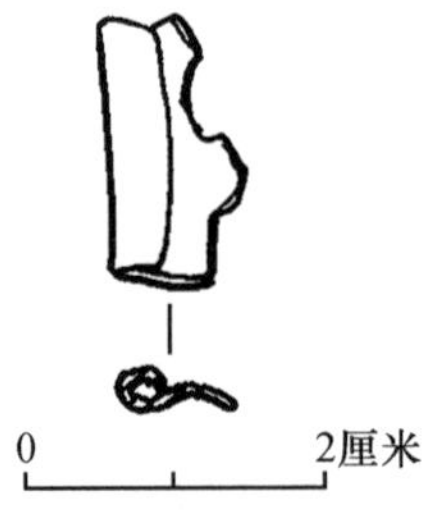

图一一七　管状饰［17TJDT-7E-1（1）⑤］

（6）丝织品（有藏文）残片1件，17TJDT-7E-1（1）⑥。残损严重，无法确定其形制、尺寸。残留的碎绢片上有三处残留的红色藏文。

（7）丝织品（幡）1件，17TJDT-7E-1（1）⑦。将多片丝织品用丝线捆扎在木棍的一端，捆扎两道，整体形状呈半开的伞形。木棍上下呈方形，通长8厘米，下端边长1.6厘米，上端长1.2、宽1.1厘米。有明黄色、月白色、兰灰色绢和明黄地提花缎、明黄地纱、妆花纱（图一一八；图版九七，5）。

3. 铜钱（17TJDT-7E-2）

2枚，均为崇祯通宝，小平钱，钱文楷书顺读，光背。钱背内外廓略宽于正面。一枚钱径26.2、外廓厚1.5、正面外廓宽2.8、背面外廓宽3.9毫米；另一枚钱径26.4、外廓厚1.6、正面外廓宽3、背面外廓宽4毫米（图一一九；图版九八，3）。

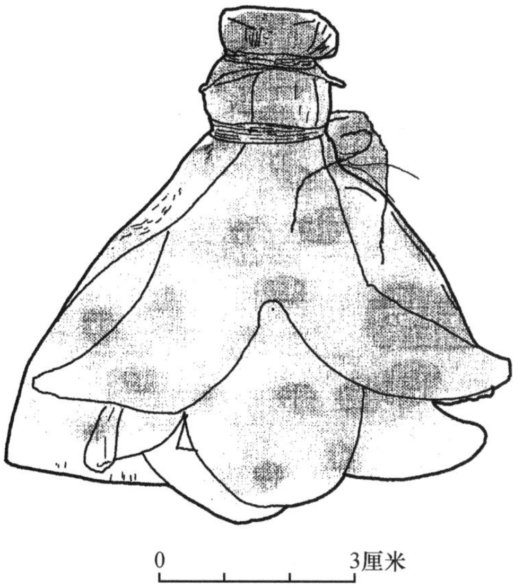

图一一八　丝织品（幡）［17TJDT-7E-1（1）⑦］

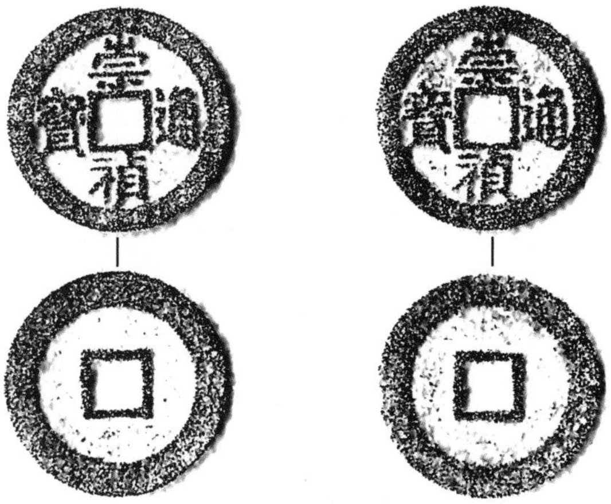

图一一九　崇祯通宝（17TJDT-7E-2）

第六节　第八层佛龛及出土物

蓟州多宝佛塔第八层密檐之间矮层塔身的南、西、北、东四面墙体中部均设置佛龛，东、西两面佛龛封砖皆雕饰仿木券顶假门，东面佛龛中央雕刻法轮图案，西面佛龛中央雕刻“卍”字图案；南、北面封砖雕刻梵文。其余部分用素面砖涂白装饰。南面佛龛是最早发现龛内有文物的龛，龛内造像（九龙浴太子）于2017年10月2日被发现后即被取出。其余三面佛龛密封情况较好，只有一些灰土覆盖在文物表面。四面龛内皆有文物出土。

一、第八层南面佛龛17TJDT-8S

蓟州多宝佛塔第八层密檐南壁正中，龛口向外，封砖图案向南。

（一）佛龛形制与包含物

双重龛，前后双层。由外龛、内龛组成。龛口左右两侧各有一砖砌方形立柱。外龛立面近方形，平面纵长方形，内龛立面纵长方形，平面纵长方形，口直，龛顶、龛底平，东、西壁较直，涂抹白灰，后壁下方中部有方形小孔。外龛宽29、进深31、高29厘米；内龛宽29、进深30、高57厘米。龛口用方形砖封堵，封门砖宽26、高27、厚9厘米（图一二〇）。发现时龛下部有鸟类筑巢的干草、树木枝条与灰土混杂。出土鎏金铜九龙浴太子造像1套，前期已提取。

图一二〇　蓟州多宝佛塔第八层南面佛龛（17TJDT-8S）俯、侧、正视图

1. 俯视图　2. 侧视图　3. 正视图（清理前）　4. 正视图（清理后）

（二）龛内器物位置与保存状况

鎏金铜九龙浴太子造像一套（17TJDT-8S-1），发现时分成两部分，由台基、造像、龙柱的组合成的凉亭大部被放置在内龛中部，重檐宝顶被取下，放置在外龛中部。太子立于须弥座上，面向南，周围环绕六根檐柱。器物部分鎏金层剥落，锈蚀严重。

（三）出土器物标本情况

仅出土1套造像。

鎏金铜九龙浴太子造像（17TJDT-8S-1）。整体造型为立于六边形须弥座、六根盘龙檐柱、重檐宝顶组成凉亭内的太子（乔达摩·悉达多）诞生像。器物通高51.7、太子像高12.8厘米（图一二一；图版四九）。

太子，17TJDT-8S-1（8），光头，淡眉，眼大，鼻宽，阴线刻划双重下颏，身体圆润，造型饱满。左肩斜披络腋，从络腋中部前后各垂下一条燕尾式帛带遮住裆部，左手食指指天，右手食指指地，以示"天上地下，唯我独尊"，跣足站立在仰莲台上。莲台圆形，有三层莲瓣，莲瓣窄尖，刻有密集的对称外弧阴线。莲台下承粗壮的主莲枝，主枝周围向下斜出侧枝、莲叶、花蕾，主枝以插销的形式插于须弥座上。凉亭的六根檐柱上各盘一条龙，头上尾下；亭子的天棚中部铸出三个龙头，头朝内呈鼎立状，两小一大，大龙头口大张，龙头间浅浮雕云气纹（三龙头为单铸件，底板为六边形，嵌在天棚中部）；六条盘柱龙成圆形拱护在太子周围，暗示永恒与圆满，三个龙头在太子头上，共九龙，以示"九龙浴太子"。太子手臂修长，手掌硕大，指尖及膝，表现的是佛三十二相之一的"二手过膝相"（图一二二、图一二三；图版五一）。

凉亭由六边形须弥座［17TJDT-8S-1（9）］、六根盘龙檐柱［17TJDT-8S-1（2）~（7）］、重檐宝顶［17TJDT-8S-1（1）］组成。须弥座为束腰六边形，束腰下层台座为二层台阶式，外层台阶斜坡状，饰单层覆莲纹，其下为云板腿支脚，支脚下是六边形台基；束腰上层台座亦为二层台阶式，外层台阶斜坡状，饰单层仰莲纹；台阶边沿均饰联珠纹；须弥座台面六角各有一根望柱，望柱顶部为莲花花蕾，望柱间有栏板，栏板上阴线刻划缠枝莲纹；栏板外侧从六根望柱根部各向上斜出一朵莲花，向下斜出一片莲叶，在莲花顶部用铜丝围封一圈；在望柱的内侧各有一上部凸出的圆管，插接龙柱；台面上浮雕水波浪花，中部有鱼、螃蟹、海螺和瑞兽，中央为一凸起的两瓣仰莲瓣，状如元宝，中部有一圆孔，接插莲台（图一二四）。须弥座束腰六面的长方形"壸门"中部各有一凸起的满月；束腰外侧上下台座相对的六角间，由四天王和两根金刚柱支撑，四天王两两相邻对称排列，两对天王间是两根金刚柱；天王头戴宝冠，缯带在耳后U形上扬，佩耳珰，肩上斜披络腋，天衣从两肩而下，飘至下面的台座，下身着短裙，游戏坐于下层台座第二层台阶转角处，头顶住上层台座第一层台阶转角处，跣足。相邻两天王的头是左侧向左偏，右侧向右偏；手是左侧天王左手上擎台座，右手掐腰，右侧天王右手擎台座，左手掐腰；腿是左侧天王左腿盘起，右腿戳起踏在覆莲瓣上，

图一二一　鎏金铜九龙浴太子造像（17TJDT-8S-1）正视图

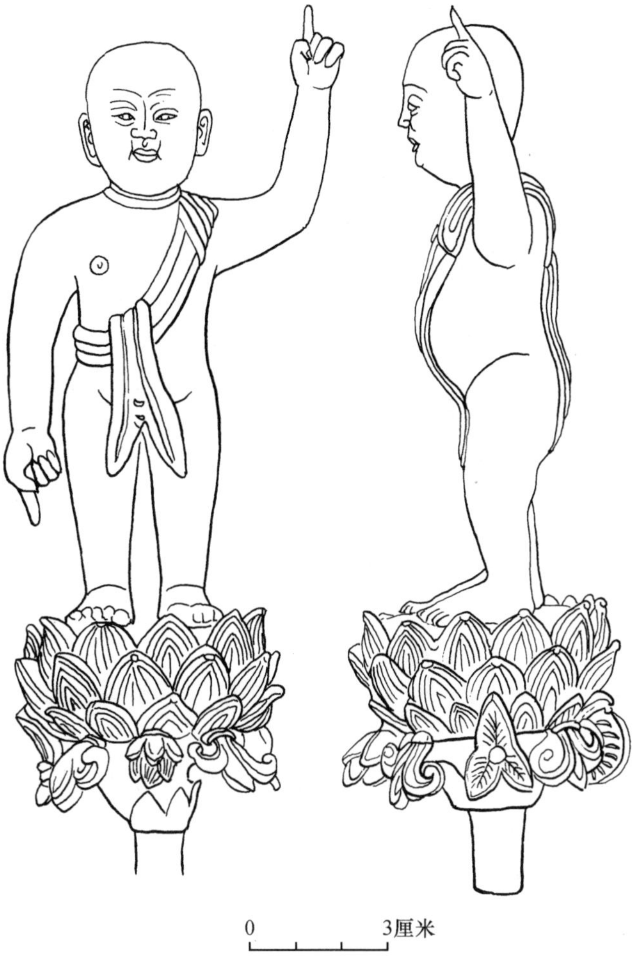

图一二二　乔达摩·悉达多太子像［17TJDT-8S-1（8）］正视图

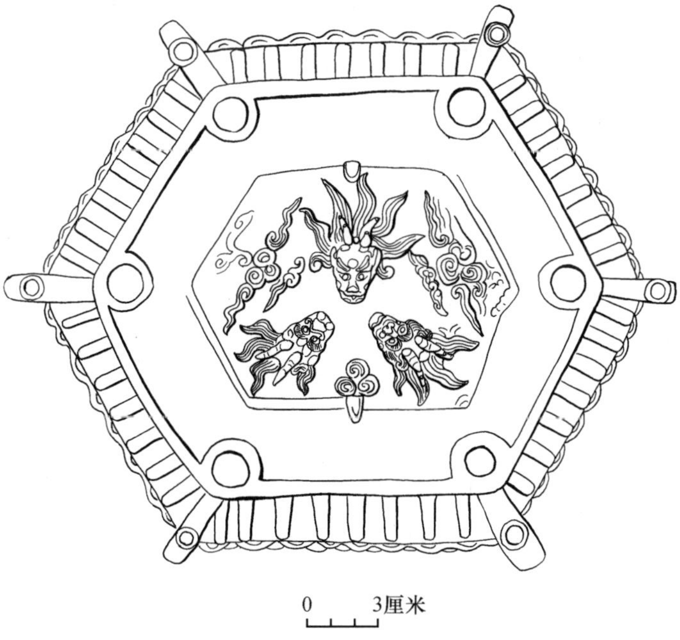

图一二三　鎏金铜九龙浴太子造像（17TJDT-8S-1）内顶透雕龙头顶视图

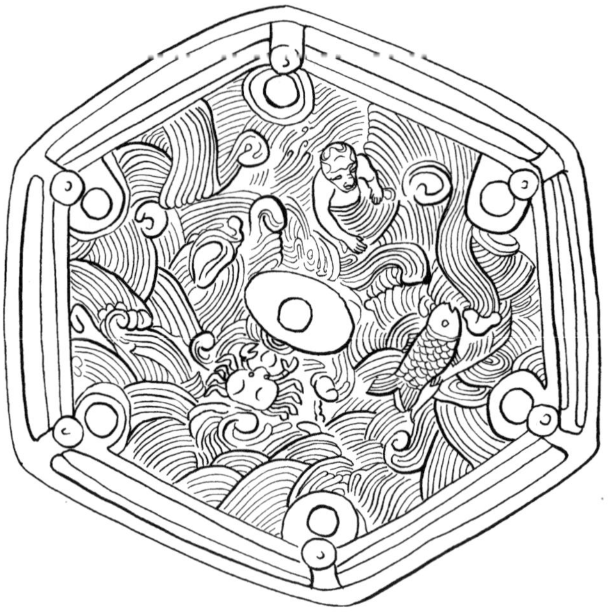

图一二四　鎏金铜九龙浴太子造像（17TJDT-8S-1）须弥座台面浮雕俯视图

右侧天王是右腿盘起，左腿戳起踏在覆莲瓣上。二天王动作相反，图像对称（图版五〇）。

亭身的六根盘龙檐柱，竖立在转角处，柱子的大小、形制相若。龙顺檐柱盘旋而上，头上有角，唇下有须，四爪，身躯阴线刻划鱼鳞纹。檐柱上擎重檐宝顶。重檐上层六角攒尖，顶饰宝珠；下层转角斗拱内侧各有一圆管，插接檐柱的上端。转角各有一朵一斗三升仿木斗拱，斗拱间的檐栏板下层饰联珠纹，上层饰阴刻卷草纹。檐下有椽，檐上覆板瓦和筒瓦，屋檐有瓦当、滴水。上、下屋顶垂脊下端各有一螭吻（头似黄羊），上层垂脊中部各有一朵卷云；上、下檐垂脊下端各有一套兽，下檐套兽下悬挂惊鸟铃。此套文物保存完整，构思巧妙、造型罕见，是佛教中国化的典型例证（图版五〇）。

二、第八层西面佛龛17TJDT-8W

位于蓟州多宝佛塔第八层密檐西壁正中，龛口向外，封砖图案向西。

（一）佛龛形制与包含物

双重龛，前后双层。由外龛、内龛组成。龛口左右两侧各有一砖砌方形立柱。外龛立面近方形，平面纵长方形，内龛立面纵长方形，平面近方形，口直，龛顶、龛底平，南、北壁较直，涂抹白灰，后壁下方中部有方形小孔。外龛宽28、进深31、高28厘米；内龛28、进深27、高46厘米。用雕刻仿木券顶假门的方形花砖封堵，封门砖宽26、高27、厚8厘米（图一二五；图版一八，1）。龛内环境保持较好，底部堆积灰尘。出土鎏金铜释迦牟尼坐像1尊。

图一二五　蓟州多宝佛塔第八层西面佛龛（17TJDT-8W）俯、侧、正视图
1. 俯视图　2. 侧视图　3. 正视图（清理前）　4. 正视图（清理后）

（二）龛内器物位置与保存状况

鎏金铜释迦牟尼坐像［17TJDT-8W-1（1）］，发现时位于内龛后部偏北，坐姿，面向西。造像全身落满尘土，部分鎏金层剥落。封底完好，内有装藏。文物保护工作开展前，在实验室内提取。

（三）出土造像标本情况

1. 鎏金铜释迦牟尼坐像［17TJDT-8W-1（1）］

造像螺发肉髻，呈绀蓝色，顶饰宝珠，面庞方正，双眉细长，鼻梁短，鼻翼宽，唇涂朱红，垂目睇视。头戴六叶冠，前部连续五叶，脑后单独一叶，前部正中和脑后的冠叶较宽大，呈“山”字形，缯带在耳后曲成横S形后一端顺肩垂下。耳珰上部为五瓣花形，下垂花坠，佩臂钏、手镯、脚链。着半披式袈裟，袈裟一角搭右肩，衣缘饰宽花边，下着裙。右手施触地印，左手施禅定印，结跏趺坐于仰覆莲台上，木板封底。莲台近圆角半圆形，上沿和近下沿处各饰一匝联珠纹，莲瓣呈窄长U形，莲舌雕刻卷草纹。莲台高6.9、通高27.5厘米（图一二六、图一二七；图版五二、图版五三）。

图一二六　鎏金铜释迦牟尼坐像［17TJDT-8W-1（1）］正视图

图一二七　鎏金铜释迦牟尼坐像［17TJDT-8W-1（1）］侧视图

2. 封底木板［17TJDT-8W-1（2）］

铜鎏金释迦牟尼坐像（17TJDT-8W-1（1））封底。木质，近椭圆形，边缘残缺。长17.2、宽12.8、厚1.3厘米（图一二八；图版九八，1）。

在实验室内打开封底木板后，发现空腔内仅存少量泥质残渣，内有大量动物翅膀。

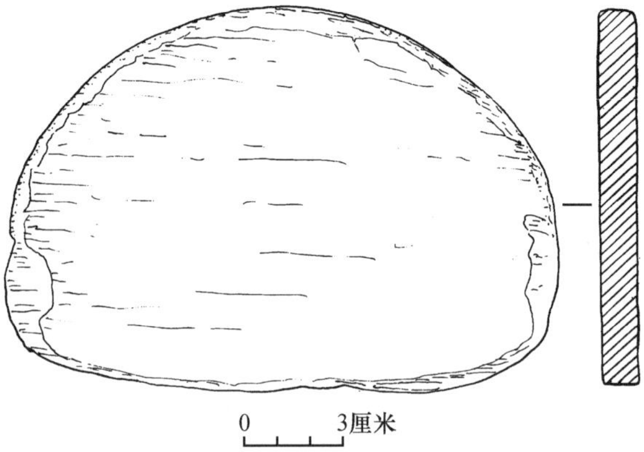

图一二八　封底木板［17TJDT-8W-1（2）］

三、第八层北面佛龛17TJDT-8N

位于蓟州多宝佛塔第八层密檐北壁正中，龛口向外，封砖图案向北。

（一）佛龛形制与包含物

双重龛，前后双层。由外龛、内龛组成，龛口左右两侧各有一砖砌方形立柱。外龛立面近方形，平面纵长方形，内龛立面纵长方形，平面近方形，口直，龛顶、龛底平，东、西壁较直，涂抹白灰，后壁下方中部有方形小孔。外龛宽28、进深29、高29厘米；内龛宽28、进深31、高55厘米。用雕刻符号方形花砖封堵，封门砖宽27、高27、厚8厘米（图一二九）。龛内环境保持较好，底部堆积灰尘。出土鎏金铜地藏菩萨坐像1尊、鎏金铜金刚橛法器1件。

（二）龛内器物位置与保存状况

鎏金铜地藏菩萨坐像（17TJDT-8N-1），发现时位于内龛后部偏东，坐姿，面向北。造像全身落满尘土，下部鎏金层剥落殆尽。金刚橛法器（17TJDT-8N-2）发现在造像前偏西位置的灰土中。鎏金剥落严重，锈蚀严重。

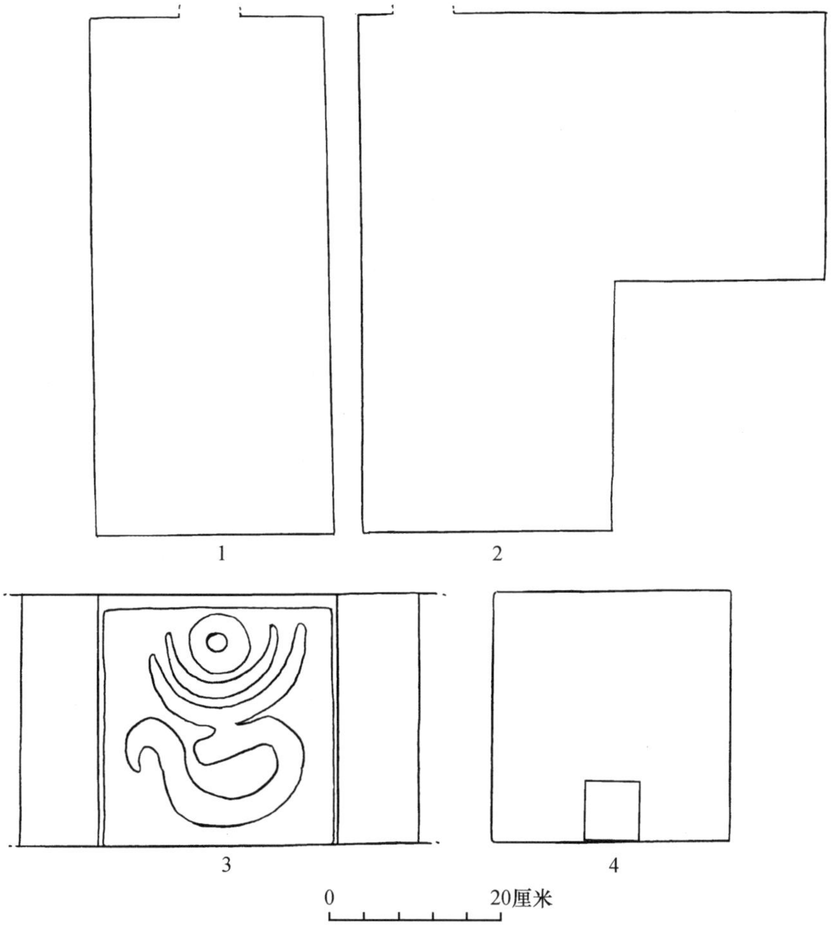

图一二九　蓟州多宝佛塔第八层北面佛龛（17TJDT-8N）正、顶、侧视图
1. 俯视图　2. 侧视图　3. 正视图（清理前）　4. 正视图（清理后）

（三）出土造像情况

1. 鎏金铜地藏菩萨坐像（17TJDT-8N-1）

造像头梳高髻，顶饰莲花，两侧各有一绺头发顺肩垂下。面庞方正，眉眼细长，鼻梁狭长，阴线刻划双重下颏，垂目睇视。戴八叶冠，前面正中的冠叶较宽大，与其相对的脑后的冠叶呈“山”字形，缯带在耳后U形上扬。耳珰上部为圆轮形，下垂花坠，佩项圈、璎珞、臂钏、手镯、脚链。胸前的项饰分为两部分，靠近项部的项链中间垂下三根珠串至长璎珞的内缘，中长两侧短，两边对称悬挂U形珠串，其外侧还各有一短珠串；呈倒葫芦形的长璎珞垂落到腹上部。身着披肩，天衣从两肩而下，绕双臂肘间飘起，再绕臂而下，垂落莲台后又垂下莲台，下着裙，裙带下垂璎珞，腿上和腿间衣褶对称，在莲台上铺成扇形。双手各牵莲枝，莲枝倚两臂至肩头，莲枝上各有三朵花，一朵为花蕾，一朵完全开敷，一朵已凋谢，左肩花心置物缺失，右肩花心置钵；右手施期克印，左手施禅定印、托甘露瓶，结跏趺坐于仰覆莲台上，木板封底。莲台近圆角半圆形，上沿近下沿处各饰一匝联珠纹，莲瓣呈窄长U形，莲舌饱满，雕刻卷草纹。菩萨两腿前的莲台上卧一雌狮，头朝左侧，昂首斜向外侧。莲座高6.5、通高30.4厘米（图一三〇、图一三一；图版五四、图版五五）。

图一三〇　鎏金铜地藏菩萨坐像（17TJDT-8N-1）正视图

图一三一　鎏金铜地藏菩萨坐像（17TJDT-8N-1）侧视图

2. 鎏金铜金刚橛法器（17TJDT 8N 2）

莲枝主干两侧出左右对称旁枝，主干上端为一朵开敷的莲花，莲花上置净水瓶，莲枝下为一圆锥体。出土时散落在造像前。长10.5厘米（图一三二；图版六三，2）。

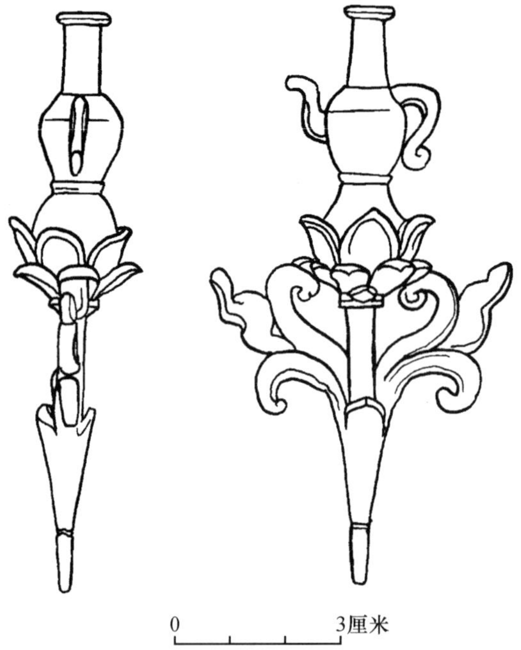

图一三二　鎏金铜金刚橛法器（17TJDT-8N-2）

四、第八层东面佛龛17TJDT-8E

位于蓟州多宝佛塔第八层密檐东壁正中，龛口向外，封砖图案向东。

（一）佛龛形制与包含物

双重龛，前后双层。由外龛、内龛组成，龛口左右两侧各有一砖砌方形立柱。外龛立面近方形，平面纵长方形，内龛立面纵长方形，平面纵长方形，口直，龛顶、龛底平，南、北壁较直，涂抹白灰，后壁下方中部有方形小孔。外龛宽28、进深29、高28厘米；内龛宽28、进深29、高46厘米。龛口用雕刻仿木券顶假门的方形花砖封堵，宽27、高27、厚9厘米（图一三三）。龛内环境保持较好，龛底有尘土堆积。出土鎏金铜观音菩萨坐像1尊。

（二）龛内器物位置与保存状况

鎏金铜坐像观音菩萨（17TJDT-8E-1），发现时位于龛后部，坐姿，向东倾倒，面向上。部分鎏金层剥落。

图一三三　蓟州多宝佛塔第八层东面佛龛（17TJDT-8E）俯、侧、正视图
1. 俯视图　2. 侧视图　3. 正视图（清理前）　4. 正视图（清理后）

（三）出土造像标本情况

仅出土1尊坐像。

鎏金铜观音菩萨坐像（17TJDT-8E-1）。造像头梳髻、顶莲花，两侧各有一绺头发顺肩垂下。脸庞方正，眉眼细长，鼻梁窄瘦，嘴角上翘，双重下颏，垂目睇视，面含微笑。头戴花鬘冠，缯带在耳后U形上扬，耳珰上部为五瓣花形，下垂花坠，佩项圈、璎珞、臂钏、手镯、脚链。胸前的项饰分内外两部分，内侧项链中间垂下三根珠串，两边对称悬挂U形珠串，其外侧还各有一长珠串；呈倒葫芦形的长璎珞垂落到腹上部。身着披肩，天衣从两肩而下，绕双臂肘间飘起，再绕臂而下，垂落莲台。下着长裙，裙带下垂璎珞，双腿的裙面上以双排联珠纹形成条纹，条纹之间以阴线刻划缠枝卷草纹，并饰以凸起的梅花，纹饰繁缛细密，阴线刻划和浅浮雕相结合。双手各牵优钵罗花枝，花枝倚两臂至肩头开敷，左肩花上置物缺失，右肩花上置吉祥物。右手施禅定印，左手施无畏印，结跏趺坐于仰莲台上。莲台近圆角半圆形，有五层莲瓣，莲瓣窄长，上端出尖，刻有密集的对称外弧阴线，上以莲瓣作沿，下有圈足底座，莲台上沿转角处各出一缕水波纹。莲台高6.8、通高28.3厘米（图一三四、图一三五；图版五六、图版五七）。

图一三四　鎏金铜观音菩萨坐像（17TJDT-8E-1）正视图

图一三五　鎏金铜观音菩萨坐像（17TJDT-8E-1）侧视图

第七节　第九层佛龛及出土物

蓟州多宝佛塔第九层密檐之间矮层塔身的南、西、北、东四面墙体中部均设置佛龛，东、西、北三面佛龛封砖皆雕饰仿木券顶假门，中央雕刻“卍”字图案；南面封砖雕刻梵文。其余部分用素面砖涂白装饰。除东面佛龛内有蜂巢和鸟窝外，其余三面龛内只有一些灰土覆盖在文物表面。四面龛内皆有文物出土。

一、第九层南面佛龛17TJDT-9S

位于蓟州多宝佛塔第九层密檐南壁正中，龛口向外，封砖图案向南。

（一）佛龛形制与包含物

双重龛，前后双层。由外龛、内龛组成，龛口左右两侧各有一砖砌方形立柱。外龛立面近方形，平面纵长方形，内龛立面纵长方形，平面纵长方形，口直，龛顶、龛底平，东、西壁较直，涂抹白灰，后壁下方中部有方形小孔。外龛宽28、进深30、高27厘米；内龛28、进深35、54厘米。用雕刻符号方形花砖封堵，封门砖宽28、高27、厚9厘米（图一三六）。龛下部有一层0.5厘米厚的灰土堆积，出土鎏金铜释迦牟尼坐像1尊。封底木板脱落，有纸张散落其上，当为此造像装藏。

（二）龛内器物位置与保存状况

鎏金铜释迦牟尼坐像［17TJDT-9S-1（1）］，位于内龛后部中央，坐姿，面向南。出土时造像全身落满尘土，部分鎏金层剥落。

（三）出土造像与装藏情况

1. 鎏金铜释迦牟尼坐像［17TJDT-9S-1（1）］

造像螺发肉髻，顶饰宝珠眉间阴线刻划白毫，面庞清秀，眉眼细长，鼻梁粗扁，垂目睇视。佩珠串式手镯、臂钏，身着半披式袈裟，袈裟一角搭右肩，下身着裙，衣褶绵软凌乱。左手施禅定印、托钵，右手施触地印，结半跏趺坐于仰覆莲台上。莲台圆角半圆形，莲瓣宽大，

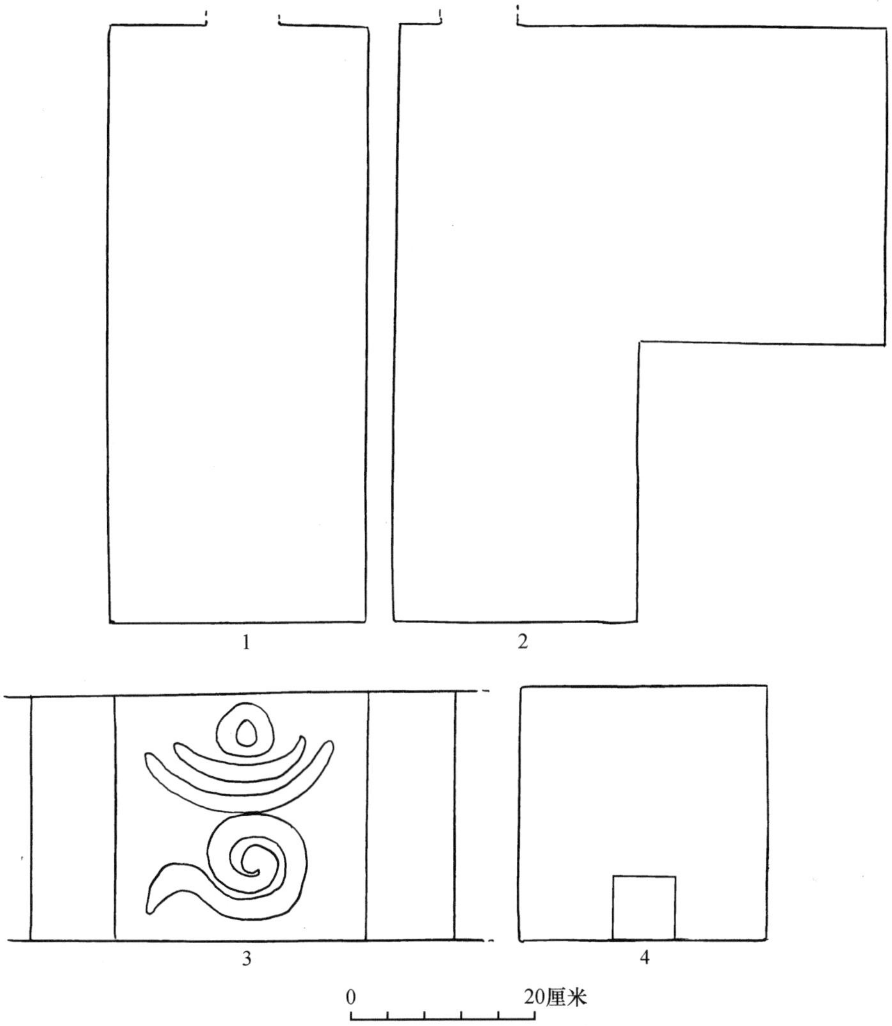

图一三六　蓟州多宝佛塔第九层南面佛龛（17TJDT-9S）俯、侧、正视图
1. 俯视图　2. 侧视图　3. 正视图（清理前）　4. 正视图（清理后）

呈U形，莲舌饱满，刻划卷草纹，上、下沿各饰一匝联珠纹。莲台只在前半部施纹，莲台下有圈足式底座。莲座高6.1、通高25.3厘米（图一三七、图一三八；图版五八）。

出土时木质造像封底板掉落，有一团纸张残渣散落其上，应为此像装藏物：

纸张，17TJDT-9S-1（1）①。破损残缺严重，上有字，无法辨识。

2. 封底木板［17TJDT-9S-1（2）］

鎏金铜释迦牟尼坐像［17TJDT-9S-1（1）］封底。木质，近椭圆形，边缘残缺。长15.9、宽11.2、厚1.1厘米（图一三九；图版九八，2）。

图一三七　鎏金铜释迦牟尼坐像［17TJDT-9S-1（1）］正视图

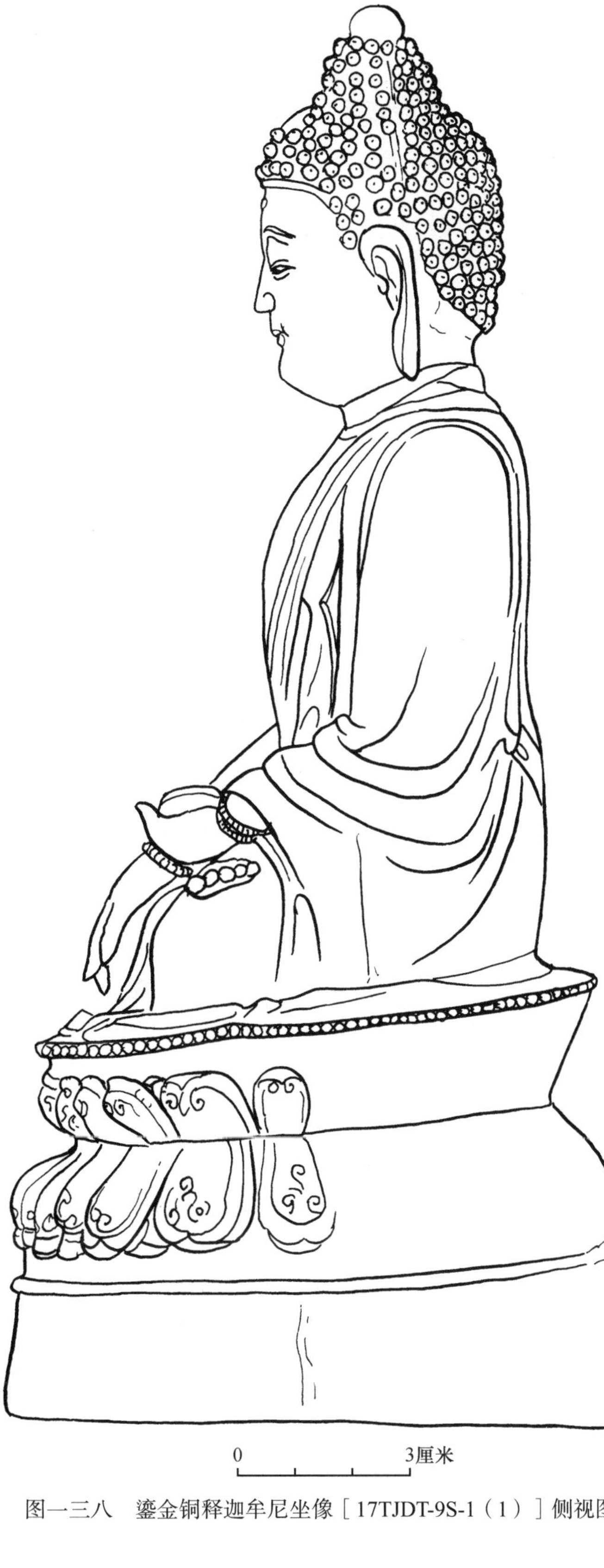

图一三八　鎏金铜释迦牟尼坐像［17TJDT-9S-1（1）］侧视图

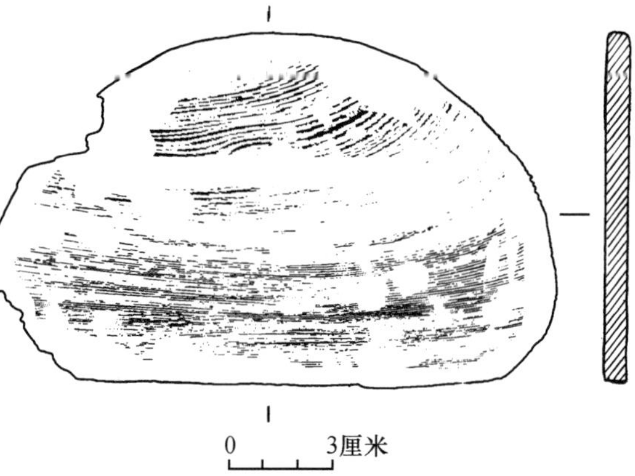

图一三九　封底木板［17TJDT-9S-1（2）］

二、第九层西面佛龛17TJDT-9W

位于蓟州多宝佛塔第九层密檐西壁正中，龛口向外，封砖图案向西。

（一）佛龛形制与包含物

双重龛，前后双层。由外龛、内龛组成，龛口左右两侧各有一砖砌方形立柱。外龛立面近方形，平面纵长方形，内龛立面纵长方形，平面纵长方形，口直，龛顶、龛底平，东、西壁较直，涂抹白灰，后壁下方中部有方形小孔。外龛宽32、进深30、高28厘米；内龛宽32、进深28、高42厘米。用雕刻仿木券顶假门的方形花砖封堵，封门砖宽30、高27、厚9厘米（图一四〇）。龛内环境保持较好，龛下部有一层厚0.5厘米左右的灰土堆积。出土鎏金彩绘铜文殊菩萨坐狮像1尊，造像封底木板破碎，有金属饰件散落其上，当为此造像装藏。

（二）龛内器物位置与保存状况

鎏金彩绘铜文殊菩萨坐狮像（17TJDT-9W-1），位于内龛后部偏南，坐姿，面向西。造像全身覆着尘土，封底板糟朽严重，金属饰件散落，部分鎏金层剥落。

（三）出土造像与装藏情况

仅出土1尊造像。

鎏金彩绘铜文殊菩萨坐狮像（17TJDT-9W-1）。头梳发髻，顶饰莲花，发际呈绀蓝色，眼球外白内黑色，唇涂朱红。面庞方正，头略下低，眼睛半睁，垂目睇视。头戴花鬘冠，两侧

图一四〇　蓟州多宝佛塔第九层西面佛龛（17TJDT-9W）俯、侧、正视图
1. 俯视图　2. 侧视图　3. 正视图（清理前）　4. 正视图（清理后）

各有一绺头发顺肩垂至肘部，缯带在耳后U形上扬；耳珰上部为满月形，下垂三角形坠，佩项圈、璎珞、手镯。胸前的项饰分内外两部分，内侧项链中间垂下三根珠串，两边对称悬挂U形珠串，其外侧还各有一长珠串；呈倒葫芦形的长璎珞垂落到腹上部。左手施期克印，右手施说法印，并各牵优钵罗花枝，花蕾在肩头开敷，左花心上为经卷，右花心上为智慧剑。身披薄纱，天衣从两肩而下，绕双臂肘间飘起，再绕臂而下，垂落狮背。下身着双层裙，外层短裙长至膝部略上部分，里层长裙垂至脚面，裙带下垂璎珞。侧身游戏坐于狮背，跣足。狮子卧伏在覆莲台上，头朝左侧，回首斜向外，项挂铃，尾根上部梳髻，下垂璎珞，狮子口内、髻涂朱红，头上部和尾部可见在金层上涂红色再涂一层绿色；狮背覆垫上饰花卉纹。莲台圆角长方形，莲瓣窄尖，莲舌刻纹不清，上沿和近下沿各有一匝联珠纹。莲台背面中部约2个莲瓣宽的位置没有莲瓣。通高21.8厘米（图一四一、图一四二；图版五九～图版六一）。

图一四一　鎏金铜彩绘文殊菩萨坐狮像（17TJDT-9W-1）正视图

图一四二　鎏金铜彩绘文殊菩萨坐狮像（17TJDT-9W-1）侧视图

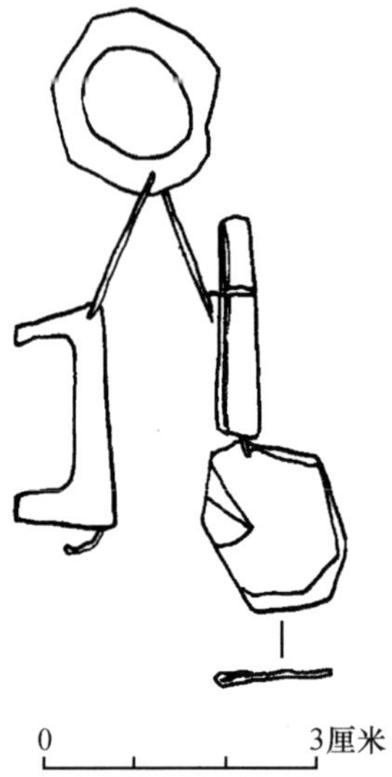

图一四三　金属饰件（17TJDT-9W-1①）

出土时造像封底板破碎，有金属饰件散落其上，应为此像装藏物：

金属饰件1件，17TJDT-9W-1①。锡铅合金制。由片状环形、圆形、长条形、┌┐形饰件组合而成，用丝线连接。通长6.6厘米（图一四三；图版九八，4）。

三、第九层北面佛龛17TJDT-9N

位于蓟州多宝佛塔第九层密檐北壁正中，龛口向外，封砖图案向北。

（一）佛龛形制与包含物

双重龛，前后双层。由外龛、内龛组成，龛口左右两侧各有一砖砌方形立柱。外龛立面近方形，平面纵长方形，内龛立面纵长方形，平面纵长方形，口直，龛顶、龛底平，东、西壁较直，涂抹白灰，后壁下方中部有方形小孔。外龛宽32、进深30、高28厘米；内龛宽32、进深28、高42厘米。用雕刻仿木券顶假门的方形花砖封堵，封门砖宽30、高27、厚9厘米（图一四四）。龛内环境保持较好，龛下部有一层厚0.3厘米左右的灰土堆积。出土覆钵式木塔模型1套，塔内置泥质擦擦。

（二）龛内器物位置与保存状况

覆钵式木塔模型（17TJDT-9N-1）出土时位于内龛后部中央，塔上部向东北部倾倒，泥质擦擦上的带背光小佛像仍在塔身内，面向上。木塔模型上落满尘土，塔基、塔身、塔刹不同程度开裂，塔身上有蛛网缠绕。

图一四四　蓟州多宝佛塔第九层北面佛龛（17TJDT-9N）俯、侧、正视图
1. 俯视图　2. 侧视图　3. 正视图（清理前）　4. 正视图（清理后）

（三）出土木质佛塔模型情况

仅出土1件木塔模型。

覆钵式木塔模型（17TJDT-9N-1）。由塔基［17TJDT-9N-1（5）］、塔身［17TJDT-9N-1（3）］、塔刹［17TJDT-9N-1（2）］、刹顶［17TJDT-9N-1（1）］拼合而成。塔基为圆形束腰实心须弥座，高7.4厘米，基座上承覆钵式塔身，空心，高11.5厘米，塔身开有佛龛。刹身为实心十二层相轮，上承托宝盖，刹顶为宝珠，高16.9厘米。塔表面髹红漆。龛内供奉泥质阿弥陀佛坐像（擦擦）一尊，17TJDT-9N-1（4）。脱模压制。螺发肉髻，呈绀蓝色，双眉描黑色，唇涂红色。着袒右肩式袈裟，双手施禅定印、托钵，全跏趺坐于仰覆莲台上。拱形背光，佛陀周侧有葫芦形双凸线边框，背光正面和周边涂红色。造像制作粗糙，形体模糊不清晰。高6.6厘米（图一四五、图一四六；图版六二；图版六三，1）。

图一四五　覆钵式木塔模型（17TJDT-9N-1）正视图

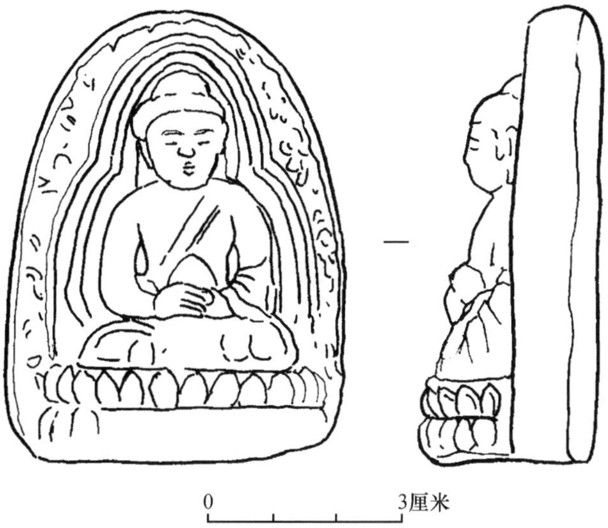

图一四六　阿弥陀佛坐像（擦擦）［17TJDT-9N-1（4）］正、侧视图

四、第九层东面佛龛17TJDT-9E

位于蓟州多宝佛塔第九层密檐东壁正中，龛口向外，封砖图案向东。

（一）佛龛形制与包含物

双重龛，前后双层。由外龛、内龛组成，龛口左右两侧各有一砖砌方形立柱。外龛立面近方形，平面纵长方形，内龛立面纵长方形，平面纵长方形，口直，龛顶、龛底平，南、北壁较直，涂抹白灰，后壁下方中部有方形小孔。外龛宽29、进深31、高26厘米；内龛宽29、进深25、高42厘米。用雕刻仿木券顶假门方形花砖封堵，封门砖宽28、高26、厚8厘米（图一四七）。龛内几乎被蜂巢鸟巢填满。龛下部是鸟类筑巢的干草、树木枝条与灰土堆积，在其上是一个完整的干燥蜂巢。出土鎏金铜观音菩萨坐像1尊，造像与莲座间夹棉垫。造像空腔内有装藏物。

（二）龛内器物位置与保存状况

鎏金铜观音菩萨坐像1尊（17TJDT-9E-1），位于内龛后部中央，坐姿，面向西。造像整体包裹蜂巢，鎏金剥落严重。造像与莲座间棉垫残损严重，造像封底保存完好，空腔内有装藏物，文物保护工作开展前，实验室内提取。

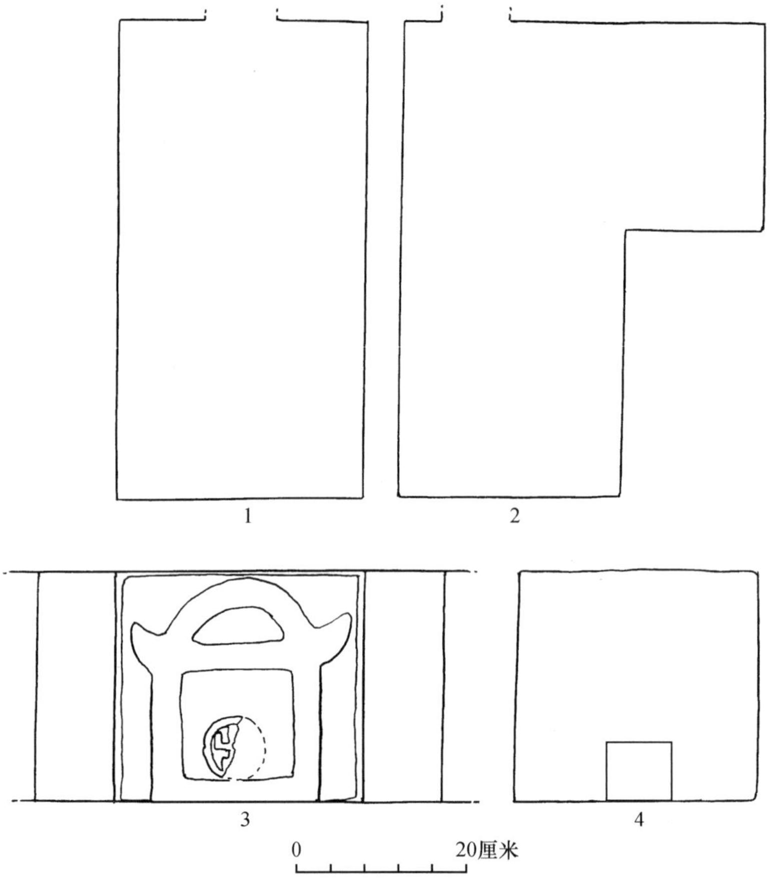

图一四七　蓟州多宝佛塔第九层东面佛龛（17TJDT-9E）俯、侧、正视图
1. 俯视图　2. 侧视图　3. 正视图（清理前）　4. 正视图（清理后）

（三）出土造像与装藏情况

1. 鎏金铜观音菩萨坐像（17TJDT-9E-1）

由造像［17TJDT-9E-1（1）］、莲台［17TJDT-9E-1（2）］组成。造像与莲台间用丝棉垫［17TJDT-9E-1（4）］分割加固。造像，头梳发髻，顶饰莲花，两侧各有一绺头发顺肩垂下，面庞丰满，双眉细长，眼睛半睁，阴线刻划双重下颏，面含微笑。戴花鬘冠，冠前正中有一化佛，缯带在耳后U形上扬；耳珰上部为五瓣花形，下垂花坠，佩项圈、璎珞、臂钏、手镯、脚链。胸前的项链分为两部分，靠近项部的项链中间垂下三根珠串，两边对称悬挂U形珠串，其外侧还各有一长珠串；呈倒葫芦形的长璎珞垂落到腹上部。身披薄纱，披肩上阴线刻团花图案，天衣从两肩而下，绕双臂肘间飘起，再绕臂而下，垂落莲台，下着长裙，裙带下垂璎珞。双手各牵优钵罗花枝，花枝倚两臂至肩头开敷，旁侧有一花蕾，一只鹦鹉落在左肩花心上，伴随观音，形影不离。右肩花上置净瓶；右手施与愿印，左手施无畏印，结跏趺坐于仰莲台上。莲台，近半圆形，有四层莲瓣，莲瓣窄长，上端出尖，上以莲瓣尖部作沿，下有圈足底座；莲台上沿转角处各有一缕水波纹。莲台面、花鬘冠背面涂有红色。鎏金脱落殆尽。涂朱红薄木片封底［17TJDT-9E-1（3）］。像高23.9、莲座高7.1厘米，通高31.5厘米，棉垫出土时厚0.3厘米（图一四八、图一四九；图版六四、图版六五）。

图一四八　鎏金铜观音菩萨坐像（17TJDT-9E-1）正视图

图一四九　鎏金铜观音菩萨坐像（17TJDT-9E-1）侧视图

后期实验室内提出纺织品、金属饰件等，已散落在封底板上，为此像装藏物：

丝织品与金属饰件1件，17TJDT-9E-1（1）①。由丝织品条带和金属饰件组成。6块月白、绿、兰、浅绿色丝织品条由一根丝线串连，系在由锡制成的椭圆、长方形饰件片上（图一五〇；图版九九，1）。

2. 封底木板［17TJDT-9E-1（3）］

鎏金铜观音菩萨造像［17TJDT-9E-1（1）］封底。实验室内提取。木质，心形，薄片，内涂朱红。长10.2、宽8.1、厚0.2厘米（图一五一；图版九九，4）。

图一五〇　丝织品与金属饰件［17TJDT-9E-1（1）①］

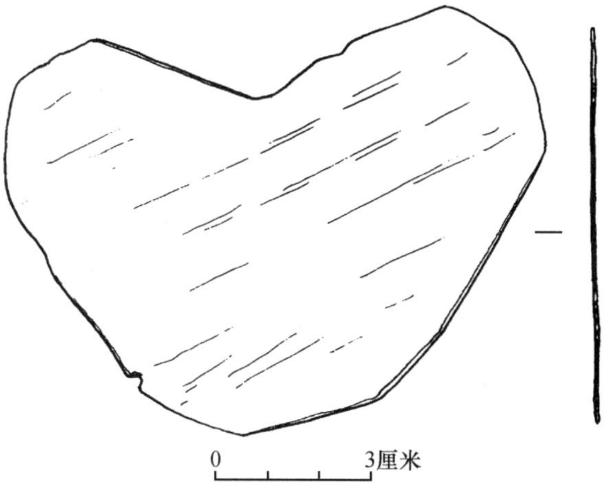

图一五一　封底木板［17TJDT-9E-1（3）］

3. 丝棉垫［17TJDT-9E-1（4）］

鎏金铜观音菩萨造像［17TJDT-9E-1（1）］与莲台［17TJDT-9E-1（2）］间棉垫。长方形，素面，纺织品内丝绵填充，出土时垫在造像与莲台之间，残损严重。修复后长16.5、宽13.9、厚0.8厘米（图版九八，5）。

第八节　第十层佛龛及出土物

蓟州多宝佛塔第十层密檐之间矮层塔身的南、西、北、东四面墙体中部均设置佛龛，南、西两面佛龛封砖皆雕饰仿木券顶假门，中央雕刻“卍”字图案；北面封砖雕刻汉文“塔”字；东面封砖雕刻汉文“佛”字。其余部分用素面砖涂白装饰。除东面佛龛内有蜂巢和鸟窝外，其余三面龛内只有一些灰土覆盖在文物表面。四面龛内皆有文物出土。

一、第十层南面佛龛17TJDT-10S

位于蓟州多宝佛塔第十层密檐南壁正中，龛口向外，封砖图案向南。

（一）佛龛形制与包含物

双重龛，前后双层。由外龛、内龛组成，龛口左右两侧各有一砖砌方形立柱。龛口左右两侧各有一砖砌方形立柱。外龛立面近方形，平面纵长方形，内龛立面纵长方形，平面纵长方形，口直，龛顶、龛底平，东、西壁较直，涂抹白灰，后壁下方中部有方形小孔。外龛宽26、进深32、高26厘米；内龛宽26、进深42、高34厘米。龛口用雕刻仿木券顶假门方形花砖封堵，封门砖宽25、高26、厚8厘米（图一五二）。龛内环境保持较好，龛下部有尘土堆积。出土鎏金铜释迦牟尼坐像1尊。

图一五二　蓟州多宝佛塔第十层南面佛龛（17TJDT-10S）俯、侧、正视图

1. 俯视图　2. 侧视图　3. 正视图（清理前）　4. 正视图（清理后）

（二）龛内器物位置与保存状况

鎏金铜释迦牟尼坐像（17TJDT-10S-1），清理时发现造像向东北倾倒于龛后部，面向上。鎏金剥落严重。造像左肩后部有片状残缺，露出白色铸造内范。颈部有断裂，鎏金剥落严重。

（三）出土造像情况

仅出土1尊坐像。

鎏金铜释迦牟尼坐像（17TJDT-10S-1）。双层螺发，顶饰宝珠，面庞宽厚，阴线刻划双重下颏，鼻梁窄瘦，垂目睇视。头戴花鬘冠（上部残缺），束发缯带一端在耳后U形上扬，另一端顺肩垂下。耳珰上为五瓣花形，下垂花坠，身着半披式袈裟，袈裟一角搭右肩，衣缘饰宽花边；右手施触地印，左手施禅定印，结跏趺坐于仰莲台上。莲台近半圆形，有五层莲瓣，以莲瓣作沿，下有圈足底座。莲瓣窄长，上端出尖，刻有密集的对称外弧阴线。莲座高7、通高25.6厘米（图一五三、图一五四；图版六六）。

二、第十层西面佛龛17TJDT-10W

位于蓟州多宝佛塔第十层密檐西壁正中，龛口向外，封砖图案向西。

（一）佛龛形制与包含物

双重龛，前后双层。由外龛、内龛组成，龛口左右两侧各有一砖砌方形立柱。外龛立面近方形，平面纵长方形，内龛立面纵长方形，平面纵长方形，口直，龛顶、龛底平，南、北壁较直，涂抹白灰，后壁下方中部有方形小孔。外龛宽28、进深32、高26厘米；内龛宽26、进深36、高32厘米。龛口用雕刻仿木券顶假门的方形花砖封堵，封门砖宽28、高26、厚8厘米（图一五五）。龛底有尘土堆积。出土鎏金铜阿弥陀佛坐像1尊。

（二）龛内器物位置与保存状况

鎏金铜阿弥陀佛坐像（17TJDT-10W-1），清理时发现须弥座立放于前龛封门处，莲台位于须弥座上，整体向西倾斜；造像已从莲台上掉落至后龛，向东倾倒，面向上。造像与须弥座、莲台上布满尘土，部分鎏金剥落。

图一五三　鎏金铜释迦牟尼坐像（17TJDT-10S-1）正视图

图一五四　鎏金铜释迦牟尼坐像（17TJDT-10S-1）侧视图

图一五五　蓟州多宝佛塔第十层西面佛龛（17TJDT-10W）俯、侧、正视图
1. 俯视图　2. 侧视图　3. 正视图（清理前）　4. 正视图（清理后）

（三）出土造像情况

仅出土1尊坐像。

鎏金铜阿弥陀佛坐像（17TJDT-10W-1）。由造像［17TJDT-10W-1（1）］、莲台［17TJDT-10W-1（2）］、长方形底座［17TJDT-10W-1（3）］组成。造像螺发平缓，眉间有白毫，双眉纤细，闭目凝神，鼻梁修直，神情肃穆，胸前线刻双勾“卍”字图案。身着褒衣博带式袈裟，袈裟一角搭右肩，下身着裙，腰带系扣，衣缘饰宽花边，衣褶深刻，写实性较强。双手施禅定印，结跏趺坐于仰莲台上。莲台，近半圆形，共三层莲瓣，莲瓣长尖，莲舌饱满，以上层莲瓣的尖部为上沿，莲台正面上沿转角处各垂下一片大莲瓣。莲台下承近长方形底座，底座四周以规则的长方形和正方形“石板”交替砌成浅池，池内雕刻水波纹，池中央出一粗壮的莲枝主干，上端在莲台底部斜出莲枝、莲叶、花蕾。水池内和莲台底部涂绿色。佛陀与莲台为子母扣，莲台与底座以插销的形式连接。造像高17.5、莲台与须弥座高9厘米，通高26.5厘米（图一五六～图一五八；图版六七）。

图一五六　鎏金铜阿弥陀佛坐像（17TJDT-10W-1）正视图

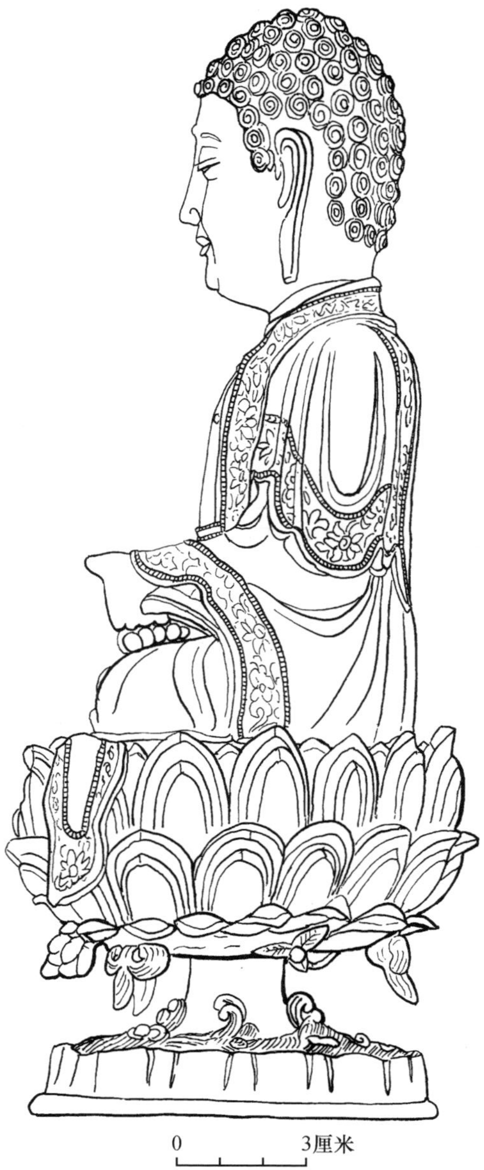

图一五七　鎏金铜阿弥陀佛坐像（17TJDT-10W-1）侧视图

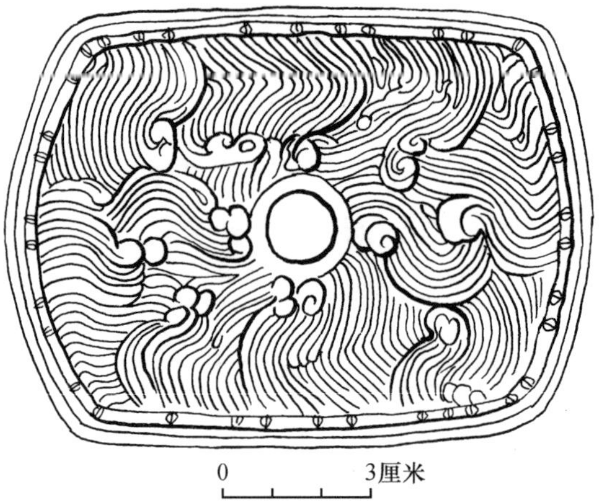

图一五八　鎏金铜阿弥陀佛坐像底座［17TJDT-10W-1（3）］俯视图

三、第十层北面佛龛17TJDT-10N

位于蓟州多宝佛塔第十层密檐北壁正中，龛口向外，封砖图案向北。

（一）佛龛形制与包含物

双重龛，前后双层。由外龛、内龛组成，龛口左右两侧各有一砖砌方形立柱。外龛立面近方形，平面纵长方形，内龛立面纵长方形，平面纵长方形，口直，龛顶、龛底平，东、西壁较直，涂抹白灰，后壁下方中部有方形小孔。外龛宽30、进深31、高27厘米；内龛宽30、进深45、高34厘米。龛口用雕刻“塔”字的方形花砖封堵，封门砖宽29、高26、厚8厘米。龛内有蜂巢从顶部垂下，占满佛龛大部，龛底布满蜂巢与尘土的混合物（图一五九；图版一八，2）。出土覆钵式木塔模型1套，内置泥质擦擦。

（二）龛内器物位置与保存状况

覆钵式木塔模型（17TJDT-10N-1），发现时塔身已从塔基上掉落，向西北倾倒在佛龛底部，陶质擦擦位于其内；塔刹掉落在塔身后的西北角，宝盖断裂成两半，塔基立于内龛中部偏西位置。塔基、塔刹开裂严重，塔身下部残损严重，整件文物表面被蜂巢覆盖。

图一五九　蓟州多宝佛塔第十层北面佛龛（17TJDT-10N）俯、侧、正视图

1. 俯视图　2. 侧视图　3. 正视图（清理前）　4. 正视图（清理后）

（三）出土木质佛塔模型情况

仅出土1件木塔模型。

覆钵式木塔模型（17TJDT-10N-1）。由木塔座［17TJDT-10N-1（4）］、塔身［17TJDT-10N-1（2）］、塔刹［17TJDT-10N-1（1）］组成。塔座为圆形实心束腰须弥座，上下台面各有三级台阶；塔座上承覆钵式空心塔身，塔身开有佛龛；塔刹为圆形实心基座，刹身相轮十三层，上承托宝盖，刹顶为宝珠。塔表面髹红漆。塔座高5.8、塔身高12.8、塔刹高14.7厘米，通高32.5厘米。木塔龛内供奉泥质释迦牟尼坐像（擦擦）一尊，17TJDT-10N-1（3）。脱模压制。螺发肉髻，顶饰宝珠，面庞清秀，眉眼细长，垂目睇视。着袒右肩式袈裟，右手施与愿印，左手施禅定印，结跏趺坐于仰覆莲台上。莲瓣宽大，呈U形，莲舌饱满。拱形背光，佛陀周侧有葫芦形双凸线边框，边框外饰卷草纹，并在佛陀头顶部、两侧各有一相同的藏文字符。背光正面和周边涂红色，脱落殆尽。台座底部中心有一圆孔。像高7.1厘米（图一六〇、图一六一；图版六八、图版六九）。

图一六〇　覆钵式木塔模型（17TJDT-10N-1）正视图

图一六一　释迦牟尼坐像（擦擦）［17TJDT-10N-1（3）］正、侧视图

四、第十层东面佛龛17TJDT-10E

位于蓟州多宝佛塔第十层密檐东壁正中，龛口向外，封砖图案向东。

（一）佛龛形制与包含物

双重龛，前后双层。由外龛、内龛组成，龛口左右两侧各有一砖砌方形立柱。因建造问题，外龛龛口两侧略向外突1厘米。外龛立面近方形，平面纵长方形，内龛立面纵长方形，平面纵长方形，口直，龛顶、龛底平，北、南壁向外凹，涂抹白灰，后壁下方中部有方形小孔。外龛宽26、进深30、高26厘米；内龛宽28、进深42、高32厘米。龛口用雕刻“佛”字的方形花砖封堵，封门砖宽27、高25、厚9厘米（图一六二）。龛底有一层厚0.5厘米左右的灰土堆积。出土鎏金铜阿弥陀佛坐像1尊。

（二）龛内器物位置与保存状况

鎏金铜阿弥陀佛坐像（17TJDT-10E-1），清理时发现须弥座立放于后龛中部，略向北移，莲台从须弥座上掉落，整体向东北倾斜；造像已掉落倒至龛后部，头向南，面向上。造像与须弥座、莲台上布满尘土，部分鎏金剥落。

图一六二　蓟州多宝佛塔第十层东面佛龛（17TJDT-10E）俯、侧、正视图

1. 俯视图　2. 侧视图　3. 正视图（清理前）　4. 正视图（清理后）

（三）出土造像情况

仅出土坐像1尊。

鎏金铜阿弥陀佛坐像（17TJDT-10E-1）。由造像［17TJDT-10E-1（1）］、莲台［17TJDT-10E-1（2）］与须弥座［17TJDT-10E-1（3）］组成。造像螺发平缓，眉间有白毫，双眉纤细，闭目凝神，鼻梁修直，神情肃穆，胸前线刻双勾“卍”字符号。身穿褒衣博带式袈裟，袈裟一角搭右肩，下身着裙，腰带系扣，衣缘饰宽花边。双手施禅定印，结跏趺坐于仰莲台座上。莲台近半圆形，共三层莲瓣，莲瓣长尖，莲舌饱满，以上层莲瓣的尖部为上沿，莲台正面上沿转角处各垂下一片大莲瓣。莲台下承近长方形底座，底座四周以规则的长方形和正方形“石板”交替砌成浅池，池内雕刻水波纹，池中央出一粗壮的莲枝主干，上端在莲台底部斜出莲枝、莲叶、花蕾。水池面和莲台底面涂绿色。佛陀与莲台为子母扣，莲台与底座以插销的形式连接。造像高17.5、莲台与须弥座高8.9厘米，通高26.4厘米（图一六三～图一六五；图版七〇）。

图一六三　鎏金铜阿弥陀佛坐像（17TJDT-10E-1）正视图

图一六四　鎏金铜阿弥陀佛坐像（17TJDT-10E-1）侧视图

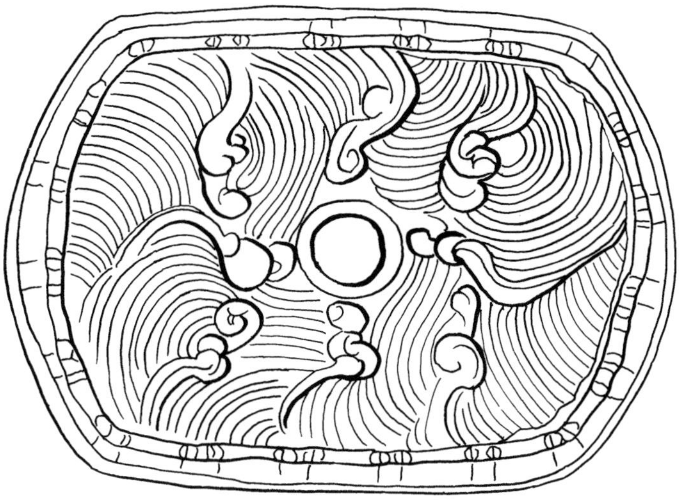

图一六五　鎏金铜阿弥陀佛坐像底座［17TJDT-10E-1（3）］俯视图

第九节　第十一层佛龛及出土物

蓟州多宝佛塔第十一层密檐之间矮层塔身的南、西、北、东四面墙体中部均设置佛龛，南面佛龛封砖仿木券顶假门上雕刻“卍”字图案；西、北、东面封砖皆雕刻汉文“佛”字。其余部分用素面砖涂白装饰。东、北两面佛龛内皆被鸟巢填满，西、南两面佛龛内皆被蜂巢填满。四面佛龛内皆有文物出土。

一、第十一层南面佛龛17TJDT-11S

位于蓟州多宝佛塔第十一层密檐南壁正中，龛口向外，封砖图案向南。

（一）佛龛形制与包含物

双重龛，前后双层。由外龛、内龛组成，龛口左右两侧各有一砖砌方形立柱。因工程问题，外龛龛口东部向内凹2厘米。外龛立面近方形，平面纵长方形，内龛立面纵长方形，平面纵长方形，口直，龛顶、龛底平，东壁较直，西壁向外凹，涂抹白灰，后壁下方中部有方形小孔。外龛宽26、进深31、高28厘米；内龛宽26、进深36、高42厘米。龛口用雕刻仿木券顶假门的方形花砖封堵，封门砖宽25、高27、厚8厘米（图一六六）。龛内几乎被从顶部垂下的蜂巢填满，龛底布满蜂巢与尘土的混合物。出土鎏金铜观音菩萨坐像1尊。

图一六六　蓟州多宝佛塔第十一层南面佛龛（17TJDT-11S）俯、侧、正视图

1. 俯视图　2. 侧视图　3. 正视图（清理前）　4. 正视图（清理后）

（二）龛内器物位置与保存状况

鎏金铜观音菩萨坐像（17TJDT-11S-1），发现时位于龛后部，造像从莲座上掉落，向东南倾倒，上部倚靠在佛龛后壁的东北角上，下部压在莲座边缘，使莲座前部向上翘起。造像与莲座满布蜂巢，鎏金剥落严重。造像封底完好，空腔内有装藏物，文物保护工作开展前，在实验室内提取。

（三）出土造像与装藏情况

1. 鎏金铜观音菩萨坐像（17TJDT-11S-1）

由造像［17TJDT-11S-1（1）］、莲座［17TJDT-11S-1（2）］组成。造像头梳髻，顶饰莲花，脸庞方正，双眉细长，眉眼距离较大，鼻梁修直，阴线刻划双重下颏，闭目凝神。头戴花鬘冠，冠中部有一化佛，两侧各有一绺头发顺肩垂下，在肩头扎束后分成三绺垂至肘部，缯带在耳后U形上扬。耳珰上部为五瓣花形，下垂花坠，佩项圈、璎珞、手镯、脚链；胸前的璎珞是中间垂下三根长珠串，两边对称悬挂双层U形珠串。身穿覆右肩式开襟广袖宽袍，一角搭左肩，下身着裙，衣缘刻纹装饰，腰带系扣，衣褶坚挺疏朗；右手上扬施依印，左手托法器，结跏趺坐于仰莲台上，以薄铜片［17TJDT-11S-1（3）］封底。莲座，近半圆形，有四层莲瓣，莲瓣窄长，上端。莲台正面上沿转角处各垂下一片大莲瓣并刻纹装饰；莲台以上层莲瓣的尖部为沿。半圆形圈足底座，底座镂空缠枝莲纹。莲座高10.7、通高39.1厘米（图一六七、图一六八；图版七一、图版七二）。

造像空腔内的装藏物，后期在实验室内提出。包括纸张、稻谷、珊瑚、莲子、粉化经卷、纺织品、絮状物及4件金属件。

（1）小铜镜1件，17TJDT-11S-1（1）①。正面微凸，光可鉴人；背面中央有半圆形纽，高缘，中部饰一匝凸弦纹。直径3.9厘米（图一六九）。

（2）管状饰1件，17TJDT-11S-1（1）⑥。由锡铅合金呈横S形卷成双筒，中间栓系有白色细线，长2.7、宽1厘米（图一七〇）。

（3）铃形饰1件，17TJDT-11S-1（1）⑩。锡铅合金制成。由两个顶端有U形纽的半球形相扣合焊接而成，通长2.2、直径1.2厘米（图一七一）。

（4）饰件1套，17TJDT-11S-1（1）⑪、⑫。锡铅合金制成。菱形饰1件，17TJDT-11S-1（1）⑪。合模铸造，形状是两个相同的菱形对角相合，在中部形成一个小菱形，两端有圆形纽。长3.8、最宽2.1厘米。圆镜形饰1件，17TJDT-11S-1（1）⑫。合模铸造，薄片，镜形，一侧有U形纽。直径2.6、通纽长3.2厘米。二者之间用线相连。通长8.6厘米（图一七二）。

（5）稻谷若干，17TJDT-11S-1（1）②。天然稻谷及稻谷壳，棕褐色。

（6）珊瑚1颗，17TJDT-11S-1（1）③。残，体积较小，形状不规则，橘红色。

（7）珍珠2颗，17TJDT-11S-1（1）④。天然珍珠制成，白色，体积较小，近球形，两颗珍珠顶部中间各有一小穿孔。

（8）莲子2颗，17TJDT-11S-1（1）⑤。表面略有残缺，呈椭圆形，褐色，内空。

（9）经卷1卷，17TJDT-11S-1（1）⑦。中心有木轴，白纸红字，为藏文。缺损严重。轴长9、直径1.2厘米。纸经卷直径1.7厘米，纸厚0.034厘米（图版九九，5）。

（10）纺织品4件，17TJDT-11S-1（1）⑧。出土时为一团。2件橙黄色，为方形沿对角线折成等腰三角形，斜边缝合，底边长13.4、高7.6厘米；1件为明黄色条带，为布条折起、在中

图一六七　鎏金铜观音菩萨坐像（17TJDT-11S-1）正视图

图一六八　鎏金铜观音菩萨坐像（17TJDT-11S-1）侧视图

部用明线缝合，长36.4、宽2.1厘米；1件白色，方形，四边用白线锁边，有红色藏文符号，缺损严重，边长12.2厘米（图版九九，2）。

（11）纸残片2张，17TJDT-11S-1（1）⑨。残损严重，只余碎片，纸厚0.054厘米。有红色图案。

2. 封底铜板［17TJDT-11S-1（3）］

鎏金铜观音菩萨坐像（17TJDT-11S-1）封底，后期实验室内提取。铜质，心形，薄片。长14.8、宽9.6、厚0.06厘米（图一七三；图版九九，3）。

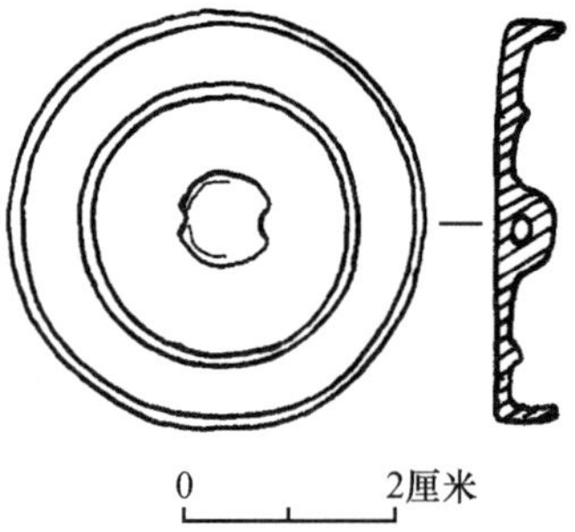

图一六九　小铜镜［17TJDT-11S-1（1）①］

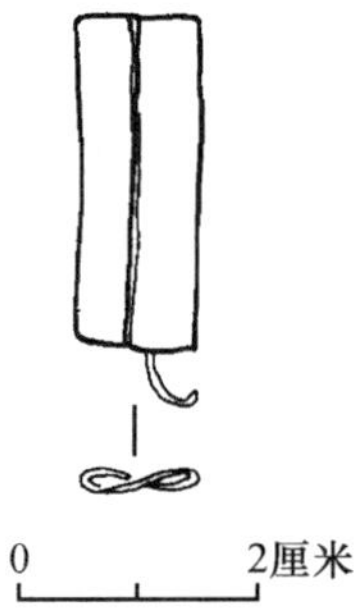

图一七〇　管状饰［17TJDT-11S-1（1）⑥］

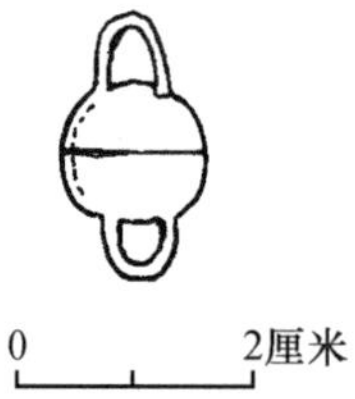

图一七一　铃形饰［17TJDT-11S-1（1）⑩］

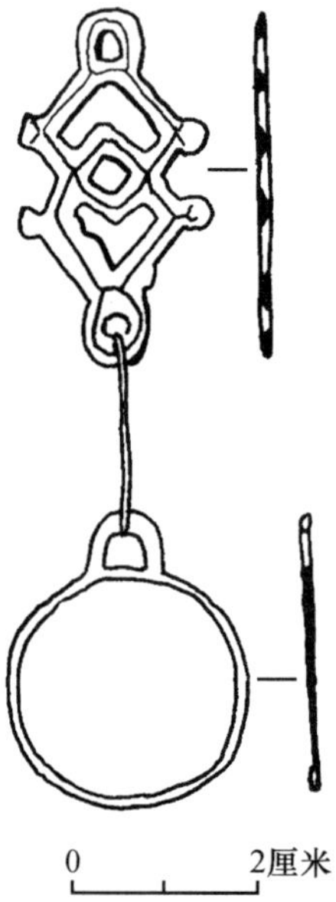

图一七二　菱形饰［17TJDT-11S-1（1）⑪］、圆镜形饰［17TJDT-11S-1（1）⑫］

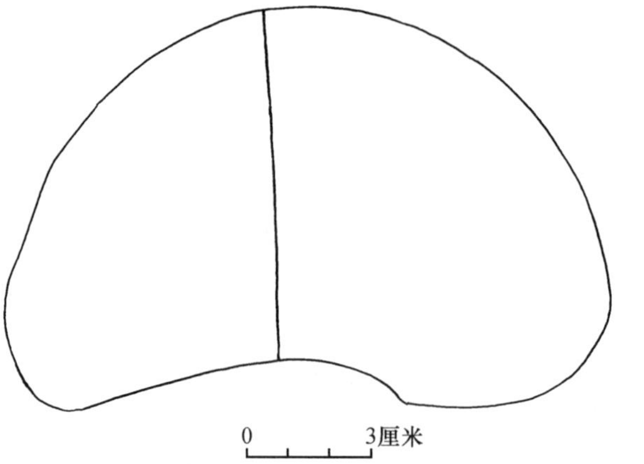

图一七三　封底铜板［17TJDT-11S-1（3）］

二、第十一层西面佛龛17TJDT-11W

位于蓟州多宝佛塔第十一层密檐西壁正中，龛口向外，封砖图案向西。

（一）佛龛形制与包含物

双重龛，前后双层。由外龛、内龛组成，龛口左右两侧各有一砖砌方形立柱。由于工程问题，外龛龛口北部向内凹3厘米。外龛立面近方形，平面纵长方形，内龛立面纵长方形，平面纵长方形，口直，龛顶、龛底平，北壁较直，南壁向内凸，涂抹白灰，后壁下方中部有方形小孔。外龛宽27、进深33、高28厘米；内龛宽27、进深33、高40厘米。龛口用雕刻“佛”字的方形花砖封堵，封门砖宽26、高27、厚8厘米（图一七四）。龛内几乎被从顶部垂下的蜂巢填满，龛底布满蜂巢与尘土的混合物。出土鎏金铜观音菩萨立像1尊，木质底座1件。造像空腔内有装藏物。

（二）龛内器物位置与保存状况

鎏金铜观音菩萨立像，17TJDT-11W-1（1），发现时位于后龛北部，紧贴北壁，头部向龛后部倾倒，面向南。木质底座须弥座，17TJDT-11W-1（2），在佛龛中部正立摆放，造像从底座上掉落。造像与底座被蜂巢包裹。底座因蜜蜂啃食而残损严重。造像鎏金剥落殆尽，封底完好。空腔内有装藏物，文物保护工作开展前，在实验室内提取。

（三）出土造像与装藏情况

1. 鎏金铜观音菩萨立像［17TJDT-11W-1（1）］

造像头梳发髻，顶饰莲花，两侧各有一绺头发顺肩垂下。双眉高挑，眼睛半睁，鼻梁修直，双重下颏，表情肃穆。头戴花鬘冠，缯带在耳后U形上扬，耳珰团花形，下垂花坠，佩项圈、璎珞、臂钏、手镯。胸前的璎珞是中间垂下三根长珠串，两边对称悬挂双层U形珠串，外边呈倒葫芦形的璎珞垂至腹上部。身披披肩，天衣从两肩而下，绕双臂肘间飘起，再绕臂而下，垂落莲台后云形卷起上扬；下身着双层裙，外层短裙长至膝部略下部分，裙摆宽花边，里层长裙垂至脚面，裙带腹前系蝴蝶结后垂至脚踝，衣褶稀疏，质感厚重。双手曲至胸前，左手托盘，盘上置宝瓶，右手扶瓶，跣足立于覆莲台上。莲台用椭圆形厚木板封底，下承木制须弥座，残损严重。莲台近圆形，上沿和近下沿处各饰联珠纹。莲瓣宽大，呈U形，莲舌刻写意卷草纹。莲台后面一小部分无莲瓣。莲台残高5.1、莲座高2.5厘米，通高22.9厘米（图一七五、图一七六；图版七三、图版七四）。

图一七四　蓟州多宝佛塔第十一层西面佛龛（17TJDT-11W）俯、侧、正视图

1. 俯视图　2. 侧视图　3. 正视图（清理前）　4. 正视图（清理后）

造像空腔内的装藏物，后期实验室内提出。包括铜钱、铜镜、纸张、丝织品残渣及金属饰件。

（1）铜钱1枚，17TJDT-11W-1⑨。崇祯通宝，小平钱，钱文楷书顺读，光背。钱背内外廓略宽于正面。钱径26.1、外廓厚1.3、正面外廓宽2.8、背面外廓宽3.6毫米（图一七七；图版一〇〇，2）。

（2）小铜镜1件，17TJDT-11W-1（1）①。半圆形纽，窄缘，正面光可鉴人。直径3.2厘米（图一七八；图版一〇〇，3）。

（3）花形饰1件，17TJDT-11W-1（1）③。锡铅合金制成。单层六瓣，中有一小圆孔，直径2.7厘米（图一七九；图版一〇〇，1）。

图一七五　鎏金铜观音菩萨立像［17TJDT-11W-1（1）］正视图

图一七六　鎏金铜观音菩萨立像［17TJDT-11W-1（1）］侧视图

（4）菱形饰1件，17TJDT-11W-1（1）⑤。锡铅合金制成。形状是一个大菱形内套一个小菱形，形成一个“回”字菱形。长2.1、宽1.9厘米（图一八〇；图版一〇〇，1）。

（5）圆锥形饰1件，17TJDT-11W-1（1）④。锡铅合金制成。形状是两个圆锥体顶面相对，由银片焊接而成。最大径1.6、长2.4厘米（图一八一；图版一〇〇，1）。

（6）管状饰1件，17TJDT-11W-1（1）⑦。锡铅合金制成，由银片呈横S形卷成双筒，长1.6、宽0.9厘米（图一八二；图版一〇〇，1）。

（7）镜形饰1件，17TJDT-11W-1（1）⑥。锡铅合金制成。圆镜形，一侧有半圆形纽。直径1.5、通纽长1.8厘米（图一八三；图版一〇〇，1）。

（8）果壳3粒，17TJDT-11W-1（1）⑧。黑色，近球形，表面凹凸不平（图版一〇〇，1）。

（9）纸残片2片，17TJDT-11W-1（1）②。一片存3字，一片存2字，皆不完整，其中有一“千”字。汉字楷书，白纸黑字。

2. 须弥座［17TJDT-11W-1（2）］

应为鎏金铜观音菩萨立像［17TJDT-11W-1（1）］底座。木质，方形，残，上部一层叠涩，中部束腰，下部三层叠涩。底座残长12.9、残宽10.6、残高5.8厘米（图一八四）。

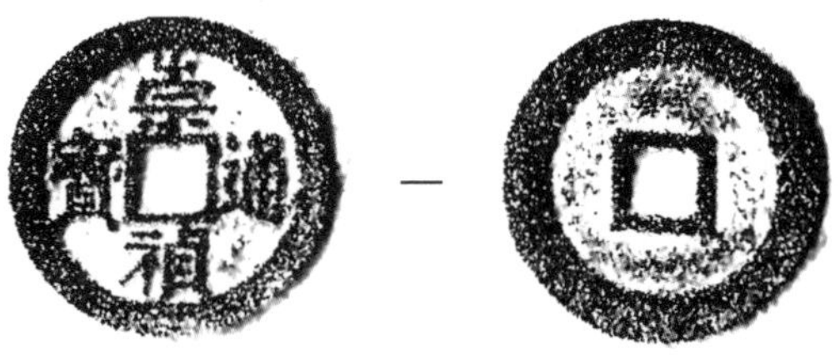

图一七七　崇祯通宝（17TJDT-11W-1⑨）

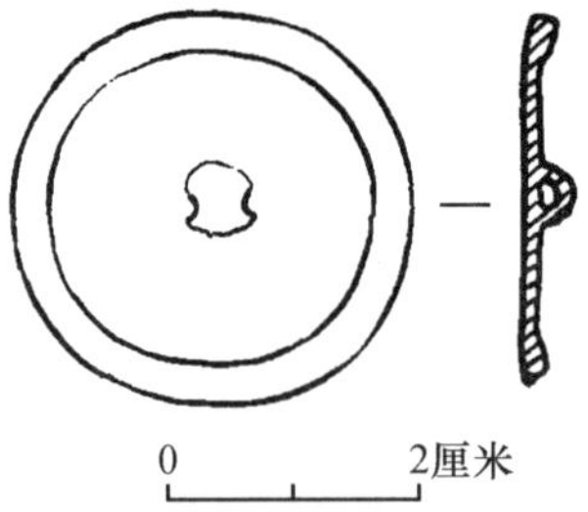

图一七八　小铜镜［17TJDT-11W-1（1）①］

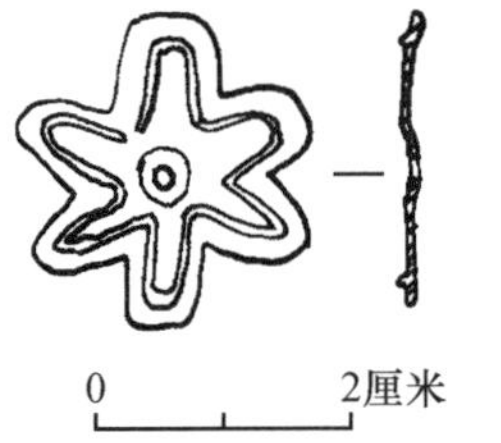

图一七九　花形饰
［17TJDT-11W-1（1）③］

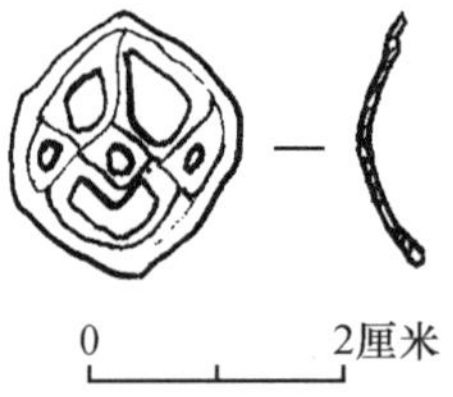

图一八〇　菱形饰
［17TJDT-11W-1（1）⑤］

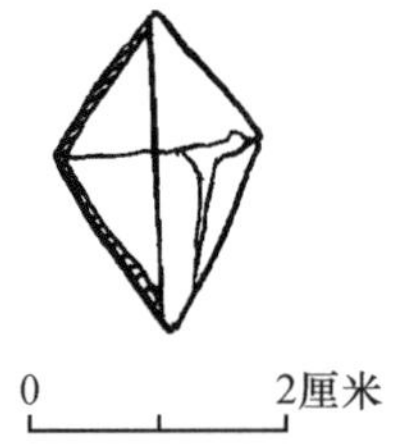

图一八一　圆锥形饰
［17TJDT-11W-1（1）④］

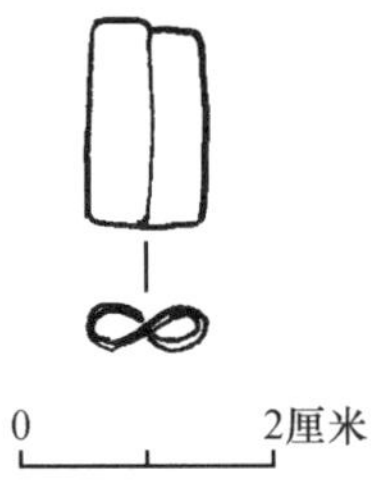

图一八二　管状饰［17TJDT-11W-1（1）⑦］

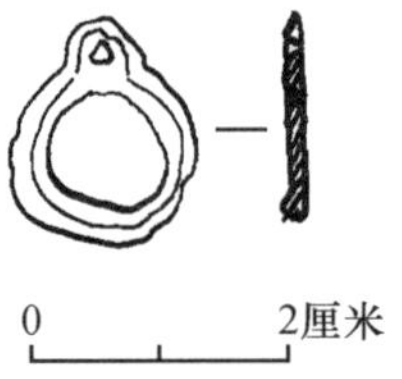

图一八三　镜形饰［17TJDT-11W-1（1）⑥］

3. 封底木板［17TJDT-11W-1（3）］

鎏金铜观音菩萨立像［17TJDT-11W-1（1）］封底。木质，近圆形，残。残径5.3～6.3、厚1.3厘米（图一八五；图版一〇〇，4）。

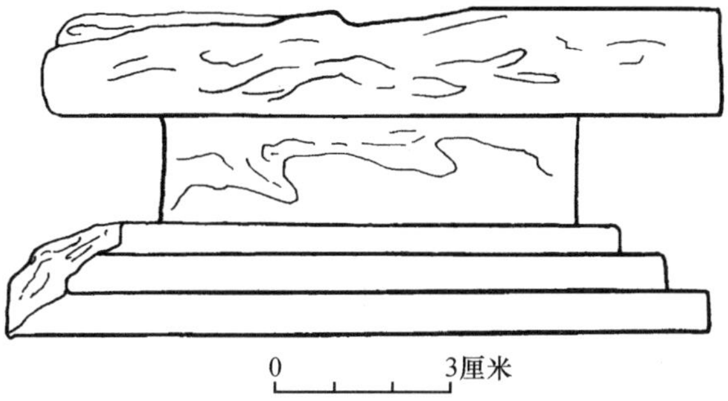

图一八四　须弥座［17TJDT-11W-1（2）］

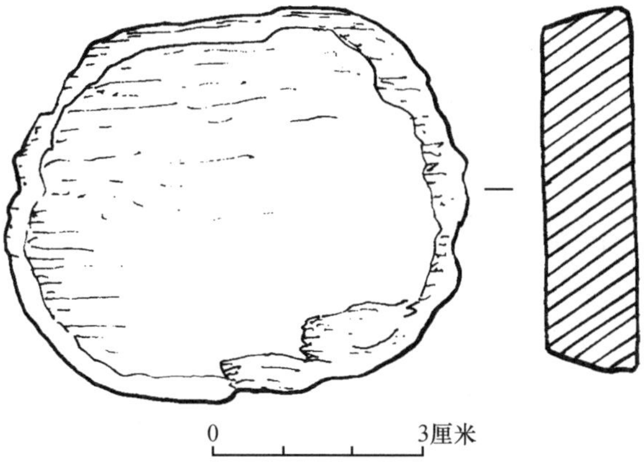

图一八五　封底木板［17TJDT-11W-1（3）］

三、第十一层北面佛龛17TJDT-11N

位于蓟州多宝佛塔第十一层密檐南壁正中，龛口向外，封砖图案向北。

（一）佛龛形制与包含物

双重龛，前后双层。由外龛、内龛组成，龛口左右两侧各有一砖砌方形立柱。外龛立面近方形，平面纵长方形，内龛立面纵长方形，平面纵长方形，口直，龛顶、龛底平，东、西壁向外凹，涂抹白灰，后壁下方中部有方形小孔。外龛宽28、进深36、高28厘米；内龛宽28、进深34、高40厘米。用雕刻“佛”字方形花砖封堵，封门砖宽27、高27、厚8厘米（图一八六；图版一九，1）。龛内被鸟类筑巢的干草、树木枝条与灰土填满。出有念珠101颗、残木板、残木块、小串珠、鸟头骨。

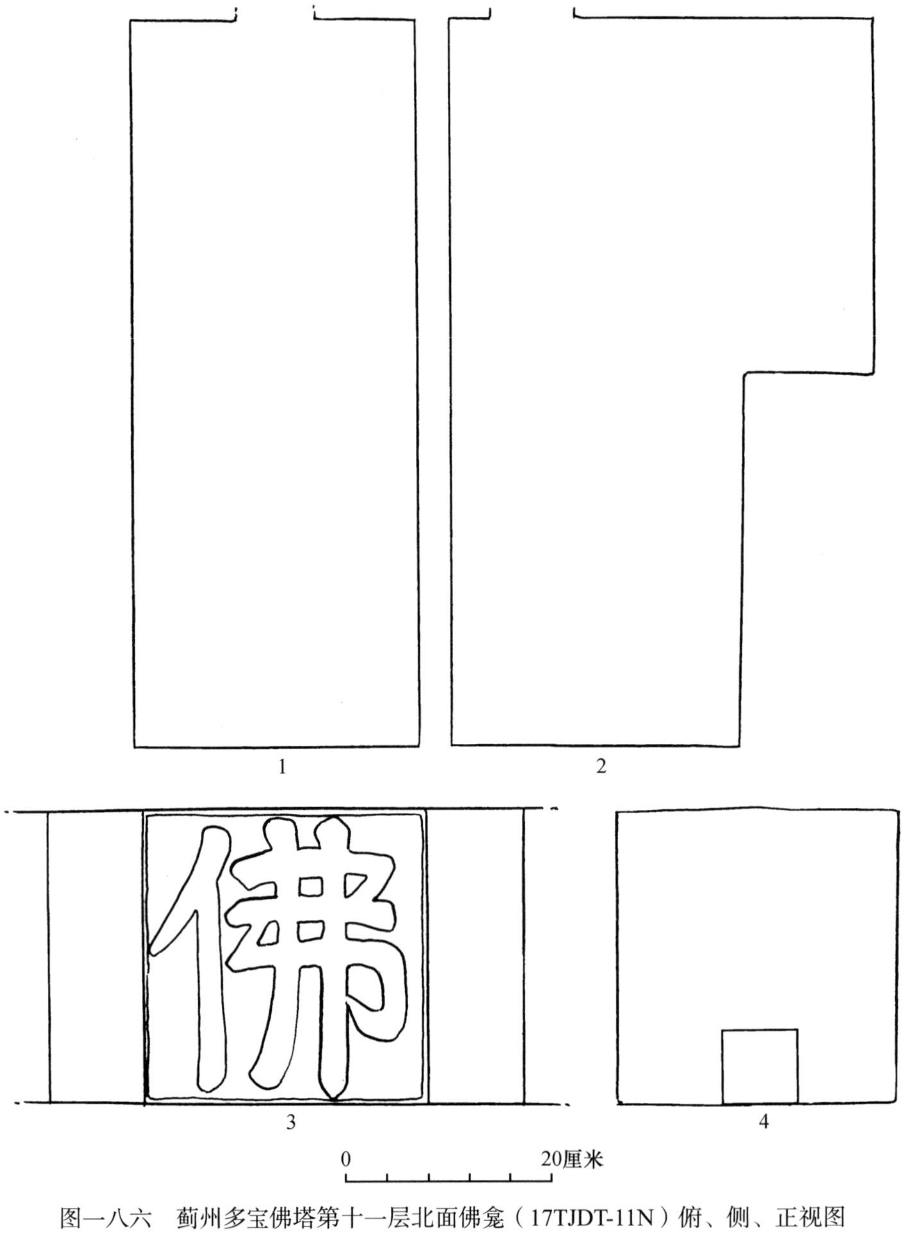

图一八六　蓟州多宝佛塔第十一层北面佛龛（17TJDT-11N）俯、侧、正视图
1. 俯视图　2. 侧视图　3. 正视图（清理前）　4. 正视图（清理后）

（二）龛内器物位置与保存状况

此龛内器物较凌乱，打开封砖，清理鸟巢，随即发现位于佛龛下部靠东有一东西向竖立的残木板，与鸟巢混杂，其前部散落念珠十余颗；提取木板，继续清理发现靠佛龛东部有三块南北摆放的长条木板与鸟巢混杂，两块立放，另一块平放于两块底部木板中间。根据几块木板位置关系判断，此物应为一长方木质佛龛，大部分念珠、残木块、鸟头骨出土于其中。

（三）龛内出土器物情况

1. 念珠［17TJDT-11N-1（1）］

1串，共101颗，似牙角石化材质。其中一颗大珠，穿T形圆孔，直径1.9、高1.5厘米；一颗较大，呈算珠形，直径1.7、高1.2厘米；一颗管状，直径1、长1.2厘米；其余皆为小珠，呈算珠形，直径1.2～1.4、高约0.9厘米（图版八〇，3）。

2. 金珠［17TJDT-11N-1（2）］

1颗，体积较小，近球形，中穿一孔。

3. 残木块［17TJDT-11N-1（3）、（4）］

8块，均残缺，应与鸟类筑巢破坏有关。17TJDT-11N-1（3），3块，体积较小，板状，其中两块近方形，一块形状不规则，近椭圆形。17TJDT-11N-1（4），5块，其中4块为长方形，残长、残宽、厚分别为：残长38、残宽11、厚1.2厘米，残长39、残宽13、厚1.1厘米，残长36、残宽8.2、厚1.1厘米，残长31.5、残宽4、厚1.2厘米，1块呈不规则形（图版一〇〇，5）。

4. 兽骨［17TJDT-11N-1（5）］

1件，应为鸟类头部骨骼，较完整。在残木盒内发现。佛龛内发现大量鸟类筑巢的干草、树木枝条，此兽骨可能为后期混入。

四、第十一层东面佛龛17TJDT-11E

位于蓟州多宝佛塔第十一层密檐东壁正中，龛口向外，封砖图案向东。

（一）佛龛形制与包含物

双重龛，前后双层。由外龛、内龛组成，龛口左右两侧各有一砖砌方形立柱。外龛立面近方形，平面纵长方形，内龛立面纵长方形，平面纵长方形，口直，龛顶、龛底平，南、北壁较直，涂抹白灰，后壁下方中部有方形小孔。外龛宽27、进深32、高30厘米；内龛宽27、进深38、高42厘米。龛口用雕刻“佛”字的方形花砖封堵，封门砖宽26、高28、厚6厘米（图一八七）。龛内被鸟类筑巢的干草、树木枝条与灰土填满。出土鎏金铜阿难立像1尊。

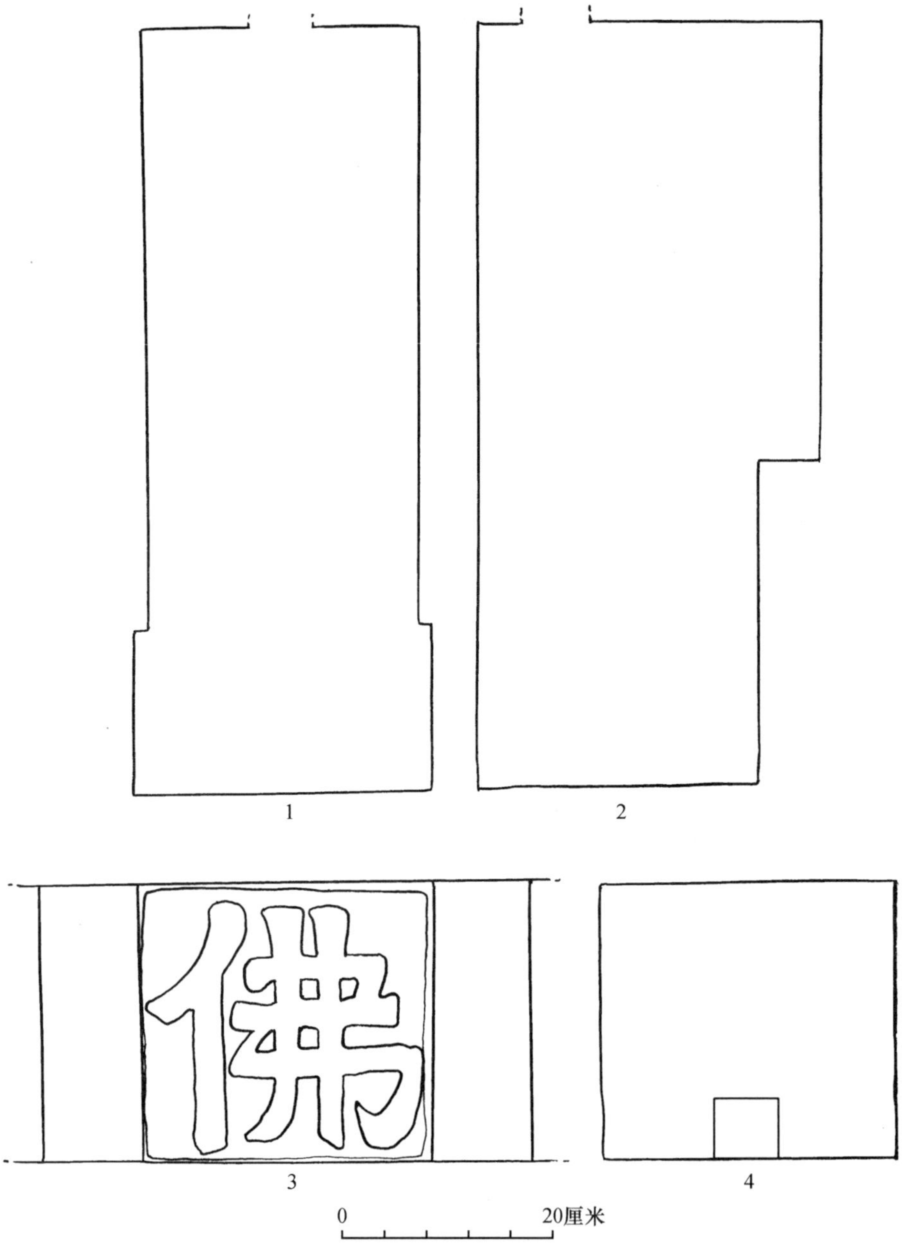

图一八七　蓟州多宝佛塔第十一层东面佛龛（17TJDT-11E）俯、侧、正视图

1. 俯视图　2. 侧视图　3. 正视图（清理前）　4. 正视图（清理后）

（二）龛内器物位置与保存状况

鎏金铜阿难立像（17TJDT-11E-1），发现时位于佛龛后部偏北，头向西倾倒，面向上。造像鎏金剥落殆尽，封底缺失。

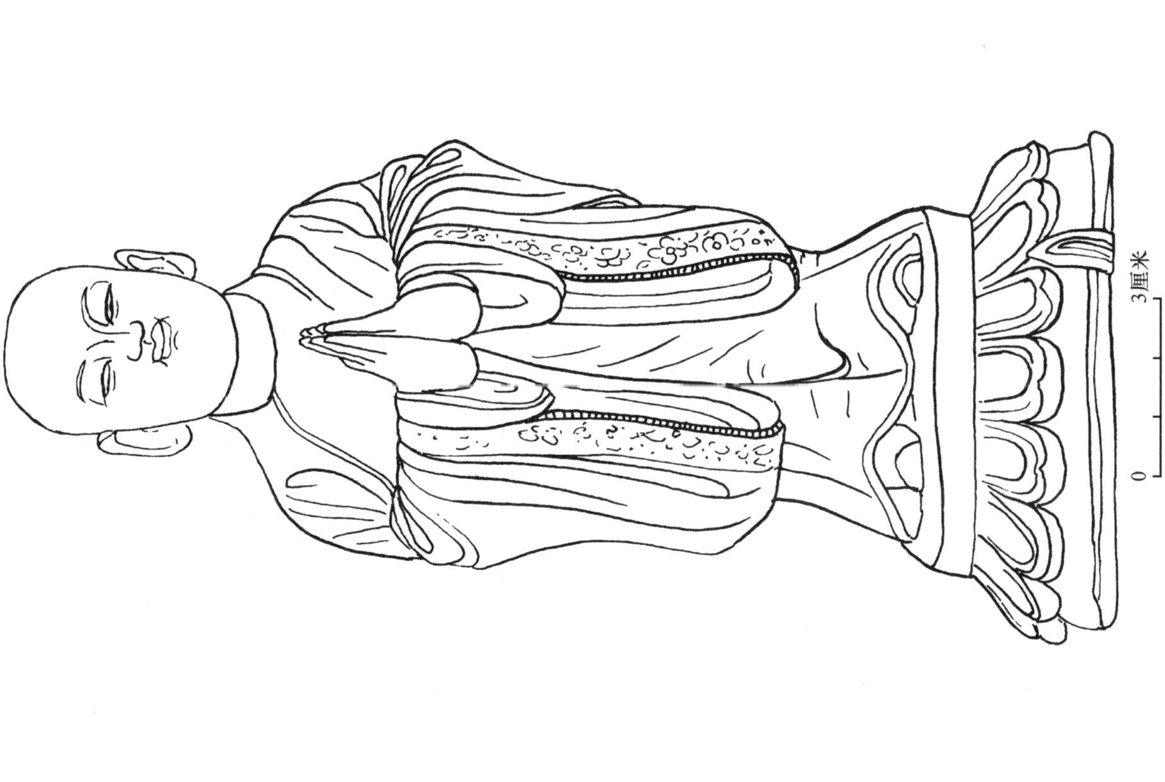

图一八八　鎏金铜阿难立像（17TJDT-11E-1）正视图

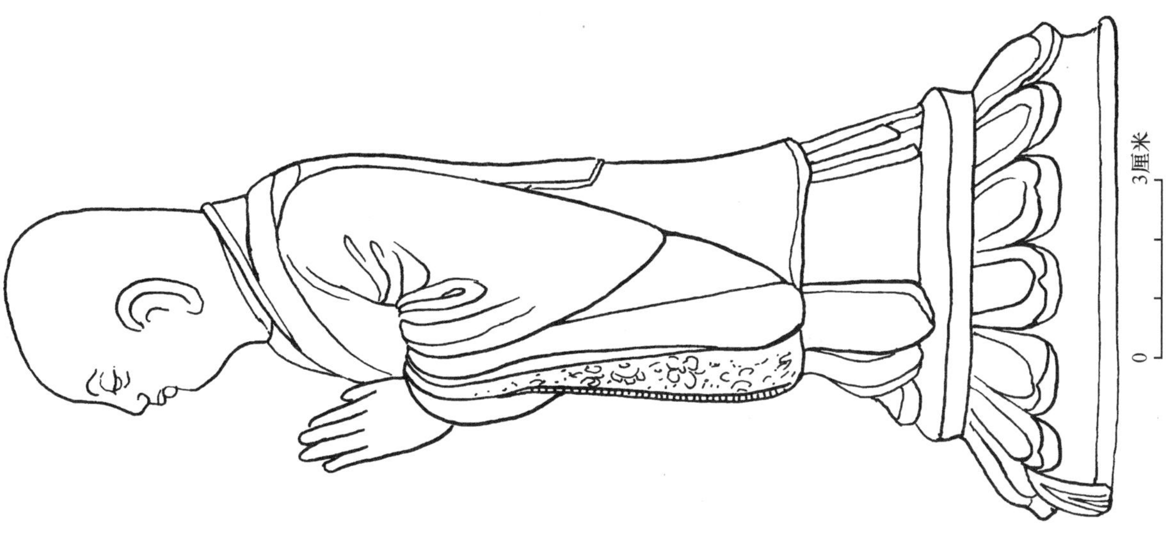

图一八九　鎏金铜阿难立像（17TJDT-11E-1）侧视图

（三）出土造像情况

鎏金铜阿难立像，17TJDT-11E-1。造像光头，面庞丰满，眼睛半睁，面含温厚的笑容。直缀式中衣，圆领右衽，外披袈裟，袈裟一角搭左肩，袖口饰细小联珠纹，衣感厚重。双手施礼敬印，穿鞋立于覆莲台上。圆形莲台，单层莲瓣，莲瓣宽大，呈U形，莲舌饱满。莲台上置厚垫。造像高16.2、莲座高3、通高19.2厘米（图一八八、图一八九；图版七五）。

第十节　第十二层佛龛及出土物

蓟州多宝佛塔第十二层密檐之间矮层塔身的南、西、北、东四面墙体中部均设置佛龛，南面佛龛封砖上雕仿木券顶假门，中央雕刻图案缺失，东、西两面封砖雕刻汉文“佛”字，北面封砖雕刻汉文“宝”字，其余部分用素面砖涂白装饰。东、北两面佛龛内皆有干燥的蜂巢填充，西、南两面佛龛大半被鸟类筑巢的干草、树木枝条与灰土填充，后有蜂类在其上筑巢。除北面佛龛未发现文物外，其他三面龛内皆有文物出土。

一、第十二层南面佛龛17TJDT-12S

位于蓟州多宝佛塔第十二层密檐南壁正中，龛口向外，封砖图案向南。

（一）佛龛形制与包含物

双重龛，前后双层。由外龛、内龛组成，龛口左右两侧各有一砖砌方形立柱。外龛立面近方形，平面纵长方形，内龛立面纵长方形，平面纵长方形，口直，龛顶、龛底平，东、西壁较直，涂抹白灰，后壁下方中部有方形通气孔。外龛宽26、进深31、高28厘米；内龛宽26、进深37、高40厘米。龛口用雕刻仿木券顶假门的方形花砖封堵，封门砖宽25、高27、厚8厘米（图一九〇）。龛内大半部被鸟类筑巢的干草、树木枝条与灰土填充，有干燥的蜂类巢穴堆积其上。出土鎏金铜阿弥陀佛坐像3尊，皆有装藏，1尊装藏物已散落在造像底部，其余两尊的装藏，文物保护工作开展前，在实验室内提取。龛内还出土朱红大漆描金木质文物残片、纺织品、金属饰件、种子等。

图一九〇　蓟州多宝佛塔第十二层南面佛龛（17TJDT-12S）俯、侧、正视图
1. 俯视图　2. 侧视图　3. 正视图（清理前）　4. 正视图（清理后）

（二）龛内器物位置与保存状况

因鸟类、蜂类筑巢，此龛文物遭受侵袭较大。发现的木质文物情况较凌乱，混杂在鸟巢中。有的小构件已和鸟巢混为一体，从出土位置观察，应被鸟类当作筑巢材料使用。清理至后龛中下部时，首先发现两尊鎏金铜阿弥陀佛坐像贴东、西两壁相对摆放，坐像（17TJDT-12S-1）出土在佛龛中后部，靠西壁，面向东。坐像［17TJDT-12S-3（1）］出土在佛龛中后部，靠东壁，面向西。有两块长方形朱红大漆描金木板（17TJDT-12S-4）分别处在西侧造像的底部与佛龛西壁之间，继续向内清理后又发现一尊鎏金铜阿弥陀佛坐像（17TJDT-12S-2），位于内龛中

央，坐姿，面南，应为主尊。此坐像两侧散落大量残损的朱红大漆描金木质构件。另外两尊应处于主尊身前（图版七六，1）。3尊造像锈蚀严重，皆带装藏，靠近西壁的造像（17TJDT-12S-1），装藏物已散落在造像底部，发现有金属饰件、金片、金珠残片、纺织品等。其余两尊的装藏在文物保护工作开展前，在实验室内提取。清理时发现的朱红大漆描金木质文物残片，缺失严重，经拼对已无法复原。根据保护修复拼对结果初步判断，此物应为一木质佛龛。从龛内发现的造像与木质佛龛的位置关系判断，造像应置于佛龛前。

（三）出土造像与装藏情况

1. 鎏金铜阿弥陀佛坐像（17TJDT-12S-1）

造像螺发，呈绀蓝色，眉间有白毫，用阴线刻划双层下颏，面庞丰满，鼻梁粗厚，双目低垂，表情肃穆，胸前线刻双勾“卍”字图案。身穿褒衣博带式袈裟，袈裟一角搭左肩，下身着裙，衣褶疏朗，左右对称。双手施禅定印，结跏趺坐于仰覆莲台上。莲台近圆形，高束腰，仰莲台四层莲瓣，中部两层莲瓣大且饱满，下层莲瓣较小，上层莲瓣仅露尖部，莲瓣窄长，上端出尖；覆莲台两层莲瓣，上层莲瓣宽大，呈U形，莲舌饱满，阴线刻划三叶花形纹，下层仅露尖部。封底缺失。莲座高3.7、通高12厘米（图一九一、图一九二；图版七六，2）。

造像周围散落有装藏物，包括金属饰件、植物种子、残木块、纺织品等。

（1）金属饰1套，17TJDT-12S-1①。由锡铅合金制成。由上至下分别为钩、双圆筒、镲形饰、菱形饰、圆形饰，之间由“8”字形链连接。通长8.9厘米（图一九三；图版一〇一，1）。

（2）金珠、金残片，17TJDT-12S-1②。金珠残，近半球形，珠体呈红色，外贴金箔；金残片呈不规则形。

（3）残木块5件，17TJDT-12S-1③。一件为方形木棍，呈深褐色。其余四件为不规则木块，平面长方形，其中两块呈深褐色、两块呈浅色。

（4）纺织品9块，17TJDT-12S-1④。出土时为两团。4块为深土色，其中一块长条形，长17、宽2.9厘米；1块方形，边长12厘米，有三圈红色藏文，字迹模糊不清；另外两块形状不甚规则，一块长11、最宽3.4厘米，一块长5.6、宽1厘米。3块为浅土色，其中一块近长方形，长11、宽9.4厘米；两块近三角形，大者底边长12.8、高9.2厘米，小者底边长1.5、高4厘米。2块为蓝灰色，其中一块近方形，长9.9、宽9.2厘米；一块不规则形，最长8.9、最宽4厘米（图版一〇一，2）。

图一九一　鎏金铜阿弥陀佛坐像（17TJDT-12S-1）
正视图

图一九二　鎏金铜阿弥陀佛坐像（17TJDT-12S-1）
侧视图

图一九三　金属饰（17TJDT-12S-1①）

2. 鎏金铜阿弥陀佛坐像（17TJDT-12S-2）

造像螺发，呈绀蓝色，眉间有白毫，面庞丰满，鼻梁粗厚，双目低垂，表情肃穆，胸前线刻双勾“卍”字图案。身穿褒衣博带式袈裟，袈裟一角搭左肩，下身着裙，衣褶坚挺，左右对称。双手施禅定印，结跏趺坐于仰覆莲台上。莲台近圆形，高束腰，仰莲台四层莲瓣，中部两层莲瓣大且饱满，下层莲瓣较小，上层莲瓣仅露尖部，莲瓣窄长，上端出尖；覆莲台两层莲瓣，上层莲瓣宽大，呈U形，莲舌饱满，阴线刻划三叶花形纹，下层仅露尖部。底部有褐色铁锈，未见封底。造像空腔内的装藏肉眼可见，文物保护工作开展前，在实验室内提取。莲座高3.9、通高12.1厘米（图一九四、图一九五；图版七六，3）。

图一九四　鎏金铜阿弥陀佛坐像（17TJDT-12S-2）正视图

图一九五　鎏金铜阿弥陀佛坐像（17TJDT-12S-2）侧视图

造像空腔内有装藏物，实验室内提出。包括金属饰件、植物种子、木块、纺织品等。

（1）金属饰1套，17TJDT-12S-2①。由锡铅合金制成。由上至下分别为钩、双圆筒、镲形饰、菱形饰、圆形饰，之间由“8”字形链连接。通长9.2厘米（图一九六；图版一〇一，3）。

（2）铜圆形饰1件，17TJDT-12S-2②。铜片，圆形。直径1.75、厚0.04厘米（图一九七）。

图一九六　金属饰（17TJDT-12S-2①）

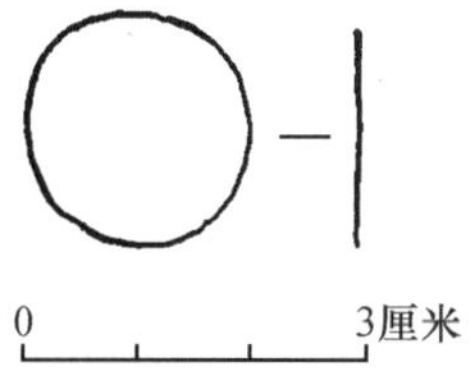

图一九七　铜圆形饰（17TJDT-12S-2②）

（3）种子若干，17TJDT-12S-2③。近橄榄形，表面呈褐色。

（4）纺织品5块，17TJDT-12S-2④。出土时为一团，位于造像底部封口处。3块为月白色，其中方形1块，长10.2、宽10.1厘米；长条形1块，长14.4、宽2.9厘米；近长方形1块，最长19.7、宽6.7厘米。2块为兰灰色，其中1块方形，长7.8、宽7.3厘米；1块长条形，长14.4、宽2.9厘米（图版一〇一，4）。

（5）纺织品1组，17TJDT-12S-2⑤。出土时为二团及散落的丝线与木棍。纺织品2件，月白色。1件为方形，长12、宽11.1厘米，三边用白线锁边，一边为毛边，其上书写有红色藏文。藏文以织物中心位置为圆心点，半径2.5厘米一圈8个藏文符号，半径4.5厘米一圈密集的藏文符号，中心点一个藏文符号；1件为箭头形，最宽6.8、长7.5厘米，前经裁剪缝合成双翼箭头形，双翼间连接一飘带，飘带用布条对折，一边用跑线缝合再把跑线抽紧，使飘带成半圆形。月白色、兰灰色丝线一团。方形木棍一根，长6.3厘米，横断面长0.35、宽0.3厘米（图版一〇一，5）。

3. 鎏金铜阿弥陀佛坐像［17TJDT-12S-3（1）］

造像螺发，呈绀蓝色，眉间有白毫，面庞丰满，鼻梁粗厚，唇部涂红色，双目低垂，用阴线刻划双层下颏，表情肃穆，胸前线刻双勾“卍”字图案。身穿褒衣博带式袈裟，袍一角搭左肩，下身着裙，衣褶坚挺，左右对称。双手施禅定印，结跏趺坐于仰覆莲台上。莲台近圆形，高束腰，仰莲台四层莲瓣，中部两层莲瓣大且饱满，下层莲瓣较小，上层莲瓣仅露尖部，莲瓣窄长，上端出尖；覆莲台两层莲瓣，上层莲瓣宽大，呈U形，莲舌饱满，阴线刻划三叶花形纹，下层仅露尖部。铁片封底。造像空腔内有装藏，文物保护工作开展前，在实验室内提取。莲座高4.1、通高12.2厘米（图一九八、图一九九；图版七七，1、2）。

图一九八　鎏金铜阿弥陀佛坐像
［17TJDT-12S-3（1）］正视图

图一九九　鎏金铜阿弥陀佛坐像
［17TJDT-12S-3（1）］侧视图

4. 封底铁板［17TJDT-12S-3（2）］

鎏金铜阿弥陀佛坐像［17TJDT-12S-3（1）］封底。因锈蚀形状不规则。残长5.1、残宽4.5、厚0.15厘米（图二〇〇）。

造像空腔内有装藏物，实验室内提出。包括金属饰件、植物种子、木棍、纺织品等。

（1）纺织品5块，17TJDT-12S-3（1）①。出土时为两团。其中月白色3块，一块方形，长9.5、宽9厘米；一块长条形，长14.5、宽2.9厘米；一块近三角形，底边长12.8、高15厘米。兰灰色2块，其一近长方形，长11.5、宽7.5厘米；其二长条形，长11.4、宽2厘米（图版一〇二，2）。

（2）珊瑚1颗，17TJDT-12S-3（1）②。算珠状，红色，中穿一孔。

（3）金珠1颗，17TJDT-12S-3（1）③。球形，珠体呈红色，外贴金箔，中穿一孔。

（4）种子若干，17TJDT-12S-3（1）⑤。种子均为橄榄形，依据大小和颜色不同可分为两种，褐色种子略小，黑色种子略大。

（5）金属饰1套，17TJDT-12S-3（1）⑥。由银丝、银片制成。由上至下分别为钩、双圆筒、镲形饰、菱形饰、圆形饰，之间由“8”字形链连接。通长9.2厘米（图二〇二；图版

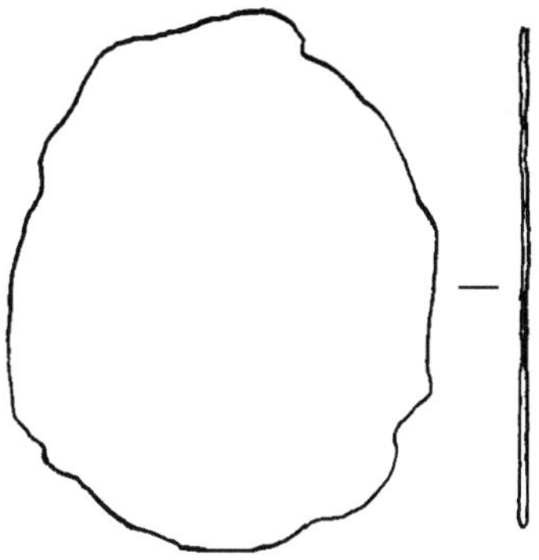

图二〇〇　封底铁板［17TJDT-12S-3（2）］

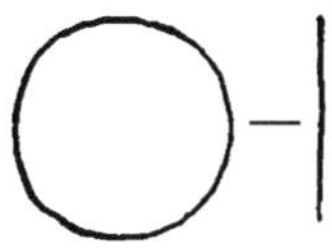

图二〇一　铜圆形饰［17TJDT-12S-3（1）⑦］

图二〇二　金属饰［17TJDT-12S-3（1）⑥］

一〇二，1）。

（6）铜圆形饰1件，17TJDT-12S-3（1）⑦。铜片，圆形。直径2.2～2.3、厚0.1厘米（图二〇一）。

（7）纺织品1组，17TJDT-12S-3（1）⑧。包含浅黄色纺织品5块、月白色、兰灰色丝线1团、木棍1根。纺织品5块，其中方形1块，浅黄色，白线锁边，长12.5、宽11.6厘米，其上有红色藏文，藏文以织物中心位置为圆心点，外延书写2圈，中心点一个藏文符号，半径2.4厘米一圈8个藏文符号，半径5厘米一圈密集的藏文符号；花形2块，土黄色，形状相同，大小相若，最长6.2、最宽5.5厘米；长条形1块，浅黄色，两侧折边后对折，用线缝合，长15.2、宽1厘米；三角形1块，浅黄色，较小。方形木棍长6.3厘米，横断面长0.4、宽0.3厘米（图版一〇二，3）。

4. 木佛龛组件（17TJDT-12S-4）

1套，应为木质建筑模型。因残损严重无法拼合。共出土52块，以下分成六部分加以介绍。

17TJDT-12S-4①，14块。正面髹红漆，纹饰描金。均为长条形木板，其中6块为云形板，纹饰为花草纹：3块形状、大小相同，长12、宽2.1、厚0.6厘米；2块形状、大小相同，长8.7、宽1.3、厚0.5厘米；一块两端和上侧边为斜面，长10.7～13.6、宽2.4、厚0.45厘米，纹饰为二龙戏珠纹（图二〇三、图二〇四；图版一〇二，4）。余皆残。

17TJDT-12S-4②，损毁严重，形制无法判定。正面髹红漆。

17TJDT-12S-4③，5块。均为长方形木板，里、外均髹红漆，外面纹饰描金。纹饰皆为缠

图二〇三　木佛龛组件（17TJDT-12S-4①）

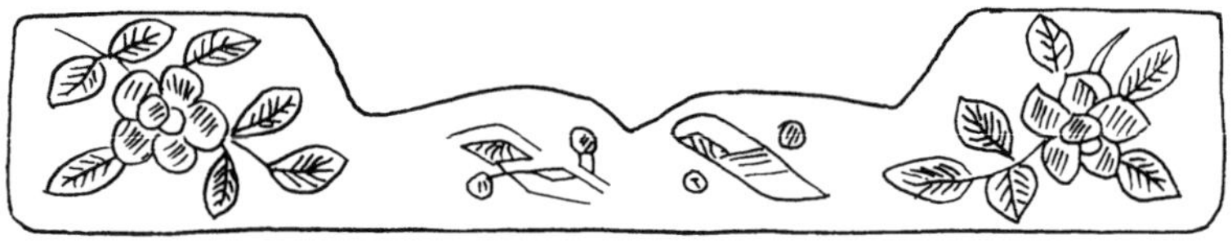

图二〇四　木佛龛组件—云形板（17TJDT-12S-4①）

图二〇五　木佛龛组件（17TJDT-12S-4③）

枝花草纹，施纹技法是在漆面上压划出纹饰形状，然后纹饰上描金。相对完整，形状、大小相同，长16.6、宽6.5、厚0.5厘米（图二〇五；图版一〇三，1）。

17TJDT-12S-4④，9块。均为长条云形板，其中7块表面髹红漆，5块形状、大小相同，长11.5、宽1、厚0.45厘米；2块两面均髹红漆，形状相同，一大一小，大者长9、最宽2厘米，小者长8.7、最宽1.8厘米，厚皆0.5厘米。表面纹饰描金，纹饰不清，施纹技法是在漆面上压划出纹饰形状，然后描金（图二〇六；图版一〇三，2）。

17TJDT-12S-4⑤，7块。均为长方形木板，髹红漆，光素无纹。其中有3块形状、大小相同，长11.6、宽8.6、厚0.4厘米；2块形状、大小相同，长16.5、宽9.4、厚0.35厘米（图版一〇三，3）。

17TJDT-12S-4⑥，17块。髹红漆。长条形木板8块，有3块呈云板形，其中一块表面描金二龙戏珠纹，长13.2厘米，另外2块长8.7、宽1.4厘米，表面漆金，3块长方形薄板，其中一块长11.5、宽8.6、厚0.5厘米。6根圆形木棍，长16.6、直径1.2厘米，纹饰为描金龙纹（图二〇七；图版一〇三，4）。

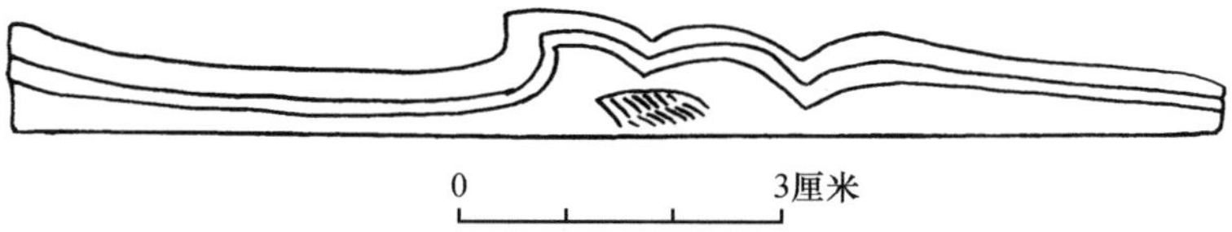

图二〇六　木佛龛组件（17TJDT-12S-4④）

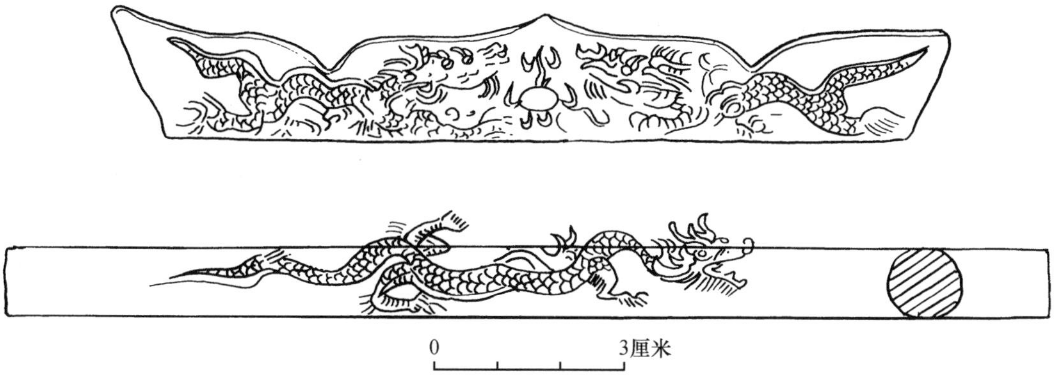

图二〇七　木佛龛组件（17TJDT-12S-4⑥）

二、第十二层西面佛龛17TJDT-12W

位于蓟州多宝佛塔第十二层密檐西壁正中，龛口向外，封砖图案向西。

（一）佛龛形制与包含物

双重龛，前后双层。由外龛、内龛组成，龛口左右两侧各有一砖砌方形立柱。外龛立面近方形，平面纵长方形，内龛立面纵长方形，平面纵长方形，口直，龛顶、龛底平，北壁较直，南壁内凸，涂抹白灰，后壁下方中部有方形小孔。外龛宽28、进深32、高29厘米；内龛宽28、进深37、高37厘米。龛口用雕刻“佛”字方形花砖封堵，封门砖宽28、高28、厚8厘米（图二〇八）。龛内几乎被鸟类筑巢的干草、树木枝条与灰土填满，有干燥的蜂类巢穴堆积其上。出土白瓷造像3尊、顺治通宝1枚。

（二）龛内器物位置与保存状况

出土的3尊白瓷造像皆位于佛龛底部，水月观音菩萨坐像（17TJDT-12W-1）发现时紧贴内龛北侧龛壁，向东倾倒，面向上；达摩坐像（17TJDT-12W-3）发现于水月观音菩萨坐像南侧，向西南倾倒，面向下。另1尊达摩坐像（17TJDT-12W-2）发现时位于前龛中部偏南的龛底部，向西北倾倒，面向下。在此像西南部发现一枚顺治通宝。三尊造像身体覆盖沉积物，瓷达摩坐像（17TJDT-12W-3）底部残缺（图版七七，3）。

图二〇八　蓟州多宝佛塔第十二层西面佛龛（17TJDT-12W）俯、侧、正视图

1. 俯视图　2. 侧视图　3. 正视图（清理前）　4. 正视图（清理后）

（三）出土造像情况

1. 瓷水月观音菩萨坐像（17TJDT-12W-1）

灰白胎，内外通施白釉，座底露胎。头向左前略倾下低，长颈，面庞清秀，垂目睇视。头戴披巾，身穿袒胸长袍，一角搭过右小臂至胸前，衣褶垂落，铺满台面。左手按于台面，被袖口遮盖，右手置于右膝上，手背向上，手指朝下，身体稍左倾，游戏坐姿，左腿盘起在里，右腿戳起在外，跣足。圆角半圆形台座，前低后高呈斜坡状。通高13.2厘米（图二〇九；图版七八，1）。

图二〇九　瓷水月观音菩萨坐像（17TJDT-12W-1）正、侧视图

2. 瓷达摩坐像（17TJDT-12W-2）

灰白瓷胎，外施影青釉，胎质细腻，釉色光亮。上眼皮上两道浓重的竖眉，双目圆睁，短鼻梁，蒜头鼻，高颧骨，八字须连接两鬓，下颏短胡。头戴披巾，身穿袒胸长衣，衣角搭右侧臂弯，双臂抱右胸前，右臂在内，左臂在外，手在袖内未外露。头向左前略倾下低，身体稍左折，游戏坐姿，左腿盘起在里，右腿向右斜戳在外，跣足。圆角半圆形台座，前低后高呈斜坡状。通高7.4厘米（图二一〇；图版七八，2）。

3. 瓷达摩坐像（17TJDT-12W-3）

灰白瓷胎，外施白釉泛灰，座左侧残。上眼皮上两道浓重的竖眉，双目圆睁，短鼻梁，蒜头鼻，高颧骨，八字须连接两鬓，下颏短胡，面庞消瘦。头戴披巾，身穿袒胸长衣，双臂抱右胸前，右臂在内，左臂在外，手在袖内未外露。身体稍左折，游戏坐姿，左腿盘起在里，右腿向右斜戳在外，跣足。圆角半圆形台座，前低后高呈斜坡状。通高7.6厘米（图二一一；图版七八，3）。

4. 铜钱（17TJDT-12W-4）

1枚。顺治通宝，小平钱，黄铜质，方孔圆钱，宽缘，钱文楷书对读。钱背穿右有一“户”字。钱径26.5、外廓厚1.2、正面外廓宽3.5、背面外廓宽3.8毫米。顺治通宝是清朝入关后正式铸行的第一种钱，钱背“户”字是汉字标示铸造钱局简称。此钱铸行时间为清顺治元年至十年（1644～1653年）（图二一二；图版一〇四，1）。

图二一〇　瓷达摩坐像（17TJDT-12W-2）正、侧视图

图二一一　瓷达摩坐像（17TJDT-12W-3）正、侧视图

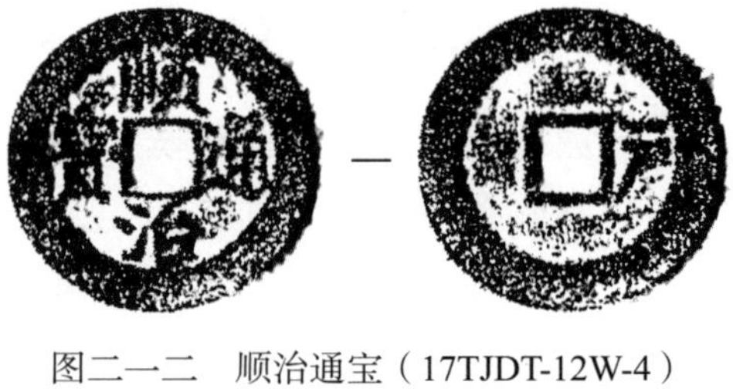

图二一二　顺治通宝（17TJDT-12W-4）

三、第十二层北面佛龛17TJDT-12N

位于蓟州多宝佛塔第十二层密檐北壁正中，龛口向外，封砖图案向北。

双重龛，前后双层。由外龛、内龛组成，龛口左右两侧各有一砖砌方形立柱。由于工程问题，外龛龛口东、西侧略向外突1厘米。外龛立面近方形，平面纵长方形，内龛立面纵长方形，平面纵长方形，口直，龛顶、龛底平，东、西壁向外凹，涂抹白灰，后壁下方中部有方形小孔。外龛宽28、进深32、高29厘米；内龛宽28、进深40、高37厘米。龛口用雕刻“宝”字的方形花砖封堵，封门砖宽26、高28、厚8厘米（图二一三）。龛内有干燥的片状蜂巢自顶部下垂至龛底，其下是蜂巢与灰尘的混合物。此龛未发现遗物存在。

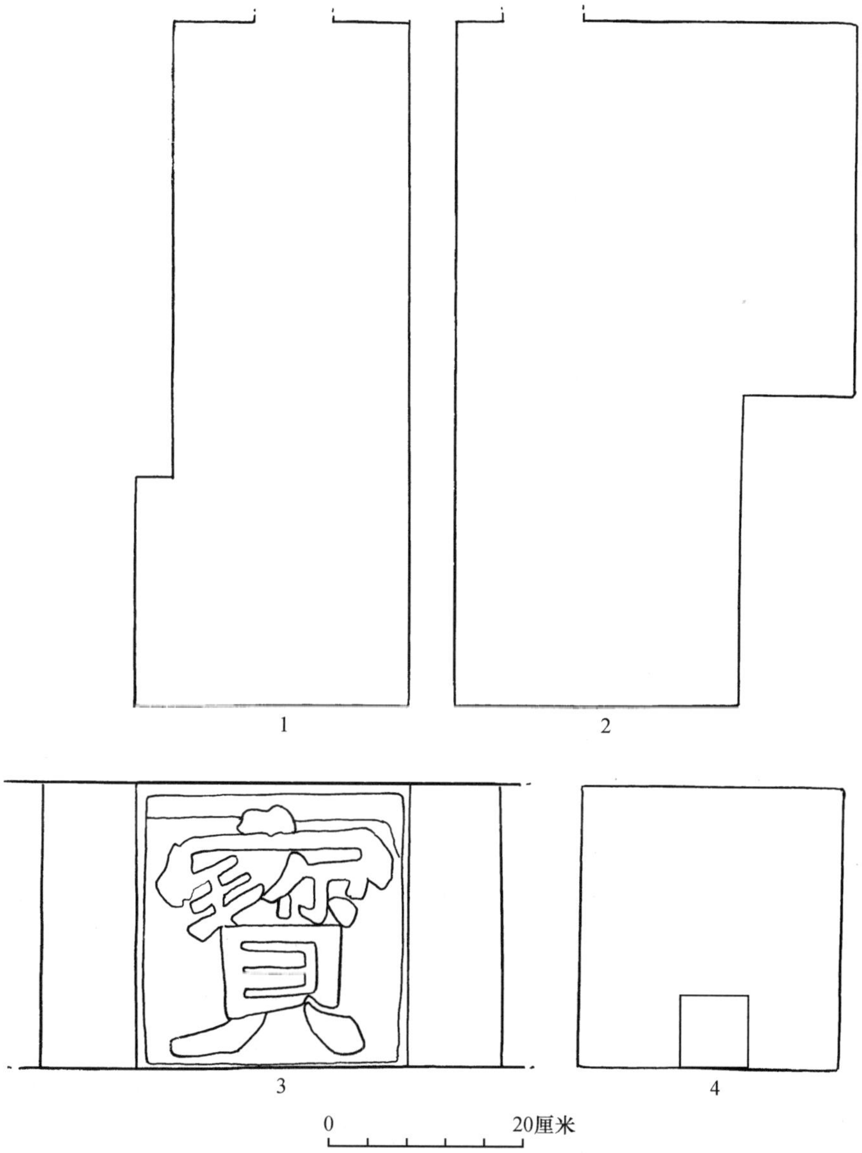

图二一三 蓟州多宝佛塔第十二层北面佛龛（17TJDT-12N）俯、侧、正视图

1. 俯视图 2. 侧视图 3. 正视图（清理前） 4. 正视图（清理后）

四、第十二层东面佛龛17TJDT-12E

位于蓟州多宝佛塔第十二层密檐北壁正中，龛口向外，封砖图案向东。

（一）佛龛形制与包含物

双重龛，前后双层。由外龛、内龛组成，龛口左右两侧各有一砖砌方形立柱。由于工程问题，外龛北部向外突出4厘米。外龛立面近方形，平面纵长方形，内龛立面纵长方形，平面纵长方形，口直，龛顶、龛底平，北壁较直，南壁外凹，涂抹白灰，后壁下方中部有方形通气孔。外龛宽26、进深32、高28厘米；内龛宽26、进深37、高42厘米。龛口用雕刻“佛”字的方形花砖封堵，封门砖宽26、高27、厚7厘米（图二一四；图版一九，2）。龛内有干燥的蜂巢，自龛顶掉落，龛底堆积蜂巢与灰尘的混合物。出有鎏金铜宝生佛坐像1尊，空腔内有装藏。

图二一四　蓟州多宝佛塔第十二层东面佛龛（17TJDT-12E）俯、侧、正视图
1. 俯视图　2. 侧视图　3. 正视图（清理前）　4. 正视图（清理后）

（二）龛内器物位置与保存状况

鎏金铜宝生佛坐像［17TJDT-12E-1（1）］，发现时造像位于内龛中部，向西倾倒，面相上。造像锈蚀严重。封底完好，内有装藏物，文物保护工作开展前，实验室内提取。

（三）出土造像与装藏情况

1. 鎏金铜宝生佛坐像［17TJDT-12E-1（1）］

造像螺发肉髻，顶饰宝珠眉眼距离较大，眼睛半睁，鼻翼宽大，双重下颏，表情严肃。身着袒右肩式袈裟，袈裟一角搭左肩，衣缘刻花装饰，轻薄贴身。左手施禅定印，右手施与愿印，结跏趺坐于仰覆莲台上，薄铜片封底。莲台圆角半圆形，只在前半部施纹，上沿和近下沿处各饰一匝联珠纹，莲瓣宽大，呈U形，莲舌刻写意卷草纹。莲座高2.1、通高11.2厘米（图二一五、图二一六；图版七八，4）。造像空腔内有装藏物，腐蚀严重，仅存纺织品残渣。

0　3厘米

图二一五　鎏金铜宝生佛坐像［17TJDT-12E-1（1）］正视图

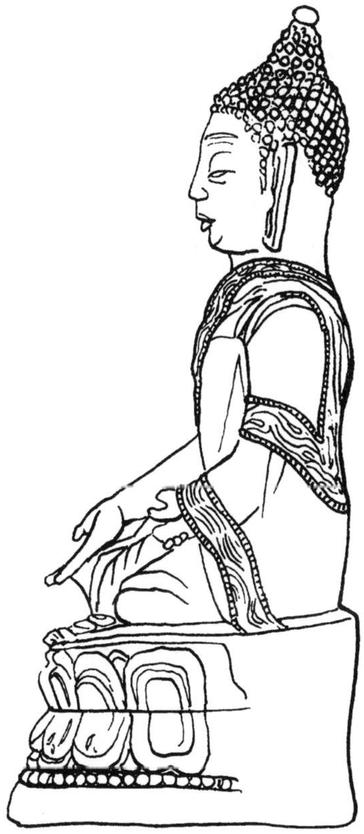

0　3厘米

图二一六　鎏金铜宝生佛坐像［17TJDT-12E-1（1）］侧视图

2. 封底铜板［17TJDT-12E-1（2）］

鎏金铜宝生佛坐像［17TJDT-12E-1（1）］封底。铜质，近椭圆形，薄片状，表面坑洼不平。长6.3、宽4.8、厚0.1厘米（图二一七；图版一〇四，2）。

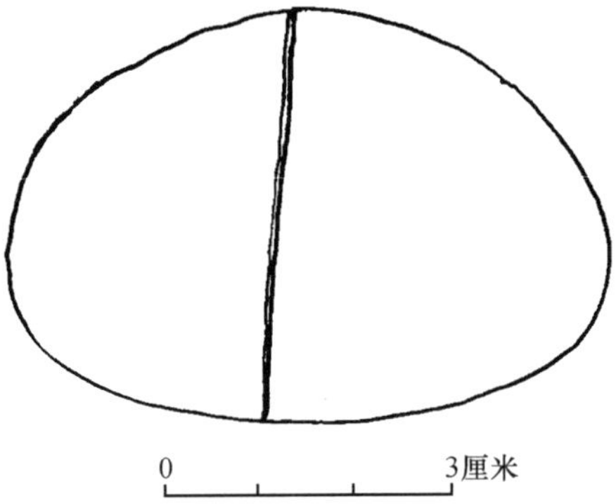

图二一七　封底铜板［17TJDT-12E-1（2）］

第十一节　第十三层佛龛及出土物

蓟州多宝佛塔第十三层密檐之间矮层塔身的南、西、北、东四面墙体中部均设置佛龛，南面佛龛封砖雕刻仿木券顶假门，中间雕刻图案缺损；东面封砖缺失；西面封砖雕刻汉文“佛”字；北面封砖雕刻汉文“多”字，其余部分用素面砖涂白装饰。南面佛龛大半被鸟类筑巢的布屑、干草、树木枝条与灰土填充，西面佛龛顶部有干燥的蜂巢，下部有佛龛内壁掉落的块状白灰堆积；北部佛龛有掉落的白灰与尘土堆积；东部佛龛除有白灰与尘土堆积还有干草、树木枝条混杂。四面龛内皆有文物出土。

一、第十三层南面佛龛17TJDT-13S

位于蓟州多宝佛塔第十三层密檐南壁正中，龛口向外，封砖图案向南。

（一）佛龛形制与包含物

双重龛，前后双层。由外龛、内龛组成，龛口左右两侧各有一砖砌方形立柱。因建造问题，外龛龛口两侧略向内凹1.5厘米。外龛立面近方形，平面纵长方形，内龛立面纵长方形，平面纵长方形，口直，龛顶、龛底平，东、西壁外凹，涂抹白灰，后壁下方中部有方形小孔。外龛宽30、进深32、高28厘米；内龛宽27、进深42、高36厘米（图二一八）。龛口用雕刻仿木券顶假门方形花砖封堵，封门砖宽27、高28、厚8厘米。龛内大部被鸟类筑巢的布屑、干草、树木枝条与灰土填充。出有木质佛龛、铜鎏金覆钵式塔模型、纺织品、顺治通宝等。

图二一八　蓟州多宝佛塔第十三层南面佛龛（17TJDT-13S）俯、侧、正视图
1. 俯视图　2. 侧视图　3. 正视图（清理前）　4. 正视图（清理后）

（二）龛内器物位置与保存状况

木质佛龛已残损，部分构件已被鸟类筑巢使用。佛龛竖立在后龛中部，紧贴龛后壁；纺织品“五十三佛三十五佛名经”经卷（17TJDT-13S-8）一套与经书（17TJDT-13S-7）一套，团状堆积在木质佛龛底部，经书内部纸张已泥化、板结，经书函面已糟朽、霉变严重；铜鎏金覆钵式塔模型（17TJDT-13S-1）向东南方倒落在木质佛龛前部，鎏金剥落，锈蚀严重；另有经卷“四分律比丘戒本”（17TJDT-13S-5）一套，纺织品函面（17TJDT-13S-9）一套出土于鸟巢底部，内部纸张已泥化、板结，经书函面已糟朽、霉变严重；3枚顺治通宝，出土于木质佛龛内，另13枚顺治通宝，散落在此龛周围。

根据文物出土位置关系推测，铜鎏金覆钵式塔模型（17TJDT-13S-1）与3枚顺治通宝应摆放在木质佛龛内，“五十三佛三十五佛名经”（17TJDT-13S-8）与经书（17TJDT-13S-7）应在覆钵式塔后供奉。其余经卷因鸟类筑巢扰动，无法复原位置。

（三）龛内出土器物情况

1. 木质佛龛（17TJDT-13S-2）

长方形，结构是两侧板与底板采用榫卯的形式连接；顶板左、右、后边与侧板平齐，前出檐，出檐长2.5厘米，用金属钉固定；背板与底板、侧板、顶板外缘平齐，以木钉固定；龛门，侧板内侧倒圆，龛门两侧、龛楣加装云板。高35.6、宽18.4、进深14厘米（图二一九、图二二〇；图版七九）。

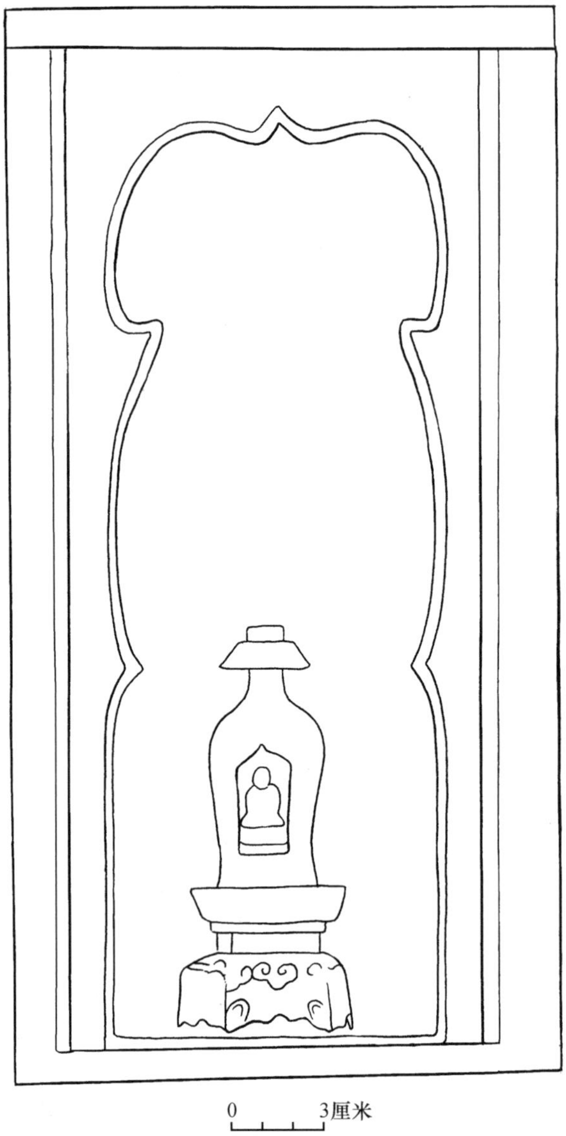

图二一九　木质佛龛、鎏金铜覆钵式塔模型（17TJDT-13S-2、1）正视图

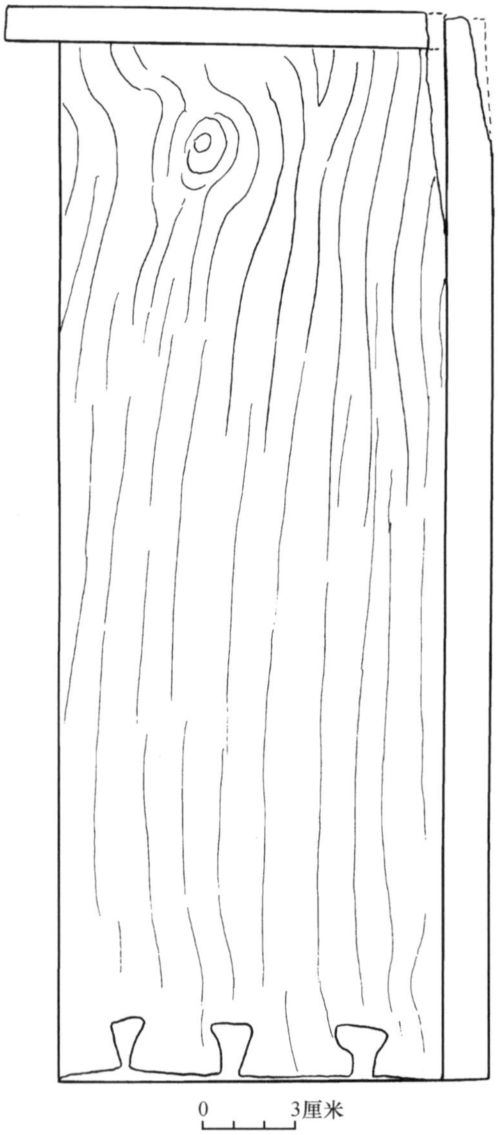

图二二〇　木质佛龛（17TJDT-13S-2）侧视图

2. 鎏金铜覆钵式塔模型（17TJDT-13S-1）

六边形束腰须弥座，束腰饰鱼子地卷草纹；束腰上部台座侧面阴线刻划单层仰莲瓣纹；束腰下台座为云板腿，阴线刻划云头纹。古瓶形塔身，塔身开有佛龛，龛门上部为三角形，下部为倒梯形，龛门外侧单阴线圈边，顶部阴线双勾卷云纹；刹身上承托伞盖，伞盖下缘呈莲瓣形，盖身阴线刻划卷草纹；刹顶缺失；龛内供奉铜坐像一尊，螺发，着袒右肩式袈裟，结跏趺坐，形象较模糊。须弥座高4.3、塔刹残高8.4、坐像高2.3厘米（图二二一；图版八〇，1）。

3. 铜钱（17TJDT-13S-3）

3枚，均为顺治通宝，小平钱，黄铜质，方孔圆钱，宽缘，钱文楷书对读。其中2枚钱背穿右有一“户”字，钱径26.5、外廓厚1.2、正面外廓宽3、背面外廓宽3.5毫米；1枚钱背穿右有一“工”字，钱径26.9、廓厚1.2、正面外廓宽2.9、背面外廓宽3.5毫米（图二二二；图版一〇四，3）。

4. 铜钱（17TJDT-13S-4）

13枚，均为顺治通宝，小平钱，黄铜质，方孔圆钱，宽缘，钱文楷书对读。其中5枚钱背穿右有一“工”字，4枚钱背穿右有一“户”字，1枚钱背穿右有一“临”字，1枚钱背穿右有一“云”字，1枚钱背穿右有一“蓟”字，1枚为光背。钱径25.8～27、廓厚1.1～1.6、正面外廓宽2.6～3.5、正面外廓宽3～4毫米（图二二三；图版一〇四，4）。

顺治通宝是清朝入关后正式铸行的第一种钱，钱背“户”“工”“临”“云”“蓟”字是汉字标示铸造钱局简称。此钱铸行时间为顺治元年至十年（1644～1653年）。

5. 纺织品（17TJDT-13S-5）

1套，为经书上下函面。长方形，月白色。其一长26.8、宽9厘米；其二长26.8、宽8.9厘米，函面中上部裱粘黄色签条，四周锁边，长17.1、宽3.4厘米，其上竖排墨书汉字楷书“四分律比丘戒本”一排7字（图版一〇四，5）。

6. 板结纸张（17TJDT-13S-6）

2件，为纺织品（17TJDT-13S-5）所附书函纸板。已板结、糟朽。其一残长25.6、宽8.6厘米；其二残长26.1、宽8.6厘米。

7. 丝织品经书函面（17TJDT-13S-7）

1套，丝织品函面、包边布条各1件。函面方形，边长25.8厘米；包边布条，由里、面合起，用兰灰色线锁边，里边用白线跑三行，面上两边为黑色条纹，中部两条绿色条纹。长74.4、宽2.5～2.7厘米（图版一〇五，2）。

图二二一　鎏金铜覆钵式塔模型（17TJDT-13S-1）正视图

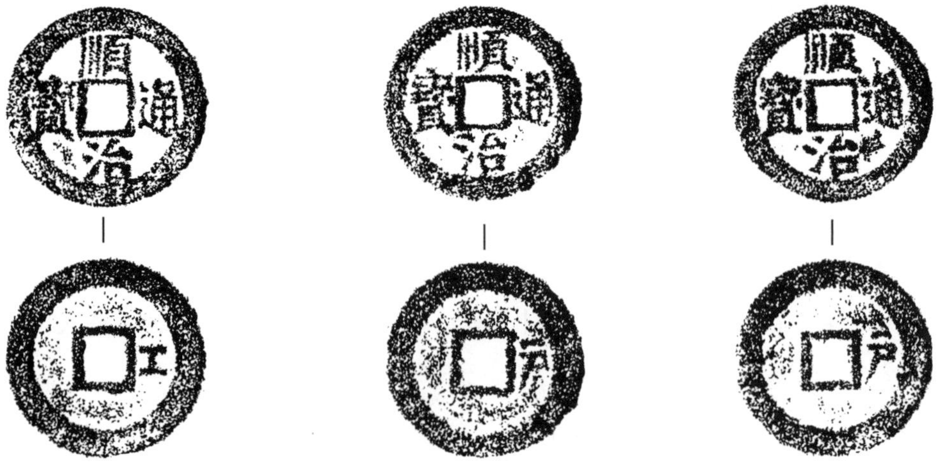

图二二二　顺治通宝（17TJDT-13S-3）

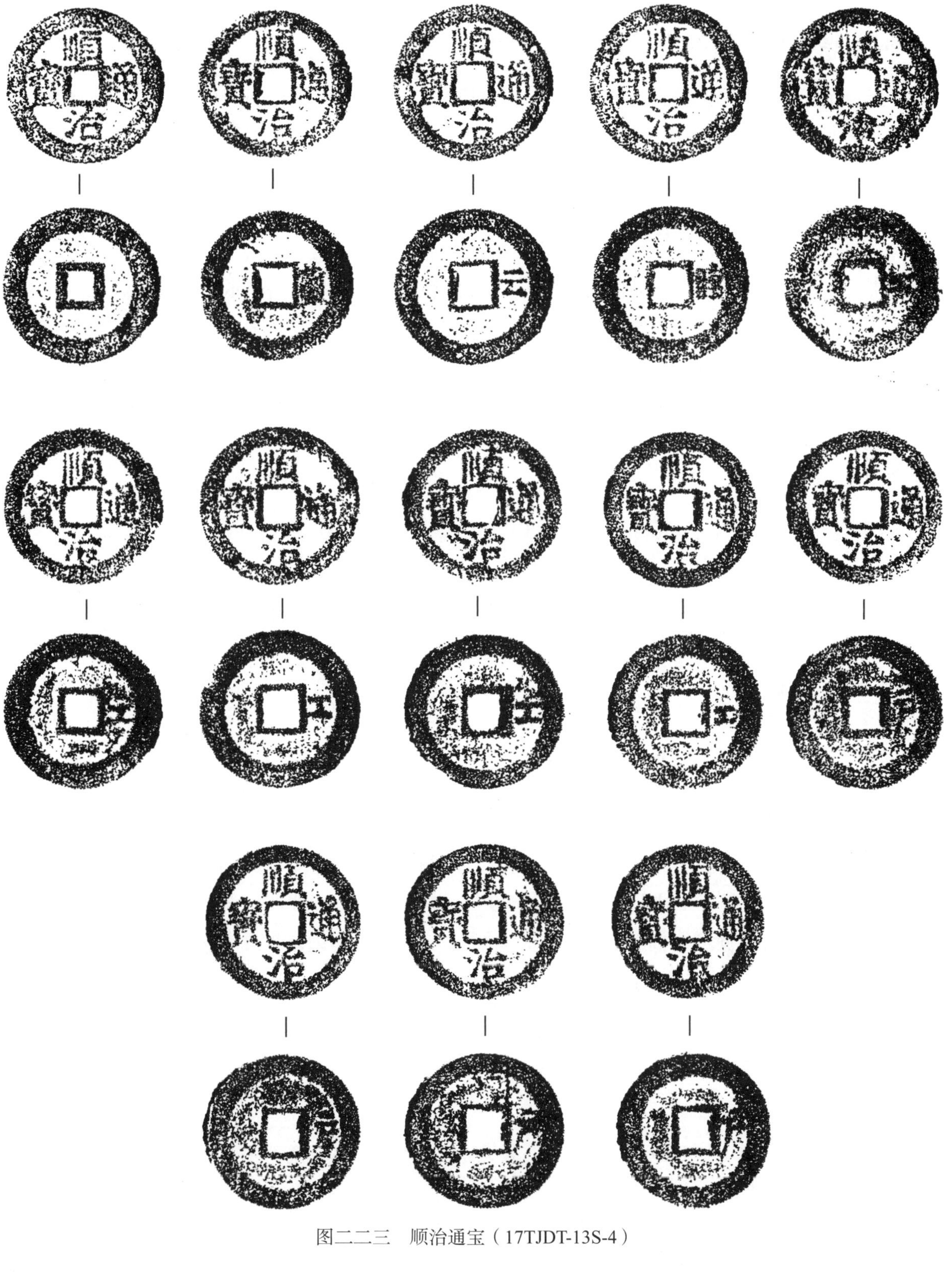

图二二三　顺治通宝（17TJDT-13S-4）

8. 经书织品函面（17TJDT-13S-8）

1套，为经书上下函面。长方形。其一，长25.7、宽9.9～10.1厘米；其二，长25.8、宽9.8～9.9厘米，函面中上部裱粘月白色纺织品签条，签条长16.4、宽3.4厘米，上竖排墨书汉字楷书“五十三佛三十五佛名经”一排10字（图版一〇五，1）。

9. 纺织品函面（17TJDT-13S-9）

1件，长方形，为一块纺织品边沿折起再对折缝合。长23.7、宽13.4厘米（图版一〇五，3）。

10. 板结纸张（17TJDT-13S-10）

为经书织品函面（17TJDT-13S-8）所附书函纸板。已板结、糟朽、残碎。最大一块残长18.1、宽9.2厘米（图版一〇五，4）。

二、第十三层西面佛龛17TJDT-13W

位于蓟州多宝佛塔第十三层密檐西壁正中，龛口向外，封砖图案向西。

（一）佛龛形制与包含物

双重龛，前后双层。由外龛、内龛组成，龛口左右两侧各有一砖砌方形立柱。因建造问题，外龛口两侧略向内凹1.5厘米。外龛立面近方形，平面纵长方形，内龛立面纵长方形，平面纵长方形，口直，龛顶、龛底平，南、北壁向外凹，涂抹白灰，后壁下方中部有方形小孔。外龛口宽26、进深27、高28厘米；内龛口宽33、进深42、高38厘米。龛口用雕刻“佛”字方形花砖封堵，封门砖宽25、高28、厚8厘米（图二二四）。龛内堆积干燥的蜂巢与龛壁掉落渣土、灰尘。出土石雕何仙姑立像1尊。

（二）龛内器物位置与保存状况

石雕何仙姑立像（17TJDT-13W-1），发现时造像与底座分离。底座直立于内龛中部，略西倾，正面有长条形雕花石片从底座上剥落。造像倒在底座后部，头向北，面向上。造像与底座被蜂巢包裹。

图二二四　蓟州多宝佛塔第十三层西面佛龛（17TJDT-13W）俯、侧、正视图
1. 俯视图　2. 侧视图　3. 正视图（清理前）　4. 正视图（清理后）

（三）出土造像情况

仅出土1尊立像。

石雕何仙姑立像（17TJDT-13W-1）。叶腊石雕刻。发髻高大，头戴三叶冠，中部冠叶呈花鬘形，两侧冠叶呈如意云朵形，缯带在脑后打结飘至背后，圆形耳珰。身着左衽广袖长袍，外穿过膝短裙，双股帛带在腰间系扣，两根活头垂至膝部后向左飘起，衣裙质感厚重，衣褶垂感强烈。天衣自脑后而下，在肩头绕圈（左侧缺失）过腋下，顺身体两侧垂落莲台弹

起后卷成云朵状。右手提宝篋，篋上阴线刻划细密的网格纹，内盛一条鱼和蔬菜，鱼尾和大半个鱼身高出篋口，蔬菜的部分叶子搭垂在篋外，左手牵优钵罗花枝，跣足立于近长方斗形台座上。正面和两侧面雕刻瓦垄形纹，其下承长方形束腰须弥座，束腰深矮，上下台座均为二层台阶式，上层台面正面和两侧的前二分之一的边缘斜出一排单层仰莲瓣，须弥座背面光素。斗形台座底面和须弥座相对横向各钻两个圆孔，以销钉固定。通高16.6厘米（图二二五、图二二六；图版八〇，2）。

图二二五　石雕何仙姑立像（17TJDT-13W-1）正视图

图二二六　石雕何仙姑立像（17TJDT-13W-1）侧视图

三、第十三层北面佛龛17TJDT-13N

位于蓟州多宝佛塔第十三层密檐南壁正中，龛口向外，封砖图案向南。

（一）佛龛形制与包含物

双重龛，前后双层。由外龛、内龛组成，龛口左右两侧各有一砖砌方形立柱。因建造问题，外龛龛口西侧略向内凹3厘米。外龛立面近方形，平面纵长方形，内龛立面纵长方形，平面纵长方形，口直，龛顶、龛底平，壁外凹，西壁较直，涂抹白灰，后壁下方中部有方形小孔。外龛口宽28、进深30、高27厘米；内龛口宽30、进深37、高32厘米。龛口用雕刻“多”字方形花砖封堵，封门砖宽27、高28、厚8厘米（图二二七）。龛内环境保持较好，龛底有龛壁掉落的灰渣与尘土堆积。出土鎏金铜日光菩萨立像1尊。

（二）龛内器物位置与保存状况

鎏金铜日光菩萨立像（17TJDT-13N-1），发现时造像位于内龛后部，倾倒在佛龛后壁的西南上。造像全身覆盖尘土，鎏金脱落殆尽。

（三）出土造像情况

仅出土1尊立像。

鎏金铜日光菩萨立像（17TJDT-13N-1）。头梳发髻，顶饰莲花，面庞方正，鼻梁粗扁，双重下颏，垂目睇视，表情肃穆。头戴花鬘冠，冠前正中有化佛，两侧各有一绺头发顺肩垂至肘下，缯带在耳后U形上扬；耳珰上部为团花形，下垂花坠，佩项圈、璎珞。项饰简单，仅在胸中部有一心形坠饰，两侧各垂挂U形珠串。身穿开襟广袖宽袍，袍一角搭左肩，衣缘刻花纹装饰，下身着裙，长裙曳地，腰系帛带并下垂至小腿外撇，衣褶疏朗，质感厚重。左手托日轮于胸前，日轮两侧饰卷云纹，右手扶日轮。跣足立于地面之上。高27.4厘米（图二二八、图二二九；图版八一）。

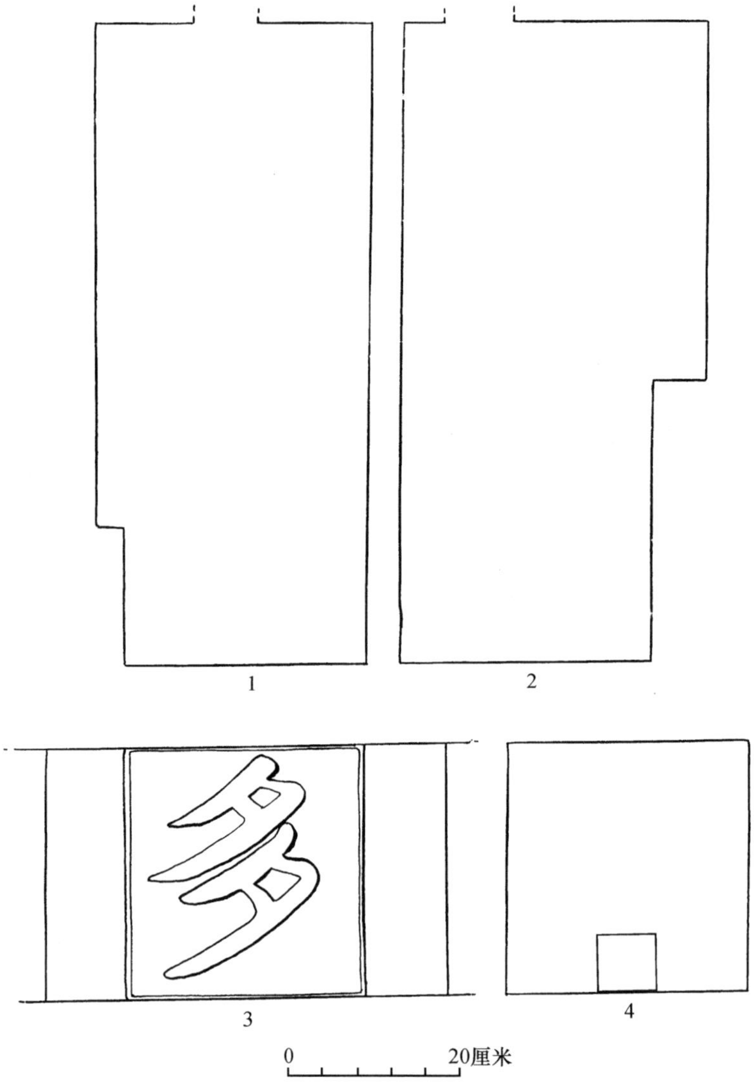

图二二七　蓟州多宝佛塔第十三层北面佛龛（17TJDT-13N）俯、侧、正视图
1. 俯视图　2. 侧视图　3. 正视图（清理前）　4. 正视图（清理后）

四、第十三层东面佛龛17TJDT-13E

位于蓟州多宝佛塔第十三层密檐东壁正中，龛口向外，封砖图案向东。

（一）佛龛形制与包含物

双重龛，前后双层。由外龛、内龛组成，龛口左右两侧各有一砖砌方形立柱。因工程问题，外龛龛口北侧略向外突4厘米。外龛立面近方形，平面纵长方形，内龛立面纵长方形，平面纵长方形，口直，龛顶、龛底平，南、北壁外凹，涂抹白灰，后壁下方中部有方形小孔。外龛口宽23、进深32、高28厘米；内龛宽23、进深36、高40厘米。雕砖残损（图二三〇）。龛底

图二二八　鎏金铜日光菩萨立像
（17TJDT-13N-1）正视图

图二二九　鎏金铜日光菩萨立像
（17TJDT-13N-1）侧视图

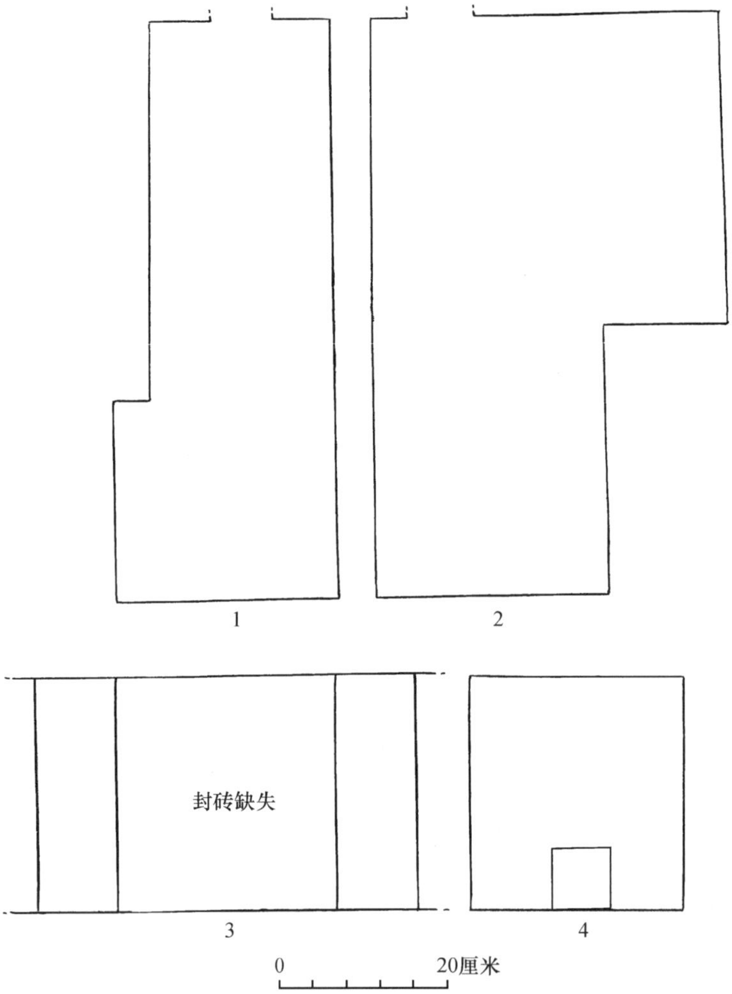

图二三〇　蓟州多宝佛塔第十三层东面佛龛（17TJDT-13E）俯、侧、正视图

1. 俯视图　2. 侧视图　3. 正视图（清理前）　4. 正视图（清理后）

部堆积鸟类筑巢的干草、树木枝条、灰土与龛壁掉落的灰渣。出土鎏金铜乔达摩·悉达多太子立像1尊。

（二）龛内器物位置与保存状况

鎏金铜乔达摩·悉达多太子像（17TJDT-13E-1），发现时造像与莲台分离。造像位于佛龛后部北侧，向西倾倒，面向下；莲台直立于佛龛后部西南角。造像与莲台落满尘土，鎏金脱落殆尽。

（三）出土造像情况

仅出土1尊造像。

鎏金铜乔达摩·悉达多太子像（17TJDT-13E-1）。乔达摩·悉达多太子，头颅硕大，光头，大眼，眼球外凸，鼻梁粗厚，腹部浑圆，肌肉饱满，雅气十足。上身胸下一圈窄带，颈部倒U形吊带，下身沿大腿根和腹下缘有呈V形帛带。左手食指指天，右手食指指地，以示“天上地下，唯我独尊”，跣足站立在仰莲台上。圆形莲台，单层莲瓣，下承喇叭口形底座。莲瓣直立，近椭圆形，下端用细阴线勾勒出莲瓣界限，中部细阴线刻划不规则双圈椭圆形。莲瓣、台面、底座用铜片分开制作，焊接组装。太子左脚心出方形销子插入莲台方孔内固定。太子高16.3、莲座高6.1厘米，通高22.4厘米（图二三一；图版八二）。

图二三一　鎏金铜乔达摩·悉达多太子像（17TJDT-13E-1）正、侧视图

第四章 结 语

第一节 佛塔建筑方面

蓟州多宝佛塔是一座八角十三层密檐式实心砖塔。多宝佛塔是佛塔中的一个类别，指的是供奉多宝佛或《法华经》的塔，其中释迦多宝二佛并坐的形象是多宝佛塔中常见的题材。《法华经·见宝塔品》经文中提到一次在释迦牟尼讲经时，多宝佛赞叹释迦牟尼讲的《法华经》，他所在的七宝塔从地下涌出，多宝佛让出半个佛座给释迦牟尼，二佛并坐①。公元5世纪初，鸠摩罗什译的《妙法莲华经》在汉地盛传，各地出现了大量的多宝佛塔，随着佛教传播和发展，多宝佛塔逐渐成为一种泛指、美称②。

《法华经》中没有提及多宝佛塔的形制，目前发现的多宝佛塔形制多样，材质各异。有楼阁式、密檐式、金刚座式等，层级包括单层、二层、三层、五层、七层、九层、十三层，其中十三层为最高。材质也涵盖了木、砖、石、铜、琉璃等多种。

北京、河北、山西等地发现的明清时期多宝佛塔包括北京地区的长椿寺多宝佛塔、香光寺多宝佛塔和万寿山多宝琉璃塔，河北地区宣化柏林寺多宝佛塔、唐山市任庄子村西北的多宝佛塔，山西地区五台山显通寺多宝佛塔等。其中除了北京万寿山多宝琉璃塔为清乾隆时期修建，其余多宝佛塔均建于明代。

建筑形制上，北京长椿寺多宝佛塔和唐山市任庄子村西北的多宝佛塔与天津蓟州多宝佛塔一样为八角密檐式塔，北京长椿寺多宝佛塔十三级，唐山市任庄子村西北的多宝佛塔七级。河北宣化柏林寺多宝佛塔为八角楼阁式塔，共五层；山西五台山显通寺多宝佛塔为藏式塔，塔身呈瓶形；北京万寿山多宝琉璃塔呈八角形，是楼阁与密檐的结合，一、三、五层为楼阁式，二、四、六、七层为密檐式。目前北京、天津、河北、山西地区发现的明清时期的多宝佛塔形制多样，密檐式塔数量略多，其下均有八角形须弥座。

在佛像供奉方式上，天津蓟州多宝佛塔在南、西、北、东四个方向正中开窗作佛龛供奉造像的方式十分独特，北京万寿山多宝琉璃塔供奉佛像的方式与其略有相近。多宝琉璃塔在楼

---

① （清）弘昼、释超盛等：《乾隆大藏经·大乘五大部外重译经》第32册130部《妙法莲华经》卷四《见宝塔品第十一》，文物出版社，2016年，第25、26页。

② 廖旸：《明早期的两座金刚宝座式多宝塔——从妙湛寺石塔和广德寺塔看金刚宝座式塔的多义性》，《宗教信仰与民族文化》（第4辑），社会科学文献出版社，2012年，第127页。

阁式塔身南、西、北、东四个方向正中设拱券式佛龛，佛龛正中供奉琉璃佛坐像。但不同之处在于，蓟州多宝佛塔的佛龛外有封砖，万寿山多宝琉璃塔佛像暴露在外，可供人祭拜。万寿山多宝琉璃塔在正中大佛龛的周围和塔身的其他四面布满成排的小型佛龛，佛龛中有佛坐像，这符合《法华经》中释迦多宝二佛周围有分身千佛的记载。而蓟州多宝佛塔仅有四面正中的大佛龛。此外，蓟州多宝佛塔内仅发现释迦牟尼佛造像，并未发现供奉有多宝佛或《法华经》，也未发现明确的佛教七宝，仅在正门石匾及封砖上发现有“多宝佛塔”字样。

在佛龛形制方面，蓟州多宝佛塔的佛龛均为小型长方形龛，塔的层级越高，佛龛进深越深。可以分为单长方形龛和双重龛。以双重龛为主，前后双层，位于前部的外龛较矮，后部的内龛较高。单长方形龛仅有17TJDT-4E和17TJDT-4W两个佛龛，佛龛的立面和平面形制均为横长方形。双重龛外龛立面龛形有方形和长方形两种，内龛立面均为纵长方形，内龛均高于外龛。平面形制上，双重龛内、外龛均为方形或长方形。龛口均为直口，龛顶为平顶、龛底为平底。双重龛又可以分为外龛平面的长宽比大于内龛和内外龛的长宽比相同两种，其中仅有17TJDT-4S和17TJDT-5N的外龛长宽比大于内龛。内外龛长宽比相同的佛龛中17TJDT-3S、17TJDT-5E、17TJDT-5S龛门宽度大于外龛，其余佛龛龛门与外龛等宽。其中有11个佛龛因工程问题在外龛龛口处略向外凸或内凹。造像大部分造像供奉于内龛中，外龛主要用于放置封砖。

第二节　造像艺术方面

一、造像题材

在蓟州多宝佛塔第三层至第十三层的佛龛中共发现造像、佛塔模型45件（套），包括33尊鎏金铜造像、3尊瓷造像、1尊石造像、4尊木雕彩绘贴金造像、1尊彩绘贴金泥塑造像、2套（件）木佛塔模型、1套（件）铜佛塔模型。这些造像题材丰富、风格多样、气韵生动，其中既有典型的汉传佛教造像，又有典型藏传佛教风格的造像。

汉传佛教和藏传佛教都属于大乘佛教，大乘佛教认为在三世十方有无数佛。释迦牟尼作为佛教的创始人，在佛教中具有特殊地位，一切佛的形象都以释迦牟尼的形象为标准，手印和所持法宝是区分佛像题材的重要标识。

多宝佛塔出土的造像题材包括佛教诸佛像23尊、菩萨像16尊、达摩像2尊、阿难像1尊，道教真武大帝像1尊、灵宝天尊像1尊、何仙姑像1尊。其中，鎏金铜覆钵式塔模型（17TJDT-13S-1）龛内供奉的铜坐像，螺发，袒右肩式袈裟，应为佛像，然因其形象较为模糊，未计入下文分类。

（一）释迦牟尼佛

释迦牟尼造像常见的形象有降生像、思惟像、苦行像、成道像、说法像、涅槃像等。蓟州多宝佛塔共清理出释迦牟尼造像11尊，其中成道像8尊、说法像1尊、诞生像2尊，另有1尊佛造像锈蚀较严重，难以辨认。

1. 释迦牟尼成道像

成道像是释迦牟尼造像中最为常见的题材。造像通常为螺发，身披袈裟，结跏趺坐，左手作禅定印或托佛钵，右手作触地降魔印。蓟州多宝佛塔的释迦牟尼成道像根据肉髻和服饰不同可分为三种。

第一种，共4尊。佛造像高肉髻，有顶严，上身着半披式或袒右式袈裟，仰覆莲束腰底座。造像17TJDT-6S-1（1）、17TJDT-9S-1（1）、17TJDT-4E-1、17TJDT-10N-1（3）属于此种造像（图二三二）。

第二种，共3尊。佛造像头戴宝冠，高肉髻，有顶严，上身着半披式袈裟。根据底座的不同可以细分为两类（图二三三）。

第一类，共2尊。佛造像为仰覆莲束腰底座。造像17TJDT-7S-1（1）、17TJDT-8W-1（1）属于此类。

第二类，共1尊。佛造像为仰莲底座。造像17TJDT-10S-1属于此类。

第三种，共1尊。佛造像肉髻矮平，上身着褒衣博带式袈裟，无底座。造像17TJDT-3S-1属于此种造像（图二三四）。

2. 释迦牟尼说法像

说法像也是较为常见的释迦牟尼形象，通常为螺发，身披袈裟，结跏趺坐，双手置于胸前作说法印。也有一手结说法印，一手结禅定印的形象。蓟州多宝佛塔出土说法像1尊。17TJDT-6E-1属于此种造像（图二三五）。

3. 释迦牟尼诞生像

佛传故事中记载，释迦牟尼诞生后即行七步，举手而言："天上天下，唯我独尊"。目前发现的金铜释迦牟尼诞生像表现的均为此场景。蓟州多宝佛塔出土的诞生像根据服饰的不同可分为两种（图二三六）。

第一种，共1尊。身披帛带。造像17TJDT-8S-1属于此种造像。

第二种，共1尊。身穿肚兜。造像17TJDT-13E-1属于此种造像。

图二三二　第一种释迦牟尼成道像

图二三三　第二种释迦牟尼成道像

图二三四　第三种释迦牟尼成道像

图二三五　释迦牟尼说法像

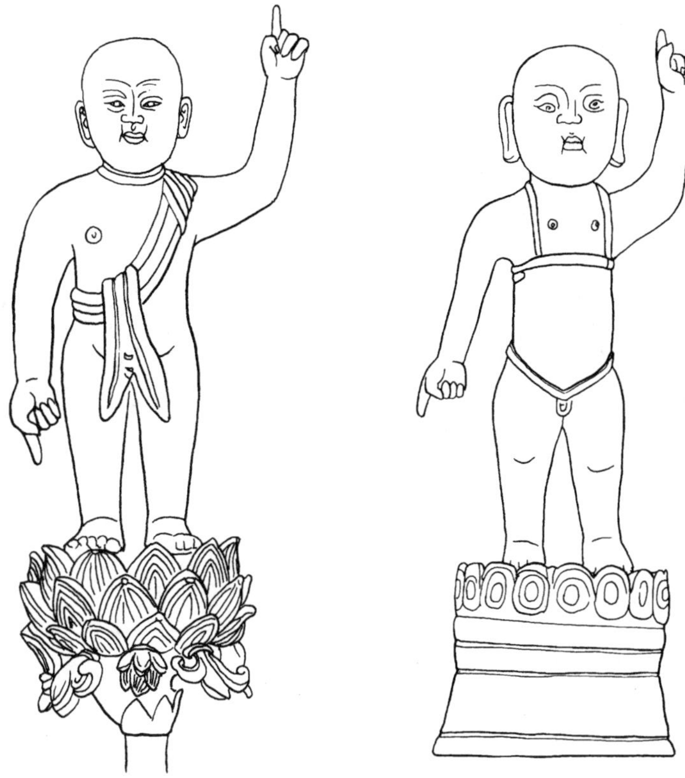

图二三六　释迦牟尼诞生像

（二）阿弥陀佛

阿弥陀佛为梵文音译，意为“无量”“无寿”，故又称“无量光佛”“无量寿佛”，西方极乐世界的教主。常见坐像形象，螺发，身披袈裟，结跏趺坐，双手于脐前作禅定印或双手托钵、宝瓶。另有阿弥陀佛立像，左手在胸前作禅定印，右手下垂作接引状，是接引临终之人前往极乐世界的形象，又称接引佛。蓟州多宝佛塔清理出9尊阿弥陀佛坐像，未发现接引佛形象。蓟州多宝佛塔的阿弥陀坐像根据肉髻和服饰可分为两种。

第一种，共2尊。佛造像高肉髻，有顶严，上身着袒右式袈裟，仰覆莲束腰底座。造像17TJDT-4W-1、17TJDT-9N-1（4）属于此种造像（图二三七）。

第二种，共7尊。佛造像肉髻矮平，上身着褒衣博带式袈裟。根据底座的不同可以细分为无底座、仰莲台座下接六边形底座和仰覆莲束腰底座三类（图二三八）。

第一类，共2尊，无底座造像。17TJDT-7N-1（1）、17TJDT-7W-1（1）属于此类。

第二类，共2尊，仰莲台座下接六边形底座造像。17TJDT-10E-1（1）、17TJDT-10W-1（1）属于此类。

第三类，共3尊。仰覆莲束腰底座造像。17TJDT-12S-1、17TJDT-12S-2、17TJDT-12S-3（1）属于此类。

图二三七　第一种阿弥陀佛造像

（三）药师佛

药师佛是“药师琉璃光如来”的简称，为东方净琉璃世界之教主。常见形象为螺发，身披袈裟，结跏趺坐，左手作禅定印或托钵，右手以拇指和食指夹一药果。蓟州多宝佛塔清理出药师佛坐像1尊。17TJDT-4S-2属于此种造像（图二三九）。

（四）宝生佛

宝生佛是密宗金刚界五方佛之一，位于南方，象征大日如来的平等性智。常见的形象为左手作禅定印，右手施与愿印。宝生佛是密宗的重要膜拜对象，但汉地佛教寺院很少供奉宝生佛。蓟州多宝佛塔清理出宝生佛坐像1尊。17TJDT-12E-1（1）属于此种造像（图二四〇）。

（五）观音菩萨

佛陀在佛教中是至高无上的，制作造像时不可轻易改变其规范，菩萨作为佛陀的协侍，艺术表现上限制较少，加之菩萨救度众生的特性使得人们对菩萨倍感亲切，因此菩萨造像题材丰

图二三八　第二种阿弥陀佛造像

图二三九　药师佛造像

图二四〇　宝生佛造像

富、造型多变，且不同菩萨会使用相同的手印，因此仅靠手印难以完全区分，持物、乘骑和宝冠的不同也是区分菩萨的重要标识。

观音菩萨和大势至菩萨是阿弥陀佛的胁侍菩萨。观音菩萨是众多菩萨中知名度最高、信仰最广的。观音菩萨的宝冠中有阿弥陀佛的化佛，这是观音与其他菩萨的重要区别。持物有常见的有杨柳、莲花、净瓶、法轮、佛经、数珠、鱼篮、绢索等。蓟州多宝佛塔清理发现10尊观音菩萨造像。根据服饰不同可将其分成三种。

第一种，共4尊。菩萨头戴宝冠，身穿天衣，身旁一侧或两侧有莲花枝。根据宝冠和底座的不同可以细分为两类（图二四一）。

第一类，共2尊，头戴六叶冠，仰覆莲束腰底座的造像。17TJDT-6N-1、17TJDT-6W-1属于此类。两尊造像手印均残缺，结合服饰及手臂姿势推测，17TJDT-6N-1应为右手作施依印、左手作禅定印，17TJDT-6W-1应为双手作合十印，在菩萨造像中均属于观音菩萨的手印。

第二类，共2尊，头戴花鬘冠，仰莲底座的造像。17TJDT-8E-1、17TJDT-9E-1（1）属于此类。

第二种，共5尊。菩萨头戴宝冠，身穿广袖宽袍。根据姿势和底座的不同可以细分为三类（图二四二）。

第一类，共3尊，菩萨为坐姿，无底座。17TJDT-3S-2（1）、17TJDT-5S-1、17TJDT-5E-1（1）属于此类。

图二四一　第一种观音菩萨造像

图二四二　第二种观音菩萨造像

第二类，共1尊，菩萨结跏趺坐于仰莲底座。17TJDT-11S-1属于此类。

第三类，共1尊，菩萨呈立姿，立于覆莲底座上。17TJDT-11W-1（1）属于此类。

第三种，共1尊。头戴披巾，着袒胸长袍，不戴璎珞。17TJDT-12W-1属于此种造像（图二四三）。

图二四三　第三种观音菩萨造像

（六）文殊菩萨

文殊菩萨和普贤菩萨是释迦牟尼的胁侍菩萨。文殊菩萨全称文殊师利，意为“妙法”“妙吉祥”，代表智慧、威猛。常见的形象头戴五叶宝冠，象征大日如来的五智，手持经卷和宝剑，以青狮为坐骑。蓟州多宝佛塔发现的文殊菩萨共2尊。17TJDT-5N-1、17TJDT-9W-1属于此种造像（图二四四）。

（七）地藏菩萨

佛经称其“安忍不动犹如大地，静虑深密犹如秘藏”，故名“地藏”，意指大地之藏。地藏菩萨在古印度是财富之神，传入中国后彻底汉化成为象征大地的菩萨。由于人们认为地藏菩萨是幽冥之主，能使人在阴间得到解脱，因此在中国民间信仰者众多。地藏菩萨的形象通常为一手持锡杖，一手持宝珠，或者左手持宝珠，右手施与愿印。蓟州多宝佛塔清理时发现2尊地藏菩萨造像。17TJDT-7E-1（1）、17TJDT-8N-1属于此种造像（图二四五）。

图二四四　文殊菩萨造像

图二四五　地藏菩萨造像

（八）日光菩萨

日光菩萨和月光菩萨是药师佛的胁侍菩萨。由于阿弥陀佛的西方净土宗在中国更为流行，因而日光菩萨和日光菩萨不像观音菩萨、文殊菩萨那样广为人知。日光菩萨像与其他菩萨像造型上区别不大，其特征是手托日轮或手托莲花，莲花上出一日轮。在蓟州多宝佛塔中发现1尊日光菩萨像。17TJDT-13N-1属于此种造像。此外，在蓟州多宝佛塔中还发现一件日光菩萨法器17TJDT-4W-3（图二四六）。

图二四六　日光菩萨造像及法器

（九）绿度母像

绿度母全称圣救度佛母，汉地原称多罗菩萨或多罗观音，藏语称“卓玛”，从观音的眼泪中显化而成，辅助菩萨救度众生，是藏传佛教中的女性菩萨形象。一般只有绿度母和白度母造像单独出现，绿度母形象通常是左腿单盘，右腿略出莲台，足踏一枝盛开的莲花，右手于膝前结施与愿印、持花，左手在胸前亦拈着一枝乌巴拉花。在蓟州多宝佛塔中发现1尊绿度母像。17TJDT-3S-3属于此种造像（图二四七）。

（十）橛金刚法器

橛金刚，又译为巴普金刚，属于藏传佛教体系。其法器金刚橛是辨识橛金刚的重要标识。莲枝主干两侧出左右对称旁枝，主干上端一朵正在开敷的莲花，莲花上置净水瓶，莲枝下为一圆锥体。多宝佛塔出土1件金刚橛17TJDT-8N-2（图二四八）。

（十一）阿难像

阿难，全称“阿难陀”，是释迦牟尼的弟子，以博闻强记著称。通常为一少年比丘形象，剃发，着僧衣，双手合十。在蓟州多宝佛塔中发现1尊阿难立像。17TJDT-11E-1属于此种造像（图二四九）。

图二四七　绿度母造像

图二四八　橛金刚法器

图二四九　阿难像

（十二）达摩像

达摩本名菩提达摩，是南北朝时期来华的印度高僧，中国禅宗的始祖。通常为深目高鼻的老年胡僧形象。蓟州多宝佛塔发现2尊达摩像，为17TJDT-12W-2、17TJDT-12W-3，与观音同出一龛，在这里作为观音菩萨的胁侍（图二五〇）。

（十三）真武大帝像

真武大帝，也称真武帝君，是北方之神。道教经典中的常见形象为披发黑衣，金甲玉带，仗剑怒目。在蓟州多宝佛塔中发现1尊真武大帝像。17TJDT-4W-2属于此种造像（图二五一）。

图二五〇　达摩像

图二五一　真武大帝像

（十四）灵宝天尊像

灵宝天尊是道教“三清”之一，在道观三清殿中常以手捧如意之像居元始天尊之左侧位。在蓟州多宝佛塔中发现1尊灵宝天尊像。17TJDT-4S-1（1）属于此种造像（图二五二）。

（十五）何仙姑像

何仙姑为八仙之一，手提菜篮或手执荷花是其常见形象。在蓟州多宝佛塔中发现1尊何仙姑像。17TJDT-13W-1属于此种造像（图二五三）。

二、造像年代

蓟州多宝佛塔南面门洞正上方的石匾上刻有塔名及该塔修建时间。由石匾可知蓟州多宝佛塔启建于明崇祯十七年（1644年），清顺治九年（1652年）竣工。佛龛中共出土铜钱36枚，其中万历通宝1枚、崇祯通宝18枚、顺治通宝17枚（表二），这与该塔启建和竣工的时间高度吻合，也从一个侧面印证了蓟州多宝佛塔修建起讫时间的正确性。佛龛内的造像应是佛塔建好后一次性供奉的，因此造像的制作年代应不晚于清顺治九年（1652年）。

图二五二　灵宝天尊像

图二五三　何仙姑像

表二　蓟州多宝佛塔佛龛出土铜钱统计表

	编号	直径（毫米）	廓厚（毫米）	廓宽（毫米）		穿边长（毫米）		备注
				正面	背面	正面	背面	
万历通宝	17TJDT-5S-2	26	1.3	2.6	4	7.1	9	
崇祯通宝	17TJDT-5S-2	26	1.4	2.8	4	7.5	8.8	
	17TJDT-5S-2	26.9	1.2	3.1	3.9	7.5	8.5	
	17TJDT-7S-2	26.4	1.4	3.2	4	7.3	8.9	
	17TJDT-7S-2	26.6	1.4	2.7	4	7.8	8.8	
	17TJDT-7S-2	27	1.5	2.8	3.8	7.8	8.5	
	17TJDT-7W-2	27.1	1.4	3.5	4	7.2	8.8	
	17TJDT-7W-2	26.1	1.2	3.2	3.8	7.4	8.2	
	17TJDT-7W-2	25.8	1.3	2.4	3.2	7.5	8.8	
	17TJDT-7W-2	26.2	1.4	2.5	3.6	7	8.1	
	17TJDT-7W-2	27.2	1.3	3	3.9	7.4	9	
	17TJDT-7N-2	26.2	1.5	3	3.5	6.9	8.6	
	17TJDT-7N-2	26.5	1.4	2.5	3.8	7.1	8	

续表

	编号	直径（毫米）	廓厚（毫米）	廓宽（毫米）		穿边长（毫米）		备注
				正面	背面	正面	背面	
崇祯通宝	17TJDT-7N-2	26.5	1.5	3	3.9	7.5	8.2	
	17TJDT-7N-2	26.8	1.4	2.8	3.9	7.2	8.6	
	17TJDT-7N-2	26.8	1.4	2.9	4	7.2	8.8	
	17TJDT-7E-2	26.2	1.5	2.8	3.9	7.6	8.5	
	17TJDT-7E-2	26.4	1.6	3	4	7.6	8.2	
	17TJDT-11W-1⑨	26.1	1.3	2.8	3.6	7.3	8.6	
顺治通宝	17TJDT-12W-4	26.5	1.2	3.5	3.8	7	8	
	17TJDT-13S-3	26.9	1.2	2.9	3.5	7.8	8.8	
	17TJDT-13S-3	26.6	1.3	3	3.5	7.8	8.8	
	17TJDT-13S-3	26.5	1.2	3	3.6	7.2	8	
	17TJDT-13S-4	26.2	1.2	3	3.8	7.3	8	
	17TJDT-13S-4	25.8	1.6	2.8	3.4	7.2	8.2	
	17TJDT-13S-4	26.8	1.4	3	3.4	7.5	8.9	
	17TJDT-13S-4	26.9	1.4	3.2	3.9	7	8	
	17TJDT-13S-4	26.6	1.2	3.2	4	8	/	背面锈蚀模糊不清
	17TJDT-13S-4	26.9	1.5	3.5	4	7.6	8.4	
	17TJDT-13S-4	27	1.3	3.1	3.9	7.8	8.8	
	17TJDT-13S-4	26.5	1.2 ~ 1.5	2.6	3.3	7.5	8.8	厚度不均
	17TJDT-13S-4	26.3	1.2	2.8	3.3	7.4	8.8	
	17TJDT-13S-4	26.1	1.1	2.9	3.2	7.8	8.6	
	17TJDT-13S-4	26	1.3	2.8	3	7.1	7.9	
	17TJDT-13S-4	26.2	1.3	3	3.3	7.4	9	
	17TJDT-13S-4	26.2	1.2	2.8	3.2	7.6	8.5	

本次发现的造像虽均无铭文纪年，但目前已发现的明代纪年造像数量较多，根据对以往发现的明清纪年金铜造像的研究可知，明代早期造像面相清秀，为西天梵像；头身比例协调，衣纹简洁；莲座规整，上下等宽，仰覆莲座束腰较深，莲瓣饱满，立体感强，瓣尖饰卷草纹，莲座上下的联珠纹刻划整齐。明中期造像面相开始偏向世俗化；头身比例略有失调，衣纹写实感强，但质感表现力不足，略显生硬厚重；莲座规整，上下等宽，束腰较深，莲瓣饱满，瓣尖饰卷草纹，瓣间饰小三角连接，座背后留有一小处空白，莲座上下的联珠纹刻划整齐。明晚期金铜造像面相上脸颊臃肿、世俗化严重；头大身短、比例失调，服饰上衣纹刻画显僵硬，缺乏动感和质感；仰覆莲座多不规整，莲瓣宽大、雕刻粗糙，联珠纹刻划简单或不平整，仅在正面雕

刻莲瓣，背部光素，仰莲座莲瓣素面或阴刻纹路表示脉络，有的莲座下缘有直壁圈足[①]。

蓟州多宝佛塔本次清理出土的大部分造像与明晚期造像的特征吻合。明晚期金铜造像还出现了一些新的设计，如观音菩萨出现了肩部莲生吉祥鸟和净瓶的新的形象[②]，造像的仰莲座下面还添加了多角形的须弥台座[③]。此类造型的金铜造像在多宝佛塔中也有发现。由此可见，本次清理的多数造像应属明晚期这一时期，但也有少量带有明早、中期特征的造像。

三、造像的空间分布

蓟州多宝佛塔坐北朝南，从第二层到第十三层东、西、南、北四面各有一佛龛，共48个。根据内窥观察，第二层佛龛空间狭小无法供奉造像，从第三层到第十三层的44个佛龛中，有38个佛龛在清理过程中发现有佛教或道教遗存，37个佛龛内发现造像，1个佛龛内发现木质佛龛残片和念珠（表三）。这种四面佛龛供奉造像的方式十分独特，在明代佛教遗址中首次发现。

表三　蓟州多宝佛塔佛龛出土造像统计表

	南面佛龛	西面佛龛	北面佛龛	东面佛龛
第十三层	木质佛龛 覆钵式塔模型（内供奉佛造像）	何仙姑立像	日光菩萨立像	乔达摩·悉达多太子像（释迦牟尼诞生像）
第十二层	阿弥陀佛坐像 阿弥陀佛坐像 阿弥陀佛坐像	达摩坐像 水月观音菩萨坐像 达摩坐像		宝生佛坐像
第十一层	观音菩萨坐像	观音菩萨立像	念珠 残木板（残木质佛龛）	阿难立像
第十层	释迦牟尼坐像（宝冠释迦牟尼成道像）	阿弥陀佛坐像	覆钵式木塔模型（内供释迦牟尼成道像）	阿弥陀佛坐像
第九层	释迦牟尼坐像（释迦牟尼成道像）	文殊菩萨坐狮像	覆钵式木塔模型（内供阿弥陀佛坐像）	观音菩萨坐像
第八层	九龙浴太子造像（释迦牟尼诞生像）	释迦牟尼坐像（宝冠释迦牟尼成道像）	地藏菩萨坐像 金刚橛	观音菩萨坐像
第七层	释迦牟尼坐像（宝冠释迦牟尼成道像）	阿弥陀佛坐像	阿弥陀佛坐像	地藏菩萨坐像
第六层	释迦牟尼坐像（释迦牟尼成道像）	观音菩萨坐像	观音菩萨坐像	释迦牟尼坐像（释迦牟尼说法像）
第五层	观音菩萨坐像		文殊菩萨坐狮像	观音菩萨坐像

① 冀瑞：《山西博物院馆藏明代金铜佛教造像初步研究》，山西大学硕士学位论文，2019年；杨帆：《玄中寺藏明清金铜佛教造像初步研究》，山西大学硕士学位论文，2021年。

② 冀瑞：《山西博物院馆藏明代金铜佛教造像初步研究》，山西大学硕士学位论文，2019年。

③ 张敏：《从明代佛像风格看汉藏艺术融合》，《艺术品鉴》2018年第19期。

续表

	南面佛龛	西面佛龛	北面佛龛	东面佛龛
第四层	灵宝天尊坐像 药师佛坐像	真武大帝坐像 阿弥陀佛坐像 日光菩萨法器		释迦牟尼坐像（释迦牟尼成道像）
第三层	绿度母坐像 观音菩萨坐像 释迦牟尼坐像（释迦牟尼成道像）			

从上表中可以看出，除第三层南面佛龛、第四层南面佛龛、第四层西面佛龛、第十二层南面佛龛和第十二层西面佛龛5个佛龛同时供奉有多尊造像外，其余32个佛龛内均供奉1尊造像（图二五四～图二六四）。供奉多尊造像的佛龛中，造像组合关系也不是以往石窟寺和地面寺院造像中常见的题材。第三层南面佛龛供奉的释迦牟尼佛和观音菩萨造型属于典型的汉传佛教造像，绿度母像属于藏传佛教造像；第四层南面和西面佛龛均在同一佛龛内供奉佛教造像和道教造像；第十二层南面佛龛供奉三尊阿弥陀佛坐像；第十二层西面佛龛观音两侧的胁侍为达摩，而在以往发现的观音菩萨形象中，观音两侧的胁侍通常为善财童子和龙女。文殊菩萨为释迦牟尼佛胁侍，观音菩萨为阿弥陀佛胁侍，日光菩萨和地藏菩萨为药师佛胁侍，但在多宝佛塔供奉的造像中佛和菩萨均是以单独的形象出现的。

寺观中同时供奉佛教造像和道教造像在明清时期较为常见，北京光香寺多宝佛塔①、河北邢台普彤塔②、河北张家口永福禅寺遗址③、山西大同关帝庙④、陕西咸阳崇文塔⑤等寺观遗址中均有发现佛道造像杂处的情况。

第三节　造像内的装藏

装藏分为佛塔装藏和佛像装藏。佛像的装藏又称“装脏”，有学者认为佛像装藏模仿的是人体的五脏⑥。关于装藏的记载最早出自密宗经典，根据佛经记载，将经卷、宝物放入佛塔和佛像中可以使其更为灵验，在汉地佛教经典中也有多处提及装藏的内容，汉藏两地均有发现佛教造像装藏的实物资料。

① 邢鹏：《房山区大韩继村香光寺多宝佛塔内出土文物概况及相关研究》，《北京文博文丛》2020年第2期。

② 李军、李恩玮：《邢台南宫普彤塔明代铜造像》，《考古学报》2008年第2期。

③ 李树涛、王国荣：《河北赤城发现鎏金铜造像窖藏》，《文物春秋》2000年第1期。

④ 冯汉卿、崔长春、康林虎：《代地清音洗尘心——大同市博物馆藏关帝庙出土精品佛道造像赏析》，《文物天地》2019年第7期。

⑤ 杜文：《崇文塔瘗藏明代佛道教金铜造像探讨》，《收藏》2019年第3期。

⑥ 蒋家华：《佛像的神圣性建构：从造像标准到祝圣仪轨的考察》，《宗教学研究》2015年第2期。

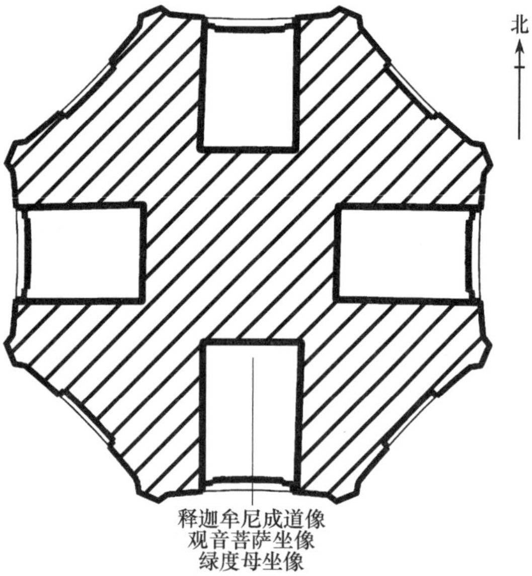

图二五四　佛塔第三层文物分布平面示意图

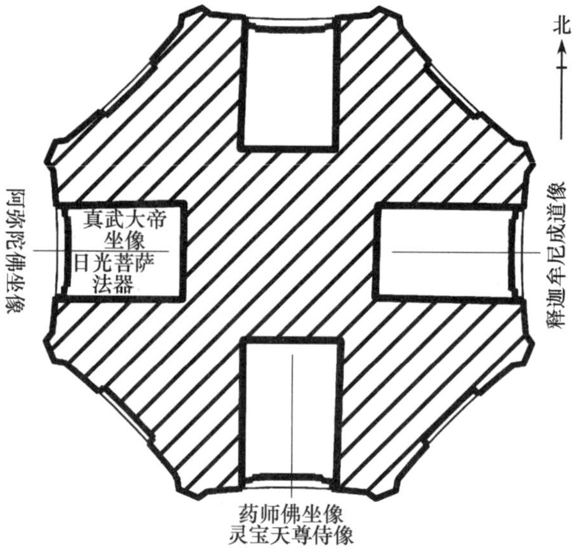

图二五五　佛塔第四层文物分布平面示意图

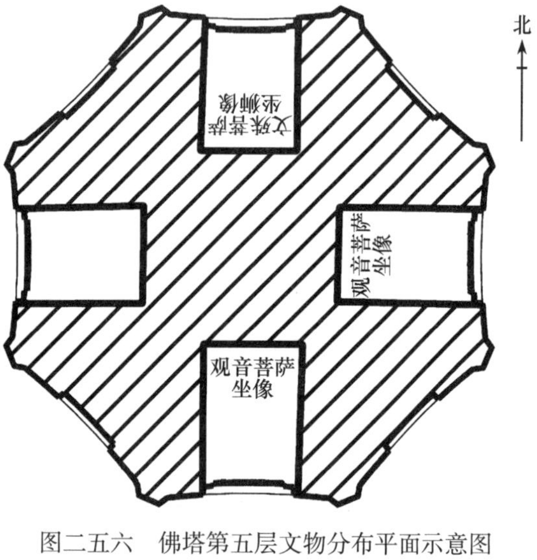

图二五六　佛塔第五层文物分布平面示意图

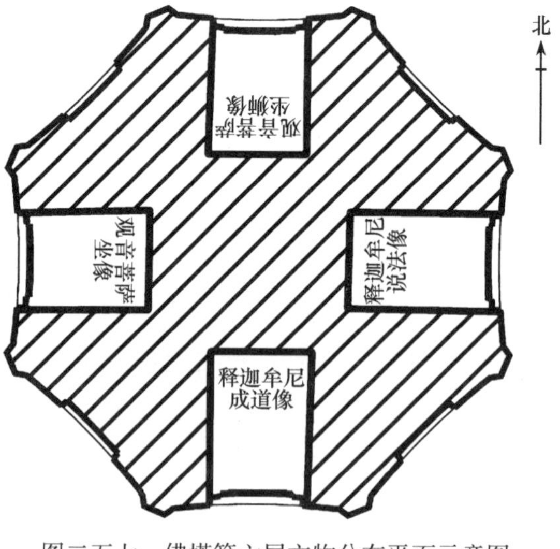

图二五七　佛塔第六层文物分布平面示意图

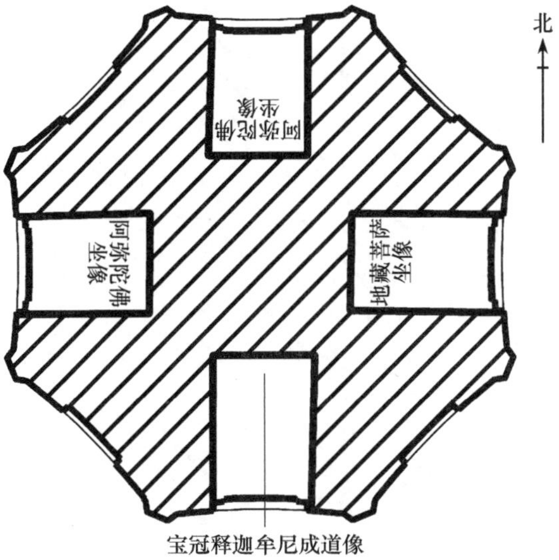

图二五八　佛塔第七层文物分布平面示意图

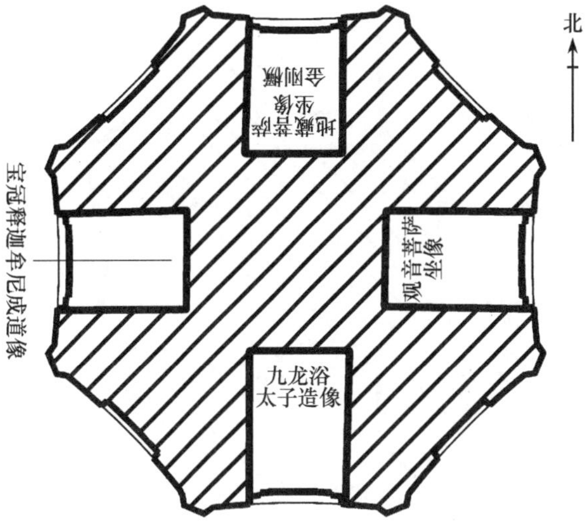

图二五九　佛塔第八层文物分布平面示意图

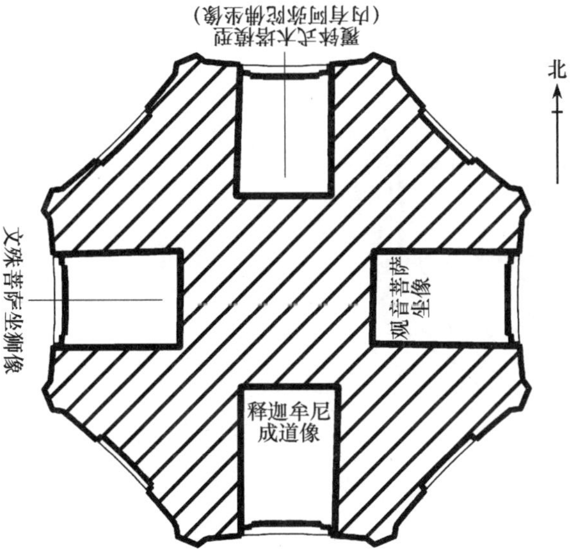

图二六〇　佛塔第九层文物分布平面示意图

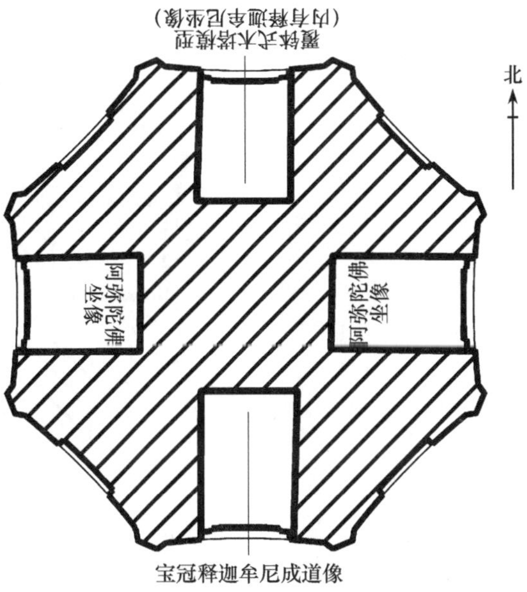

图二六一　佛塔第十层文物分布平面示意图

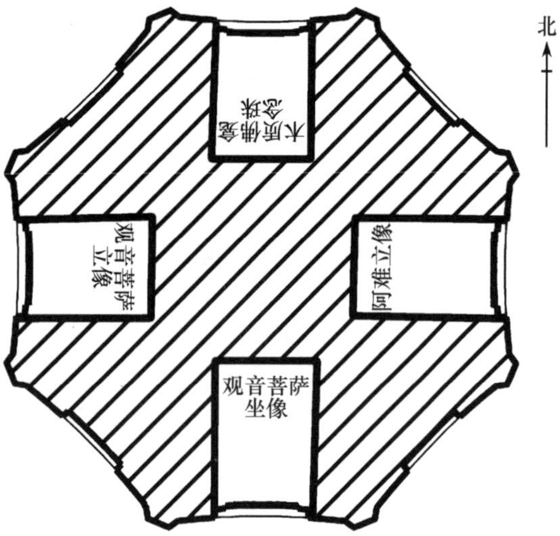

图二六二　佛塔第十一层文物分布平面示意图

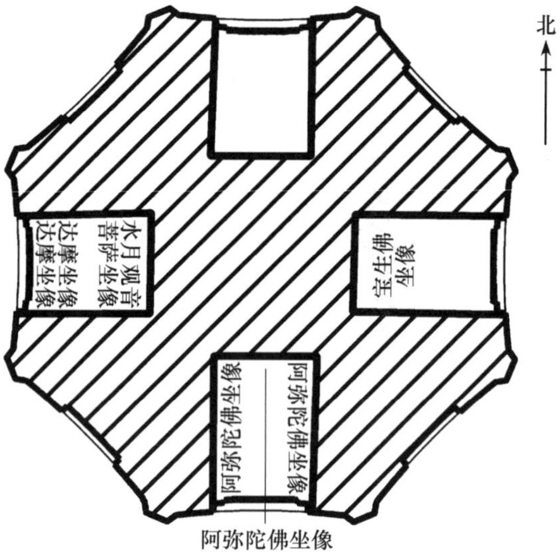

图二六三　佛塔第十二层文物分布平面示意图

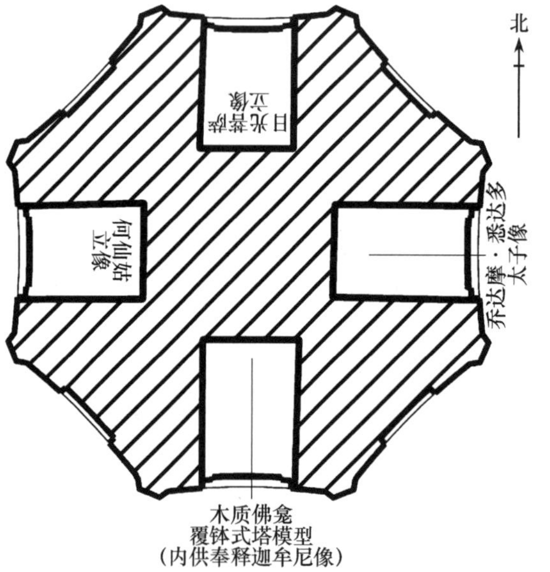

图二六四　佛塔第十三层文物分布平面示意图

蓟州多宝佛塔清理出的44尊佛教造像中，11尊造像的空腔内发现有装藏物，另有9尊造像周围散落纺织品、金属饰件、谷物种子等，根据其位置判断，应为造像底托破损后从造像空腔中散落的装藏物，一并当作装藏进行统计（表四）。

表四　蓟州多宝佛塔佛龛出土造像装藏统计表

造像	艺术风格	经卷	宝物	种子	纺织品	纸张	金属饰件	其他
鎏金铜观音菩萨坐像 17TJDT-3S-2	汉传		贝壳	藜麦、种子		1张		
鎏金铜药师佛坐像 17TJDT-4S-2	汉传			豆麦种子	1件	1张	菱形与鸡心形饰、管状饰、铃形饰、铜片	
鎏金铜观音菩萨坐像 17TJDT-5S-1	汉传						螺形器、圆形饰件、管状饰件、小铜镜	
鎏金铜观音菩萨坐像 17TJDT-5E-1（1）	汉传					残渣	残渣	
木雕贴金彩绘释迦牟尼坐像 17TJDT-6S-1	藏传	1卷	玛瑙、琉璃、水晶			残片		漆皮、木屑
木雕贴金彩绘观音菩萨坐像 17TJDT-6W-1	藏传	1卷	琉璃、水晶			1张		漆皮、木屑
木雕贴金彩绘释迦牟尼坐像 17TJDT-6E-1	藏传	1卷						
鎏金铜释迦牟尼坐像 17TJDT-7S-1（1）	藏传				1件		管状饰	
鎏金铜地藏菩萨坐像 17TJDT-7E-1（1）	藏传				2件		花形饰、菱形饰、圆锥形饰、管状饰、小铜镜	
鎏金铜阿弥陀佛坐像 17TJDT-7N-1（1）	汉传				2件		菱形饰、花形饰、圆锥形饰、小铜镜	
鎏金铜阿弥陀佛坐像 17TJDT-7W-1（1）	汉传				1件		花形饰、菱形饰、圆锥形饰、管状饰、小铜镜	
鎏金铜释迦牟尼坐像 17TJDT-9S-1（1）	藏传					残片		
鎏金彩绘铜文殊菩萨坐狮像 17TJDT-9W-1	藏传						金属饰件	
鎏金铜观音菩萨坐像 17TJDT-9E-1	藏传				1件		金属饰件	
鎏金铜观音菩萨坐像 17TJDT-11S-1	汉传	1卷	珊瑚、珍珠	稻谷、莲子	4件	残片	管状饰、铃形饰、菱形饰、圆镜形饰、小铜镜	
鎏金铜观音菩萨立像 17TJDT-11W-1（1）	汉传			果壳		残片	花形饰、菱形饰、圆锥形饰、管状饰、镜形饰、小铜镜、铜钱	

续表

造像	艺术风格	经卷	宝物	种子	纺织品	纸张	金属饰件	其他
鎏金铜阿弥陀佛坐像 17TJDT-12S-1	汉传				9件		金属饰、金珠、金残片	残木块
鎏金铜阿弥陀佛坐像 17TJDT-12S-2	汉传			种子	7件		金属饰、铜圆形饰	木棍
鎏金铜阿弥陀佛坐像 17TJDT-12S-3（1）	汉传		珊瑚、金珠	种子	10件		金属饰、铜圆形饰	木棍
鎏金铜宝生佛坐像 17TJDT-12E-1（1）	藏传				残渣			

从表四中可以看出，20尊带有装藏的造像中，10尊位于南面佛龛，5尊位于东面佛龛，4尊位于西面佛龛，1尊位于北面佛龛。汉传佛教和藏传佛教造像在装藏内容上没有明显区别，位于同一层的佛龛的造像装藏内容较为接近。

根据《造像度量经》等佛教经典和考古发现的装藏实例来看，佛像装藏的主要内容为生身舍利、经卷、咒文、五宝、五香、五药、五谷等[①]。蓟州多宝佛塔造像发现的佛像装藏中包含经卷、宝物、种子、部分绘有红色咒文或佛教图案的纸张和丝织品，这与佛教经典和以往发现的实例相符。但蓟州多宝佛塔的佛教造像未发现以生身舍利作为装藏的造像，并且多数造像以金属饰件作为装藏的现象十分特殊。此外，在多尊造像的装藏物中都发现一种将多片纺织品用丝线捆扎在一根木棍上装藏物，推测为幡，这也是本次装藏中发现的一大特色。

第四节　结　　论

2017年蓟州多宝佛塔考古出土的造像虽均无铭文纪年，但目前发现的明代纪年造像数量较多，关于明代金铜造像分期研究已经有了较为明确的成果。明晚期金铜造像的典型特征为整体比例上头大身短、比例失调，面相上脸颊臃肿、世俗化严重，服饰上衣纹刻画显僵硬，缺乏动感和质感[②]。仰覆莲座多不规整，莲瓣宽大、雕刻粗糙，联珠纹刻划简单或不平整，仅在正面雕刻莲瓣，背部光素。仰莲座莲瓣素面或阴刻纹路表示脉络，有的莲座下缘有直壁圈足[③]。这些特征与蓟州多宝佛塔本次清理出土的大部分造像特征吻合，本次清理的多数造像应属明晚期，这与塔的修建时间也是吻合的。佛塔中供奉的44尊造像应是在不同时间制作的，也有少量造像带有元末、明早中期造像的典型特征。

① 郭萌：《佛教装藏问题的研究》，《文博》2019年第2期。
② 冀瑞：《山西博物院馆藏明代金铜佛教造像初步研究》，山西大学硕士学位论文，2019年。
③ 杨帆：《玄中寺藏明清金铜佛教造像初步研究》，山西大学硕士学位论文，2021年。

多宝佛塔出土的造像以佛教题材为主，除了典型的汉传佛教造像外，在第三层南面佛龛发现的绿度母像、第七层南面佛龛、第八层西面佛龛和第十层南面佛龛发现的三尊宝冠释迦牟尼像是典型的藏传佛教题材造像。此外，一部分佛造像上也带有明显的藏传佛教造像特征，第六层佛造像装藏中发现有藏文经卷。这一现象与元明时期藏传佛教具有的较强影响力有关。元代推崇藏传佛教，将其作为国教。明代永乐到宣德年间，宫廷流行制作藏传佛教造像，并设立专门机构。宣德之后明朝虽不再制作宫廷造像，但宫廷样式的造像已对民间造像风格产生了深远影响①。蓟州多宝佛塔出土的造像体现出汉藏融合的艺术风格，为研究京津冀地区明末清初汉藏佛教交流、民间社会信仰提供了重要的参考资料。

本次清理过程中还在佛龛中发现了三尊道教造像，分别是位于第四层南面佛龛的灵宝天尊像、位于第四层西面佛龛的真武大帝像、位于第十三层西面佛龛的何仙姑像。这样的情况并不是孤例，北京光香寺多宝佛塔②、河北邢台普彤塔③、河北张家口永福禅寺遗址④、山西大同关帝庙⑤、陕西咸阳崇文塔⑥等寺观遗址中均有发现佛道造像杂处的情况。

本次清理获得的大量不同质地的造像、覆钵式木塔、铜覆钵形塔、木佛龛、木念珠、铜金刚橛、铜莲花枝、万历通宝、崇祯通宝、顺治通宝以及各种佛像装藏等，对深入研究明清时期的佛塔、藏传佛教的传播、藏传佛教造像艺术等提供了珍贵的第一手资料。种类多样的铜鎏金、漆金、贴金、泥金、木雕、石雕、泥塑、瓷塑等造像，为研究元明时期造像制作工艺提供了宝贵资料。

多宝佛塔四面佛龛供奉造像的方式十分独特，这种供奉方式在明代佛教遗址中为首次发现。蓟州区多宝佛塔四面佛龛供奉造像的方式独特，出土的造像材质、种类多样，有些造像十分少见，是近年天津乃至京津冀地区最重要的一批明末清初佛教考古材料，为研究京津冀地区的汉藏佛教交流史、汉藏佛教艺术史以及当时的社会文化面貌等问题提供了重要的实物资料，具有非常高的学术价值。

---

① 黄春和：《从佛教造像看北京地区的古代雕塑艺术》，《雕塑》2003年第6期。

② 邢鹏：《房山区大韩继村香光寺多宝佛塔内出土文物概况及相关研究》，《北京文博文丛》2020年第2期。

③ 李军、李恩玮：《邢台南宫普彤塔明代铜造像》，《考古学报》2008年第2期。

④ 李树涛、王国荣：《河北赤城发现鎏金铜造像窖藏》，《文物春秋》2000年第1期。

⑤ 冯汉卿、崔长春、康林虎：《代地清音洗尘心——大同市博物馆藏关帝庙出土精品佛道造像赏析》，《文物天地》2019年第7期。

⑥ 杜文：《崇文塔瘗藏明代佛道教金铜造像探讨》，《收藏》2019年第3期。

附　表

附表一　蓟州多宝佛塔出土佛造像特征统计表

造像编号	工艺质地	手势		着装样式	姿势	底座样式	尺寸	组合方式
		右手	左手					
17TJDT-3S-1	鎏金铜	触地印	禅定印	身穿褒衣博带式袈裟，下身着裙	全跏趺坐	莲台缺失	高20厘米	不明
17TJDT-4S-2	鎏金铜	持药果	禅定印	身穿褒衣博带式袈裟，下身着裙	全跏趺坐	近半圆形三层莲瓣仰莲台，莲瓣素面，莲台下有六边形底座	通高29.4厘米	不明
17TJDT-4W-1	鎏金铜	双手施禅定印		双层螺发，顶饰宝珠，身着袒右式袈裟，下身着裙	全跏趺坐	素面仰莲台座，下承六边形束腰须弥座	通高20.3厘米	不明
17TJDT-4E-1	鎏金铜	触地印	禅定印	双层螺发，顶饰宝珠，身着半披式袈裟	全跏趺坐	仰覆莲台，不甚规整，莲台只在前部和两侧施纹，后部光素	通高17.8厘米	单龛单尊
17TJDT-6S-1（1）	木雕贴金	触地印	禅定印	双层螺发，顶饰宝珠，着半披式袈裟，裙摆在两腿间铺成扇形	全跏趺坐	仰覆莲台，束腰较深，莲瓣宽大饱满，座背后留有一小处空白	通高37.9厘米	单龛单尊
17TJDT-6E-1	木雕贴金	说法印	禅定印	双层螺发，顶饰宝珠，着半披式袈裟	全跏趺坐	仰覆莲台，束腰较深，莲瓣宽大饱满，座背后留有一小处空白	通高37.1厘米	单龛单尊
17TJDT-7S-1（1）	鎏金铜	触地印	禅定印	戴六叶冠，佩臂钏、手镯、脚链，着半披式袈裟，下着裙	全跏趺坐	仰覆莲台，莲瓣瘦长，瓣尖线刻写意卷草纹，座背后留有一小处空白	通高34.2厘米	单龛单尊
17TJDT-7W-1（1）	鎏金铜	双手施禅定印		身穿褒衣博带式袈裟，下身着裙，胸前阴线双勾“卍”字图案	全跏趺坐	莲台缺失	高17.5厘米	单龛单尊
17TJDT-7N-1（1）	鎏金铜	双手施禅定印		身穿褒衣博带式袈裟，下身着裙	全跏趺坐	莲台缺失	高24.2厘米	单龛单尊

续表

造像编号	工艺质地	手势		着装样式	姿势	底座样式	尺寸	组合方式
		右手	左手					
17TJDT-8S-1（8）	鎏金铜	食指指地	食指指天	光头，左肩斜披络腋，从络腋中部前后各垂下一条燕尾式帛带遮住裆部，跣足	立像	圆形仰莲台，三层莲瓣，莲瓣窄尖，刻有密集的对称外弧阴线。莲台下承莲枝，插于须弥座上	高12.8厘米	单龛单尊
17TJDT-8W-1（1）	鎏金铜	触地印	禅定印	戴六叶冠，佩臂钏、手镯、脚链，着半披式袈裟，下着裙	全跏趺坐	仰覆莲台，莲瓣窄长，瓣尖线刻写意卷草纹，座背后留有一小处空白	通高27.5厘米	单龛单尊
17TJDT-9S-1（1）	鎏金铜	触地印	禅定印	双层螺发，顶饰宝珠，佩珠串式手镯、臂钏，身着半披式袈裟，下身着裙	半跏趺坐	仰覆莲台，只在前部施纹，后部光素，莲瓣宽大，莲尖雕刻卷草纹。莲台下有圈足式底座	通高25.3厘米	单龛单尊
17TJDT-9N-1（4）	泥塑	双手施禅定印		着袒右肩式袈裟	全跏趺坐	仰覆莲台	高6.6厘米	不明
17TJDT-10S-1	鎏金铜	触地印	禅定印	头戴花鬘冠，身着半披式袈裟	全跏趺坐	仰莲台座，阴刻纹路表示脉络。莲座下有圈足	通高25.6厘米	单龛单尊
17TJDT-10W-1（1）	鎏金铜	双手施禅定印		身着褒衣博带式袈裟，下身着裙，胸前阴线双勾“卍”字图案	全跏趺坐	仰莲台，莲瓣素面，莲台下有近长方形底座	通高26.5厘米	单龛单尊
17TJDT-10N-1（3）	泥塑	与愿印	禅定卬	着袒右肩式袈裟。	全跏趺坐	仰覆莲台	高7.1厘米	不明
17TJDT-10E-1（1）	鎏金铜	双手施禅定印		身着褒衣博带式袈裟，下身着裙，胸前阴线双勾“卍”字图案	全跏趺坐	仰莲台，莲瓣素面，莲台下有近长方形底座	通高26.4厘米	单龛单尊
17TJDT-12S-1	鎏金铜	双手施禅定印		身着褒衣博带式袈裟，下身着裙，胸前阴线双勾“卍”字图案	全跏趺坐	仰覆莲台，束腰较高，仰莲台莲瓣光素，覆莲台莲瓣宽大饱满，瓣尖阴线刻划三叶花形纹	通高12厘米	右尊
17TJDT-12S-2	鎏金铜	双手施禅定印		身着褒衣博带式袈裟，下身着裙，胸前阴线双勾“卍”字图案	全跏趺坐	仰覆莲台，束腰较高，仰莲台莲瓣光素，覆莲台莲瓣宽大饱满，瓣尖阴线刻划三叶花形纹	通高12.1厘米	中尊
17TJDT-12S-3（1）	鎏金铜	双手施禅定印		身着褒衣博带式袈裟，下身着裙，胸前阴线双勾“卍”字图案	全跏趺坐	仰覆莲台，束腰较高，仰莲台莲瓣光素，覆莲台莲瓣宽大饱满，瓣尖阴线刻划三叶花形纹	通高12.2厘米	左尊

续表

造像编号	工艺质地	手势		着装样式	姿势	底座样式	尺寸	组合方式
		右手	左手					
17TJDT-12E-1（1）	鎏金铜	与愿印	禅定印	双层螺发，顶饰宝珠，身着袒右肩式袈裟	全跏趺坐	仰覆莲台，不甚规整，莲台只在前部和两侧施纹，后部光素	通高11.2厘米	单龛单尊
17TJDT-13S-1佛塔龛内供奉佛像	铜	不清		螺发，着袒右肩式袈裟	跏趺坐	不清	高2.3厘米	不明
17TJDT-13E-1	鎏金铜	食指指地	食指指天	光头，上身胸下一圈窄带，颈部倒U形吊带，下身沿大腿根和腹下缘有呈V形帛带，跣足	立像	圆形仰莲台，单层莲瓣，下承喇叭口形底座	通高22.4厘米	单龛单尊

附表二　蓟州多宝佛塔出土菩萨造像特征统计表

造像编号	工艺质地	手势		着装样式	姿势	底座样式	尺寸	组合方式
		右手	左手					
17TJDT-3S-2（1）	鎏金铜	与愿印	无畏印	头戴花鬘冠，胸前佩璎珞，戴脚链，身穿覆右肩式开襟广袖宽袍，下身着裙	全跏趺坐	木质半圆形束腰底座，髹红漆，朽蚀较重	像高20.4厘米	不明
17TJDT-3S-3	鎏金铜	与愿印	三宝印	戴五叶冠，胸佩倒葫芦形璎珞，戴臂钏、手镯，通肩袈裟，腰束帛带	游戏坐姿	仰覆莲台，莲台上下沿各饰一匝联珠纹，莲瓣宽大，呈U形，莲舌饱满。莲台仅在前面施纹，后面光素	通高9.9厘米	不明
17TJDT-5S-1	鎏金铜	说法印	禅定印	头戴花鬘冠，胸前佩璎珞，戴手镯、脚链，身穿覆右肩式开襟广袖宽袍，下身着裙	全跏趺坐	莲台缺失	高37.7厘米	单龛单尊
17TJDT-5N-1	鎏金铜	禅定印	无畏印	戴五叶冠，佩项圈、璎珞，戴手镯、脚链，身披披肩，着天衣，下身着双层裙	游戏坐姿	覆莲台座，莲瓣窄尖，莲舌单阴线勾边并刻写意卷草纹	通高23.9厘米	单龛单尊
17TJDT-5E-1（1）	鎏金铜	说法印	禅定印	戴花鬘冠，胸前佩璎珞，戴手镯、脚链，身着覆右肩式开襟广袖宽袍，下身穿长裙	全跏趺坐	莲台缺失	高20.5厘米	单龛单尊

续表

造像编号	工艺质地	手势		着装样式	姿势	底座样式	尺寸	组合方式
		右手	左手					
17TJDT-6W-1	木雕贴金	不明	不明	戴六叶冠，胸前佩项圈、璎珞，戴臂钏、手镯、脚链，臂两侧各有一莲枝，身披披肩，着天衣，下着裙	全跏趺坐	仰覆莲台，莲瓣宽大饱满，座背后留有一小处空白	通高32.9厘米	单龛单尊
17TJDT-6N-1	木雕贴金	不明	不明	戴六叶冠，佩项圈、璎珞、臂钏、手镯、脚链，身披披肩，着天衣，下着裙（臂两侧有脱落痕迹）	全跏趺坐	仰覆莲台，束腰较深，莲瓣宽大饱满，座背后留有一小处空白	通高36.7厘米	单龛单尊
17TJDT-7E-1（1）	鎏金铜	说法印	托宝珠	戴五叶冠，佩项圈、璎珞、臂钏、手镯、脚链，臂两侧各有一优钵罗花枝，身披披肩，着天衣，下着裙	全跏趺坐	仰覆莲台，莲瓣宽大饱满，莲舌雕刻卷草纹。莲台仅在前面施纹，后面光素	通高32.3厘米	单龛单尊
17TJDT-8N-1	鎏金铜	期克印	禅定印	戴八叶冠，佩项圈、璎珞、臂钏、手镯、脚链，臂两侧各有一莲枝，身披披肩，着天衣，下着裙	全跏趺坐	仰覆莲台，底座一周满饰莲瓣纹，莲瓣窄长，莲尖雕刻卷草纹	通高30.4厘米	单龛单尊
17TJDT-8E-1	鎏金铜	禅定印	无畏印	佩项圈、璎珞、臂钏、手镯、脚链，臂两侧各有一优钵罗花枝，身披披肩，着天衣，下着裙	全跏趺坐	仰莲台座，阴刻纹路表示脉络。莲座下有圈足	通高28.3厘米	单龛单尊
17TJDT-9W-1	鎏金铜	说法印	期克印	戴花鬘冠，佩项圈、璎珞、手镯，臂两侧各有一优钵罗花枝，身披披肩，着天衣，下着双层裙	游戏坐姿	覆莲台座，莲瓣窄尖，莲舌刻纹不清	通高21.8厘米	单龛单尊
17TJDT-9E-1（1）	鎏金铜	与愿印	无畏印	戴花鬘冠，佩项圈、璎珞、臂钏、手镯、脚链，臂两侧各有一优钵罗花枝，身披披肩，着天衣，下着裙	全跏趺坐	仰莲台座，莲瓣光素。莲座下有圈足	通高31.5厘米	单龛单尊
17TJDT-11S-1（1）	鎏金铜	施依印	托法器	戴花鬘冠，佩项圈、璎珞、手镯、脚链，身穿覆右肩式开襟广袖宽袍，下身着裙	全跏趺坐	仰莲台，莲瓣素面，莲台下有镂空圈足底座	通高39.1厘米	单龛单尊
17TJDT-11W-1（1）	鎏金铜		左手托宝瓶，右手扶瓶	戴花鬘冠，佩项圈、璎珞、臂钏、手镯，身披披肩，着天衣，下着双层裙	立像	覆莲台，莲瓣宽大，制作粗糙，联珠纹不甚规整	通高22.9厘米	单龛单尊
17TJDT-12W-1	瓷		左手按于台面，右手置于右膝上	头戴披巾，身穿袒胸长袍，跣足	游戏坐姿	圆角半圆形台座，前低后高斜坡状	通高13.2厘米	组合主尊
17TJDT-13N-1	鎏金铜		左手托日轮，右手扶日轮	戴花鬘冠，身穿开襟广袖宽袍，下身着裙	立像	无底座	高27.4厘米	单龛单尊

后　　记

2017年10月17日晚，我接到中心领导电话，安排我担任蓟州多宝佛塔考古工作的现场负责，进行考古清理与文物现场保护工作。起因是此塔修缮中发现鎏金铜质九龙浴太子造像一尊。在随后的勘察中发现了更多文物线索，亟待抢救性考古与保护工作开展。我迅速制定出此塔发掘与出土文物紧急保护的预案，并在各方积极配合下完成了此塔佛龛的抢救性考古与出土文物紧急保护工作。因此批文物材质、种类多样，保护修复难度较大，我中心委托中国文化遗产研究院进行了多年的保护修复工作，让此批文物得以“重现真颜”。保护修复工作完成后，我中心启动了考古报告的整理工作，并于2023年10月在下属的博物馆推出了“灵光独耀——蓟州多宝佛塔出土文物保护成果展”与多场主题讲座，生动体现了蓟州多宝佛塔佛龛文物的考古清理、保护修复、价值研究、展示利用的全部流程。

蓟州多宝佛塔四面开窗作佛龛供奉的方式独特，出土文物题材与属性丰富，不仅见证了蓟州盘山不同宗教和教派的发展历程，更是元代以来佛教与道教由冲突走向多元并存的重要实证。文物的重见天日，实出偶然。感谢天津峰成建筑装饰工程有限公司在此塔修缮中发现文物后的迅速上报，使文物得以及时处理；感谢蓟州区人民政府、天津市文物局对此塔文物保护的高度重视，使考古工作得以顺利完成；感谢蓟州区公安局、天津盘山风景名胜区管理局、蓟州区官庄镇政府共同对此塔文物进行的保卫值守，使文物得以平安入库；感谢蓟州区文物局、天津市蓟州区文化遗产保护中心的积极协调，使此项工作有序开展；感谢中国文化遗产研究院蓟州多宝佛塔出土文物抢救性保护项目组，他们在现场与后续文物保护修复中严谨、细致的工作态度，确保了此批文物的稳定与原真；还要感谢中国人民大学考古文博学院王晓琨老师的团队，在此报告整理、编制过程中的艰辛付出；最后特别感谢詹长法、李裕群两位先生给予的现场指导，陈雍先生对此报告编制的指教！

蓟州多宝佛塔考古、文物保护、报告编制等工作得到天津市文化遗产保护中心领导、同仁的鼎力支持，在此一并致谢。

由于水平有限，写作之中难免疏漏，有不妥之处，望大家指正！

刘　健

2024年9月20日

图 版

1. 蓟州多宝佛塔远眺

2. 蓟州多宝佛塔维修时发现文物情况

蓟州多宝佛塔远景、维修时发现文物情况

图版二

1. 天津市文化遗产保护中心首次提取文物（九龙浴太子造像）

2. 佛龛清理现场

首次提取文物与佛龛清理现场

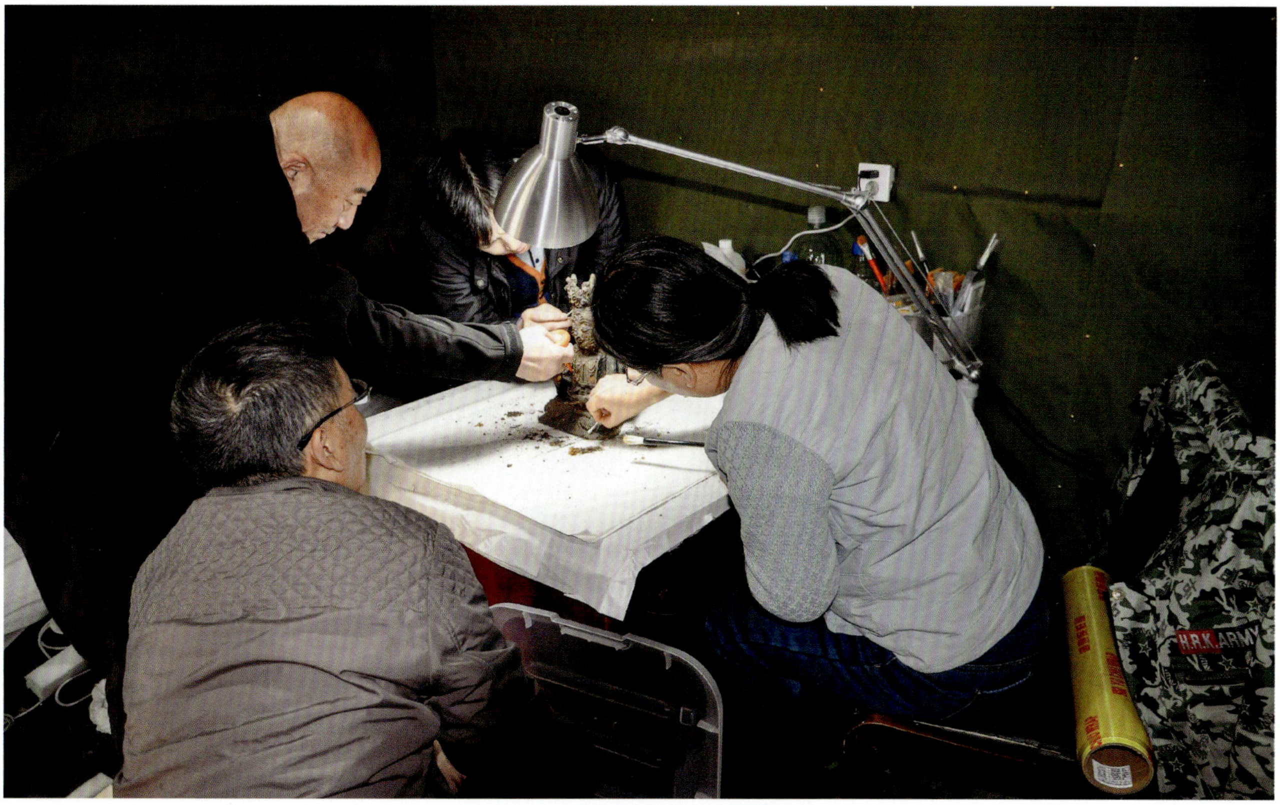

1. 出土文物现场抢救性保护

2. 出土纺织品文物紧急抢救性保护

出土文物抢救性保护加固

图版四

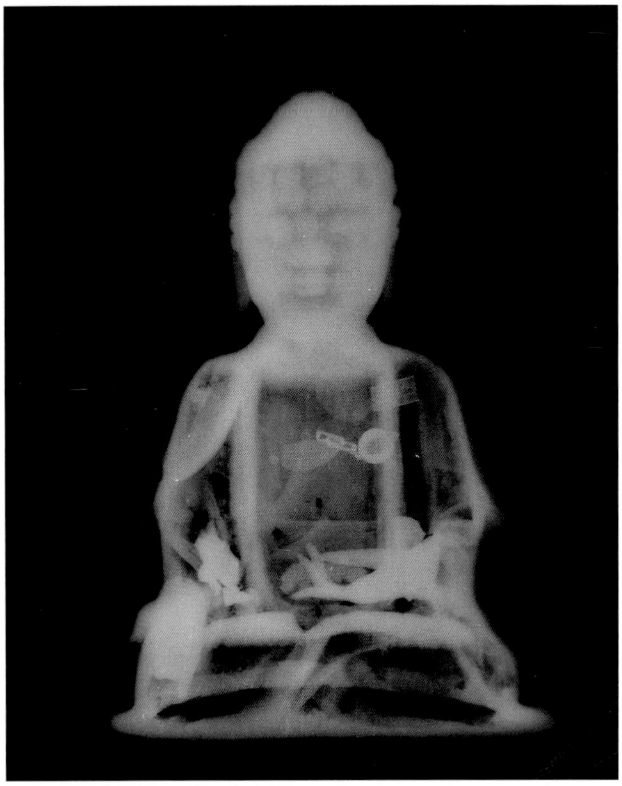

1. 鎏金铜药师佛坐像［17TJDT-4S-2（1）］
X 射线图

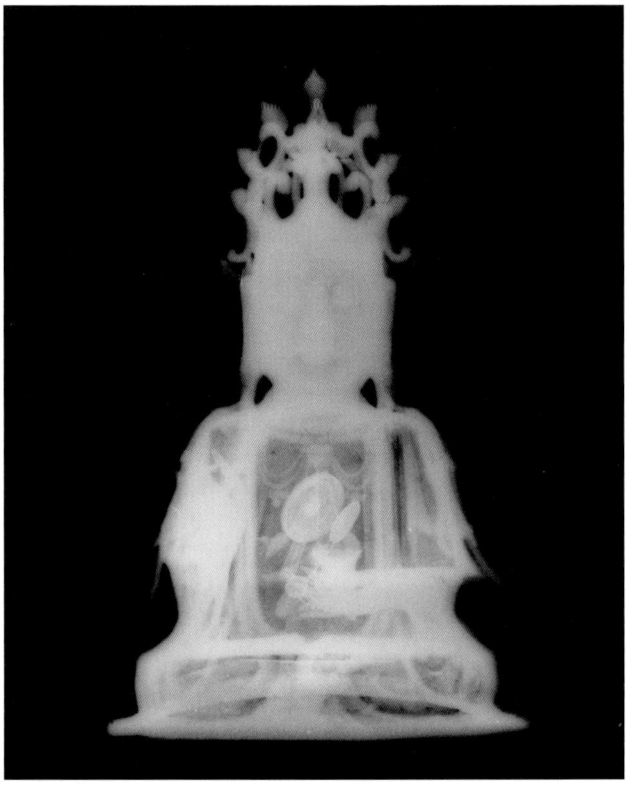

2. 鎏金铜观音菩萨坐像［17TJDT-11S-1（1）］
X 射线图

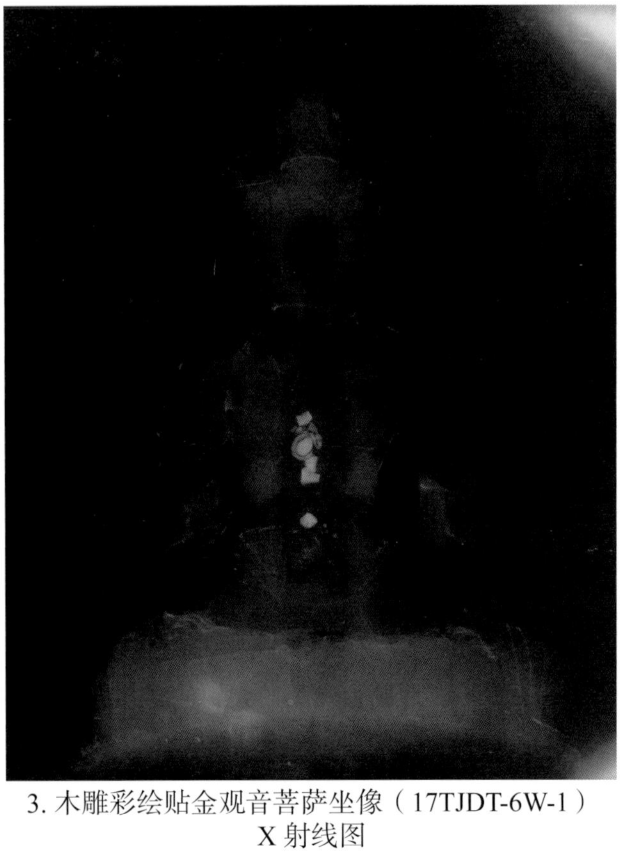

3. 木雕彩绘贴金观音菩萨坐像（17TJDT-6W-1）
X 射线图

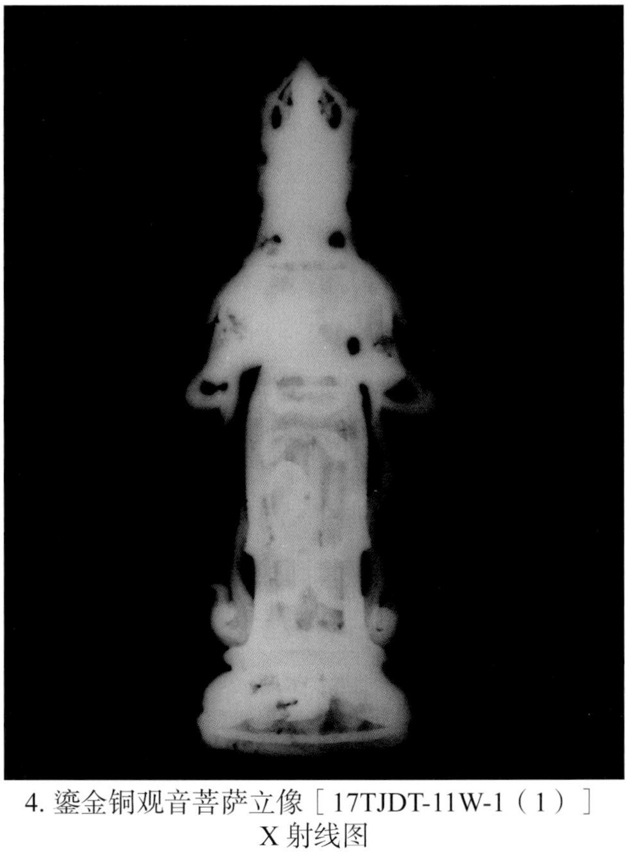

4. 鎏金铜观音菩萨立像［17TJDT-11W-1（1）］
X 射线图

装藏提取前X射线电磁波造像内部探查

1. 坐像出土情况

2. 铁质封底

3. 铁质封底打开后发现棉絮

4. 棉絮取出后发现丝织品

5. 取出的丝织品绑扎情况

6. 取出的丝织品与金属件

鎏金铜阿弥陀佛坐像［17TJDT-12S-3（1）］装藏提取过程

图版六

1. 出土纺织品保护

2. 出土木质文物保护前情况

3. 出土纸质文物保护

出土文物保护工作

图版七

1. 出土文物保护

2. 鎏金铜观音菩萨造像［17TJDT-3S-2（1）］
保护前情况

3. 鎏金铜释迦牟尼造像［17TJDT-4S-2（1）］
保护前情况

出土文物状况与保护工作

图版八

考古资料整理工作

佛塔南、西南立面三维扫测图
（天津大学建筑研究设计院提供）

图版一〇

佛塔西、西北立面三维扫测图
（天津大学建筑研究设计院提供）

1. 第一层南面砖雕与石匾

2. 南面台基砖雕与石雕

3. 西南面台基砖雕与石雕

4. 东南面台基砖雕与石雕

5. 东北面台基石雕

6. 西北面台基石雕

7. 东面台基石雕

8. 北面台基石雕

佛塔第一层南面砖雕与石匾；台基砖雕与石雕

图版一二

佛塔北、东北立面三维扫测图
（天津大学建筑研究设计院提供）

佛塔东、东南立面三维扫测图
（天津大学建筑研究设计院提供）

图版一四

1. 第十三层北面佛龛（17TJDT-13N）封砖

2. 第十二层北面佛龛（17TJDT-12N）封砖

3. 第十一层北面佛龛（17TJDT-11N）封砖

4. 第十层北面佛龛（17TJDT-10N）封砖

5. 第九层南面佛龛（17TJDT-9S）封砖

第十层至第十三层北面、第九层南面佛龛封砖

1. 第七层南面佛龛（17TJDT-7S）封砖

2. 第六层南面佛龛（17TJDT-6S）封砖

3. 第五层南面佛龛（17TJDT-6S）封砖

4. 第四层南面佛龛（17TJDT-4S）封砖

5. 第三层南面佛龛（17TJDT-3S）封砖

第七层至第三层南面佛龛封砖

图版一六

1. 第三层南面佛龛（17TJDT-3S）打开后情况

2. 第四层南面佛龛（17TJDT-4S）打开后情况

3. 第四层东面佛龛（17TJDT-4E）打开后情况

第三层南面、第四层南面、东面佛龛打开封砖情况

1. 第五层东面佛龛（17TJDT-5E）打开后情况

2. 第六层北面佛龛（17TJDT-6N）打开后情况

3. 第七层北面佛龛（17TJDT-7N）打开后情况

第五层东面、第六层北面、第七层北面佛龛打开封砖情况

图版一八

1. 第八层西面佛龛（17TJDT-8W）打开后情况

2. 第十层北面佛龛（17TJDT-10N）打开后情况

第八层西面、第十层北面佛龛打开封砖情况

1. 第十一层北面佛龛（17TJDT-11N）打开后情况

2. 第十二层东面佛龛（17TJDT-12E）打开后情况

第十一层北面、第十二层东面佛龛打开封砖情况

图版二〇

鎏金铜释迦牟尼坐像（17TJDT-3S-1）

第三层南面佛龛内出土造像

鎏金铜释迦牟尼坐像（17TJDT-3S-1）侧视

第三层南面佛龛内出土造像

图版二二

鎏金铜观音菩萨造像［17TJDT-3S-2（1）］

第三层南面佛龛内出土造像

鎏金铜释迦牟尼坐像（17TJDT-3S-1）侧视

第三层南面佛龛内出土造像

图版二二

鎏金铜观音菩萨造像［17TJDT-3S-2（1）］

第三层南面佛龛内出土造像

1. 鎏金铜绿度母坐像（17TJDT-3S-3）

2. 鎏金铜真武大帝坐像（17TJDT-4W-2）

3. 鎏金铜日光菩萨法器（17TJDT-4W-3）

第三层南面、第四层西面佛龛内出土造像、法器

图版二四

贴金彩绘泥塑灵宝天尊坐像［17TJDT-4S-1（1）］

第四层南面佛龛内出土造像

贴金彩绘泥塑灵宝天尊坐像［17TJDT-4S-1（1）］侧视

第四层南面佛龛内出土造像

图版二六

鎏金铜药师佛坐像（17TJDT-4S-2）

第四层南面佛龛内出土造像

鎏金铜药师佛坐像（17TJDT-4S-2）细部

第四层南面佛龛内出土造像

图版二八

鎏金铜阿弥陀佛坐像（17TJDT-4W-1）

第四层西面佛龛内出土造像

鎏金铜释迦牟尼坐像（17TJDT-4E-1）

第四层东面佛龛内出土造像

鎏金铜观音菩萨坐像（17TJDT-5S-1）

第五层南面佛龛内出土造像

鎏金铜观音菩萨坐像（17TJDT-5S-1）侧视

第五层南面佛龛内出土造像

图版三二

鎏金铜文殊菩萨坐狮像（17TJDT-5N-1）

第五层北面佛龛内出土造像

鎏金铜观音菩萨坐像［17TJDT-5E-1（1）］

第五层东面佛龛内出土造像

图版三四

鎏金铜观音菩萨坐像［17TJDT-5E-1（1）］侧视

第五层东面佛龛内出土造像

木雕贴金彩绘释迦牟尼坐像（17TJDT-6S-1）

第六层南面佛龛内出土造像

图版三六

木雕贴金彩绘释迦牟尼坐像（17TJDT-6S-1）背视

第六层南面佛龛内出土造像

木雕贴金彩绘观音菩萨坐像（17TJDT-6W-1）

第六层西面佛龛内出土造像

图版三八

木雕贴金彩绘观音菩萨坐像（17TJDT-6W-1）侧视

第六层西面佛龛内出土造像

木雕贴金彩绘观音菩萨坐像（17TJDT-6N-1）

第六层北面佛龛内出土造像

图版四〇

木雕贴金彩绘观音菩萨坐像（17TJDT-6N-1）背视

第六层北面佛龛内出土造像

木雕贴金彩绘释迦牟尼坐像（17TJDT-6E-1）

第六层东面佛龛内出土造像

木雕贴金彩绘释迦牟尼坐像（17TJDT-6E-1）侧视

第六层东面佛龛内出土造像

鎏金铜释迦牟尼坐像［17TJDT-7S-1（1）］

第七层南面佛龛内出土造像

图版四四

鎏金铜释迦牟尼坐像［17TJDT-7S-1（1）］侧视

第七层南面佛龛内出土造像

鎏金铜阿弥陀佛坐像［17TJDT-7W-1（1）］

第七层西面佛龛内出土造像

图版四六

鎏金铜阿弥陀佛坐像［17TJDT-7N-1（1）］

第七层北面佛龛内出土造像

鎏金铜阿弥陀佛坐像［17TJDT-7N-1（1）］细部

第七层北面佛龛内出土造像

图版四八

鎏金铜地藏菩萨坐像［17TJDT-7E-1（1）］

第七层东面佛龛内出土造像

鎏金铜九龙浴太子造像（17TJDT-8S-1）

第八层南面佛龛内出土造像

图版五〇

鎏金铜九龙浴太子造像（17TJDT-8S-1）细部

第八层南面佛龛内出土造像

鎏金铜九龙浴太子造像（17TJDT-8S-1）细部

第八层南面佛龛内出土造像

鎏金铜释迦牟尼坐像［17TJDT-8W-1（1）］

第八层西面佛龛内出土造像

鎏金铜释迦牟尼坐像［17TJDT-8W-1（1）］背视

图版五四

鎏金铜地藏菩萨坐像（17TJDT-8N-1）

第八层北面佛龛内出土造像

鎏金铜地藏菩萨坐像（17TJDT-8N-1）侧视

第八层北面佛龛内出土造像

图版五六

鎏金铜观音菩萨坐像（17TJDT-8E-1）

第八层东面佛龛内出土造像

鎏金铜观音菩萨坐像（17TJDT-8E-1）背视

第八层东面佛龛内出土造像

图版五八

鎏金铜释迦牟尼坐像［17TJDT-9S-1（1）］

第九层南面佛龛内出土造像

鎏金铜彩绘文殊菩萨坐狮像（17TJDT-9W-1）

第九层西面佛龛内出土造像

鎏金铜彩绘文殊菩萨坐狮像（17TJDT-9W-1）背视

第九层西面佛龛内出土造像

鎏金铜彩绘文殊菩萨坐狮像（17TJDT-9W-1）细部

第九层西面佛龛内出土造像

图版六二

覆钵式木塔模型（17TJDT-9N-1）

第九层北面佛龛内出土佛塔模型

1. 覆钵式木塔模型内的阿弥陀佛坐像（擦擦）［17TJDT-9N-1（4）］

2. 鎏金铜金刚橛法器（17TJDT-8N-2）

第九层北面佛龛内出土擦擦、第八层北面佛龛内出土法器

图版六四

鎏金铜观音菩萨坐像（17TJDT-9E-1）

第九层东面佛龛内出土造像

鎏金铜观音菩萨坐像（17TJDT-9E-1）侧视

图版六六

鎏金铜释迦牟尼坐像（17TJDT-10S-1）

第十层南面佛龛内出土造像

鎏金铜阿弥陀佛坐像（17TJDT-10W-1）

第十层西面佛龛内出土造像

覆钵式木塔模型（17TJDT-10N-1）

第十层北面佛龛内出土佛塔模型

覆钵式木塔模型内的释迦牟尼坐像（擦擦）[17TJDT-10N-1（3）]

第十层北面佛龛内出土擦擦

图版七〇

鎏金铜阿弥陀佛坐像（17TJDT-10E-1）

第十层东面佛龛内出土造像

鎏金铜观音菩萨坐像（17TJDT-11S-1）

第十一层南面佛龛内出土造像

图版七二

鎏金铜观音菩萨坐像（17TJDT-11S-1）细部

第十一层南面佛龛内出土造像

鎏金铜观音菩萨立像［17TJDT-11W-1（1）］

第十一层西面佛龛内出土造像

图版七四

鎏金铜观音菩萨立像［17TJDT-11W-1（1）］背视

第十一层西面佛龛内出土造像

鎏金铜阿难立像（17TJDT-11E-1）

第十一层东面佛龛内出土造像

图版七六

1. 第十二层南面佛龛出土鎏金铜阿弥陀佛坐像组合［17TJDT-12S-1、2、3（1）］

2. 鎏金铜阿弥陀佛坐像（17TJDT-12S-1）

3. 鎏金铜阿弥陀佛坐像（17TJDT-12S-2）

第十二层南面佛龛内出土造像

1. 鎏金铜阿弥陀佛坐像［17TJDT-12S-3（1）］

2. 鎏金铜阿弥陀佛坐像［17TJDT-12S-3（1）］背视

3. 第十二层西面佛龛出土水月观音菩萨坐像、达摩坐像组合（17TJDT-12W-1、2、3）

第十二层南面、西面佛龛内出土造像

图版七八

1. 瓷水月观音菩萨坐像（17TJDT-12W-1）

2. 瓷达摩坐像（17TJDT-12W-2）

3. 瓷达摩坐像（17TJDT-12W-3）

4. 鎏金铜宝生佛坐像［17TJDT-12E-1（1）］

第十二层西面、东面佛龛内出土造像

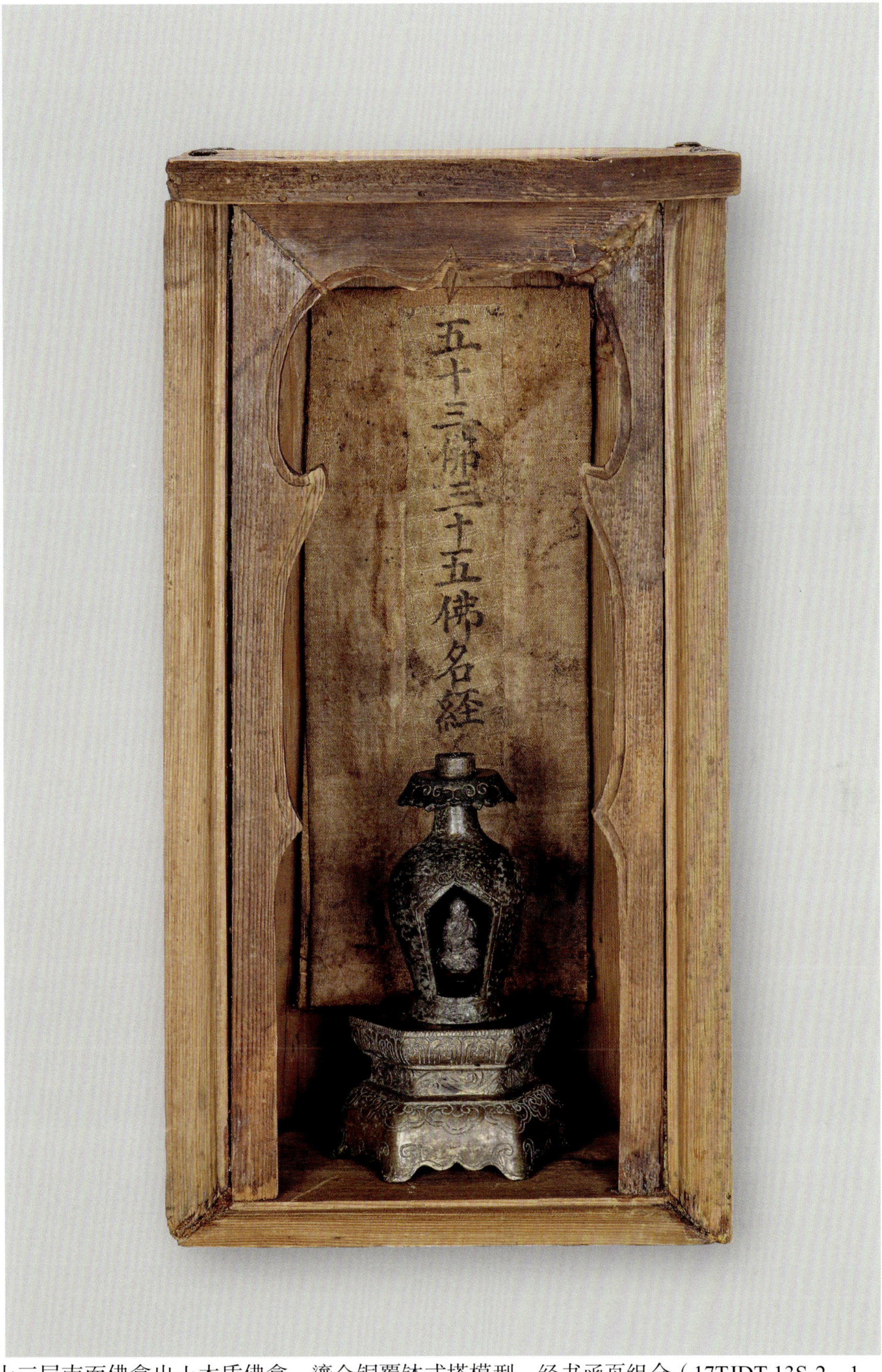

第十三层南面佛龛出土木质佛龛、鎏金铜覆钵式塔模型、经书函页组合（17TJDT-13S-2、1、8）

第十三层南面佛龛内出土佛龛

1. 鎏金铜覆钵式塔模型（17TJDT-13S-1）

2. 石雕何仙姑立像（17TJDT-13W-1）

3. 念珠［17TJDT-11N-1（1）］

第十三层南面佛龛内出土佛塔模型、西面佛龛内出土造像、第十一层北面佛龛内出土念珠

鎏金铜日光菩萨立像（17TJDT-13N-1）

第十三层北面佛龛内出土造像

图版八二

鎏金铜乔达摩·悉达多太子像（17TJDT-13E-1）

第十三层东面佛龛内出土造像

1. 封底木板［17TJDT-3S-2（3）］

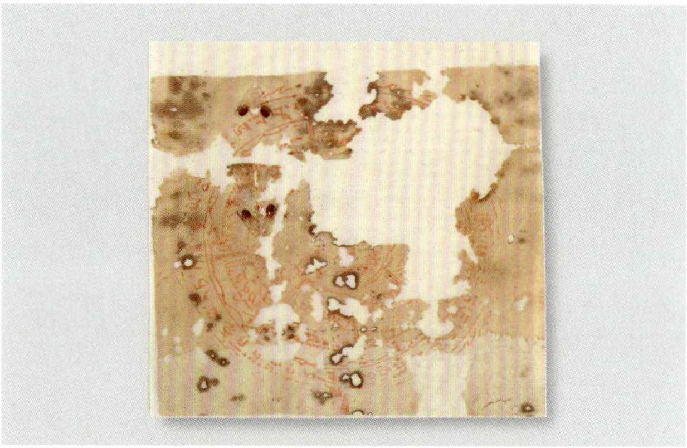

2. 纸张［17TJDT-3S-2（1）③］

3. 菱形与鸡心形饰件［17TJDT-4S-2（1）②］

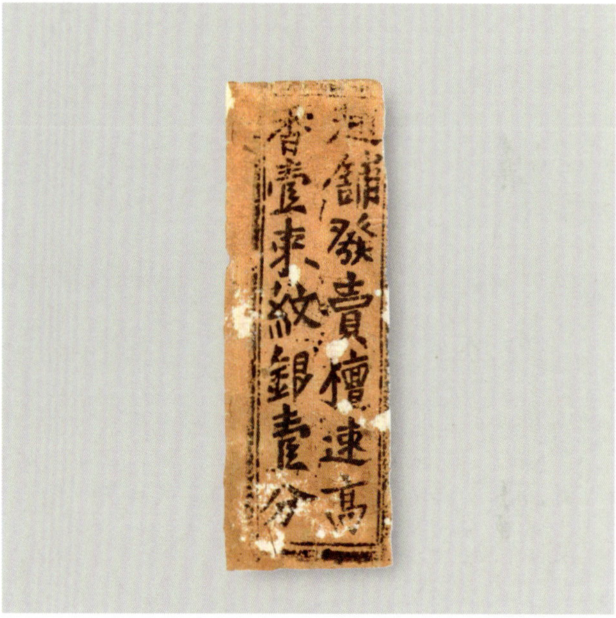

4. 纸券［17TJDT-4S-1（2）］

5. 封底木板［17TJDT-4S-2（4）］

6. 圆花形图案纸张［17TJDT-4S-2（1）⑧］

鎏金铜观音菩萨坐像（17TJDT-3S-2）封底与装藏物；贴金彩绘泥塑灵宝天尊坐像［17TJDT-4S-1（1）］底部纸券；鎏金铜药师佛坐像（17TJDT-4S-2）封底与装藏物

图版八四

1. 线香［17TJDT-4S-2（1）④］

2. 丝织品（幡）［17TJDT-4S-2（1）⑥］

3. 小铜镜（17TJDT-5S-1②）

4. 螺形器（17TJDT-5S-1①）

5. 万历通宝、崇祯通宝（17TJDT-5S-2）

鎏金铜药师佛坐像（17TJDT-4S-2）装藏物；鎏金铜观音菩萨坐像（17TJDT-5S-1）装藏物；第五层南面佛龛内出土铜钱

1. 封底铁板［17TJDT-5E-1（2）］

2. 木质残件［17TJDT-5E-1（3）］

3. 黄琉璃［17TJDT-6S-1（1）⑤］

4. 绿琉璃［17TJDT-6W-1（1）②］

5. 经卷［17TJDT-6S-1（1）⑦］封皮

鎏金铜释迦牟尼坐像（17TJDT-5E-1）封底铁板、木质残件；贴金木雕彩绘释迦牟尼坐像（17TJDT-6S-1）装藏物；贴金木雕彩绘观音菩萨坐像（17TJDT-6W-1）装藏物

图版八六

1. 经书

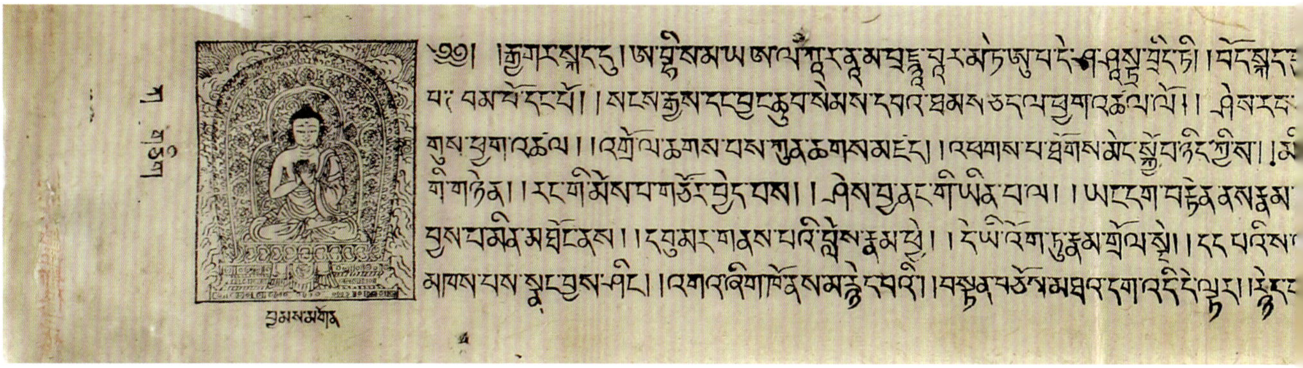

2. 经书

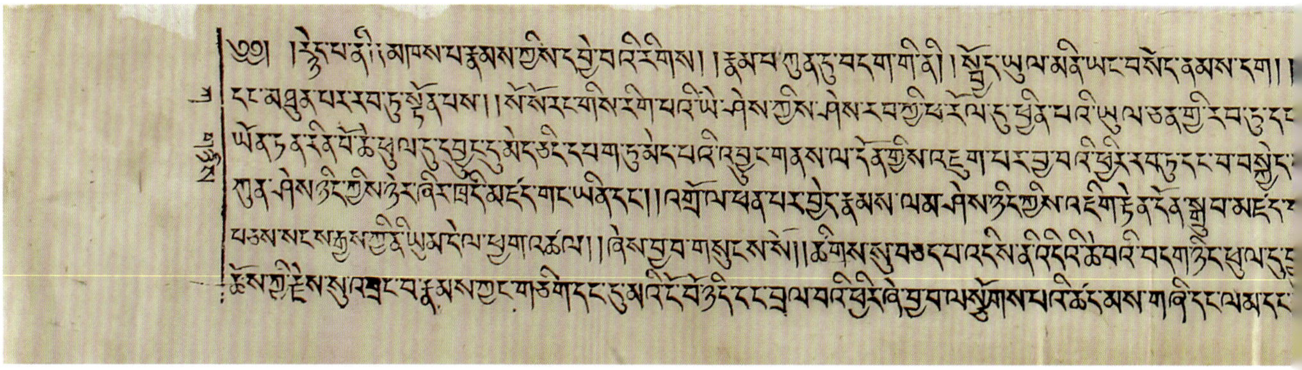

3. 经书

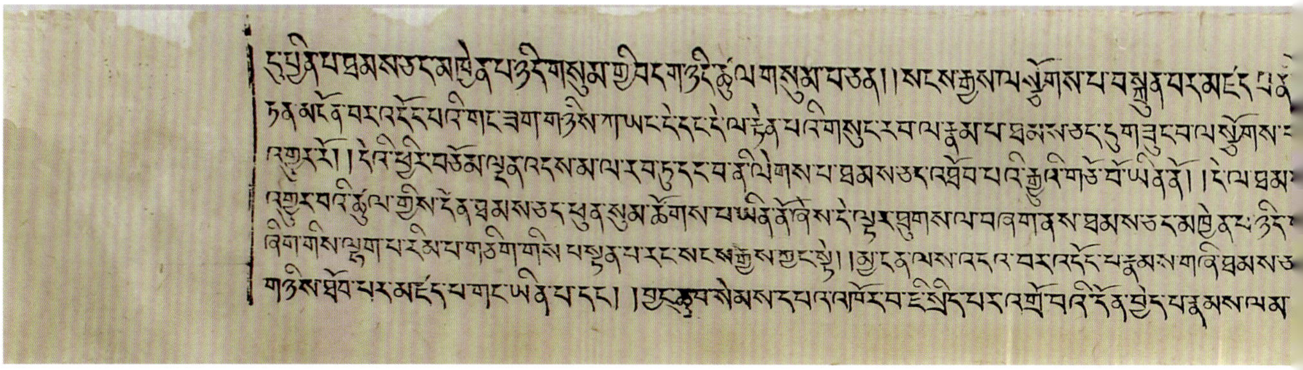

4. 经书

贴金木雕彩绘释迦牟尼坐像（17TJDT-6S-1）装藏的经卷

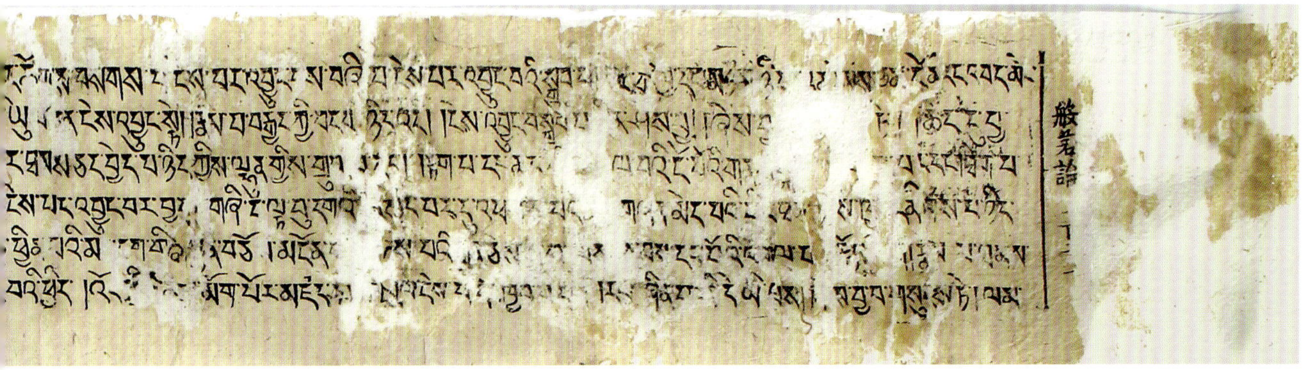

（第1页）

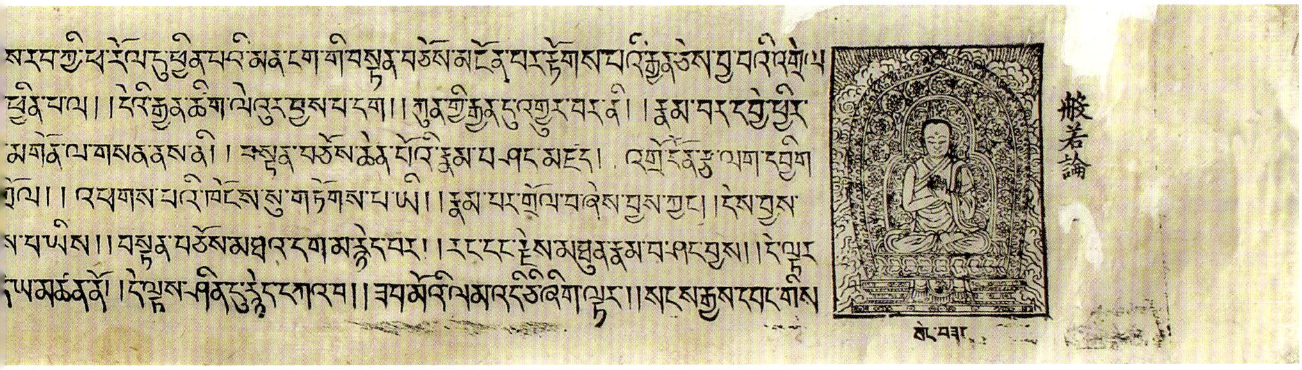

（第2页）

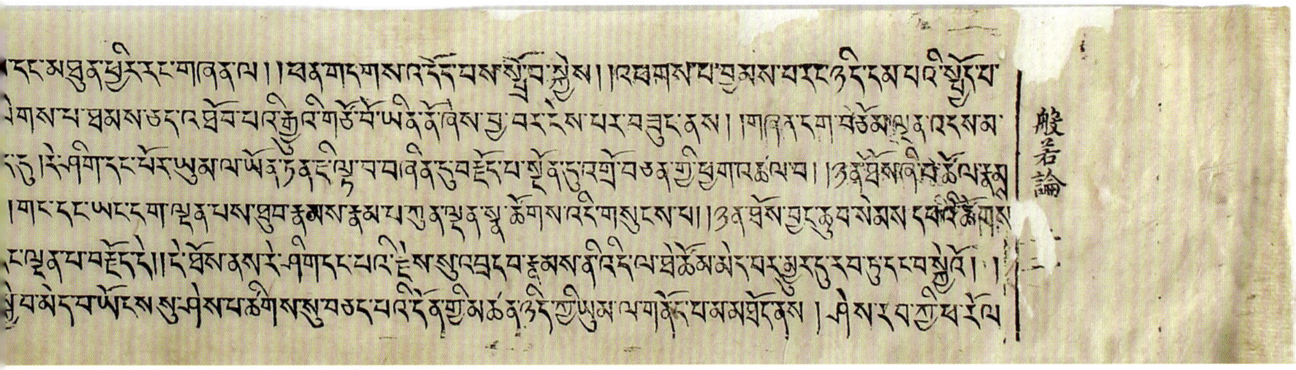

（第3页）

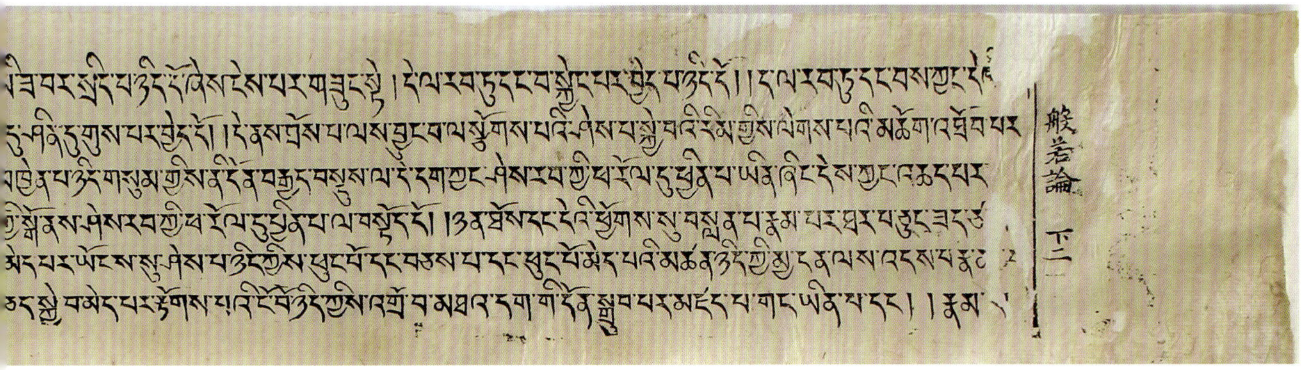

（第4页）

［17TJDT-6S-1（1）⑦］（共12页，第1～4页）

图版八七

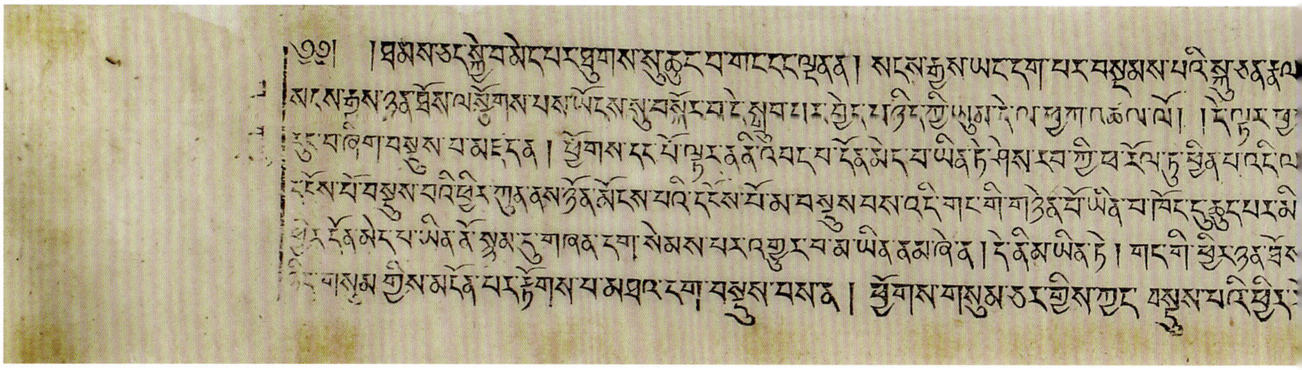

1. 经书

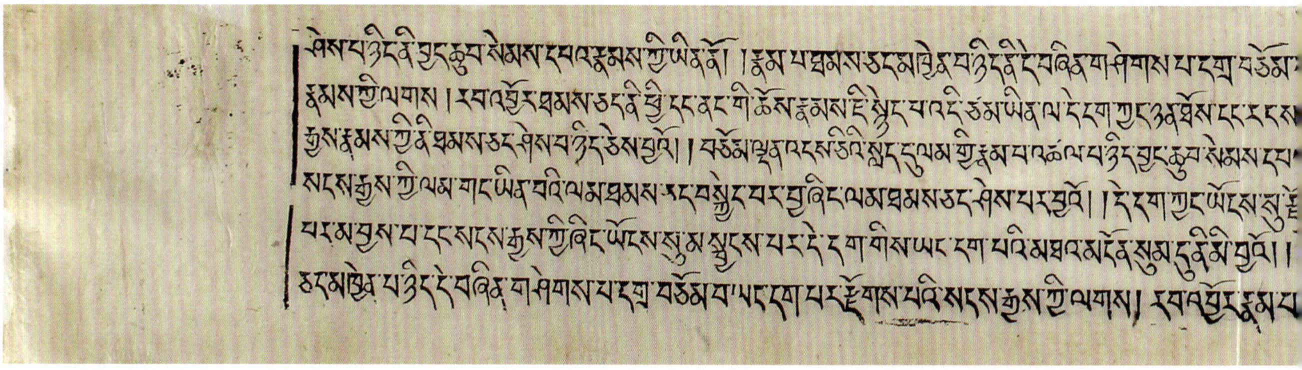

2. 经书

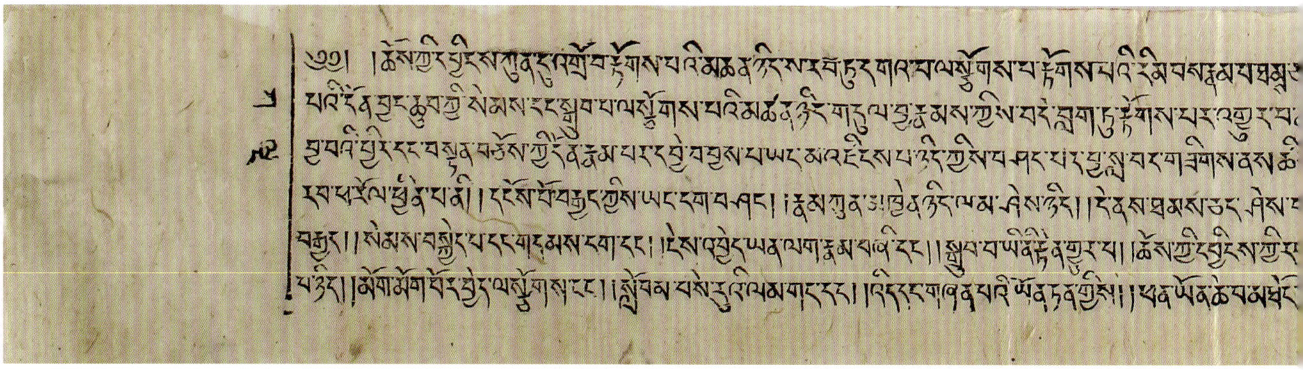

3. 经书

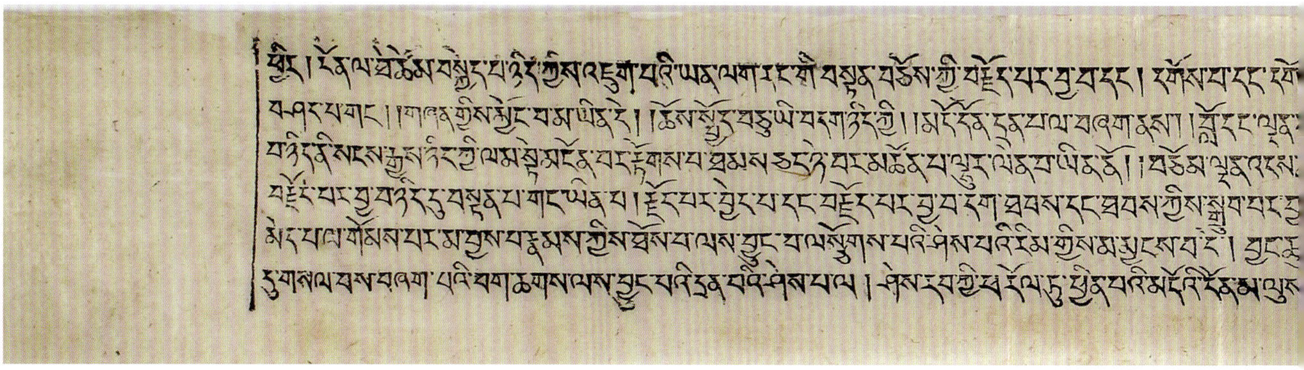

4. 经书

贴金木雕彩绘释迦牟尼坐像（17TJDT-6S-1）装藏的经卷

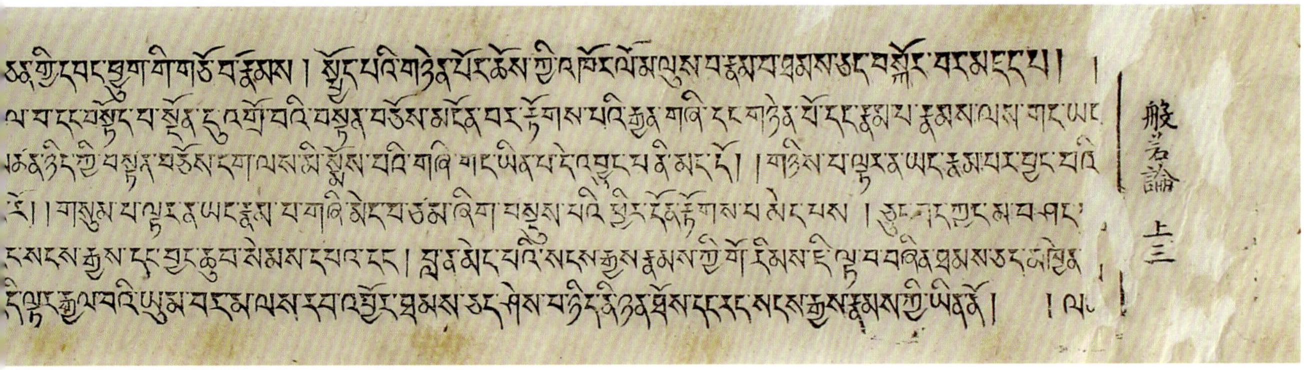

（第5页）

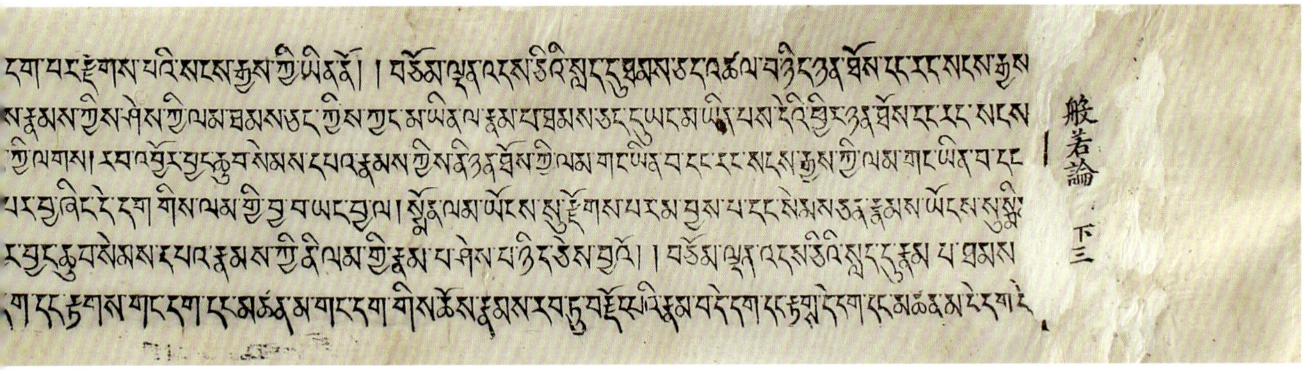

（第6页）

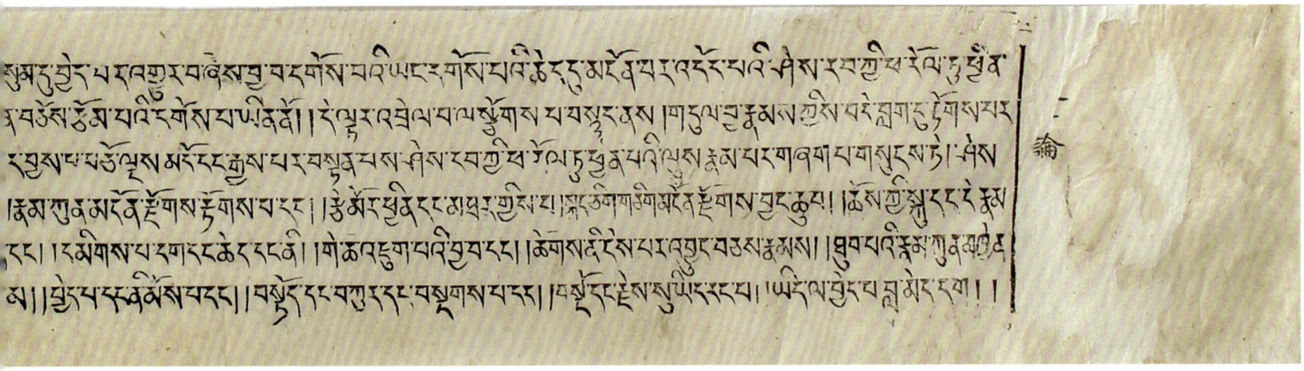

（第7页）

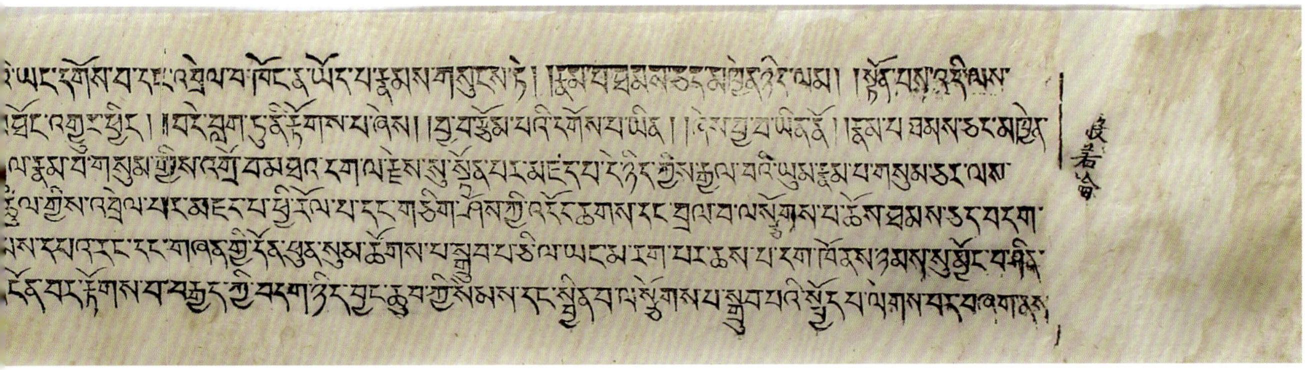

（第8页）

［17TJDT-6S-1（1）⑦］（共12页，第5～8页）

图版八八

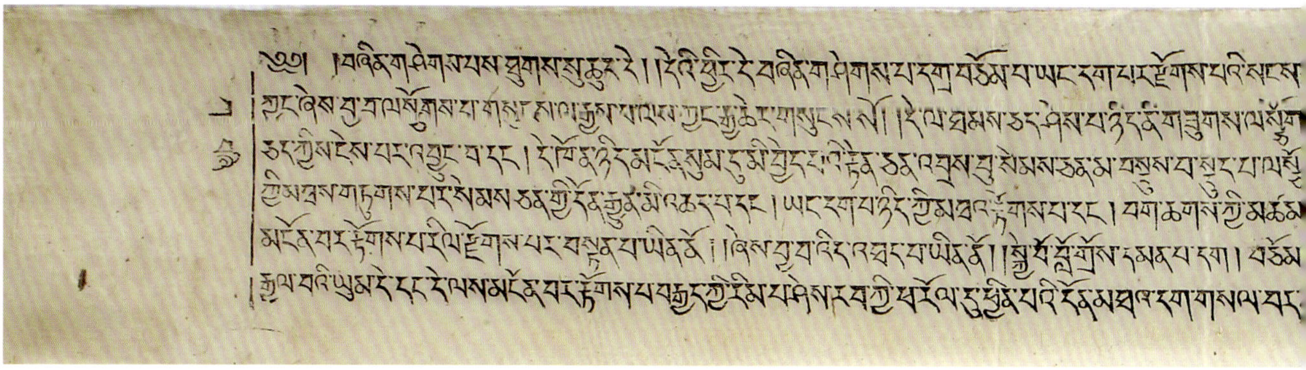

1. 经书

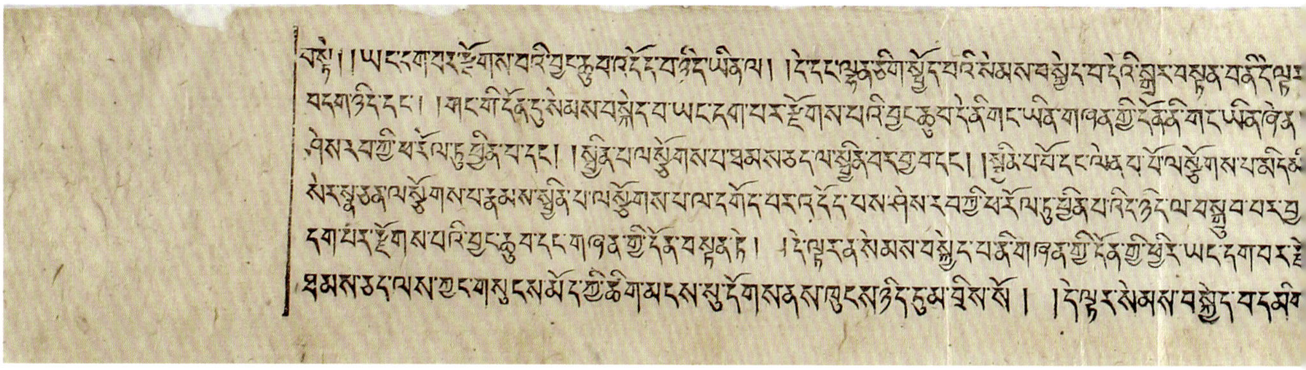

2. 经书

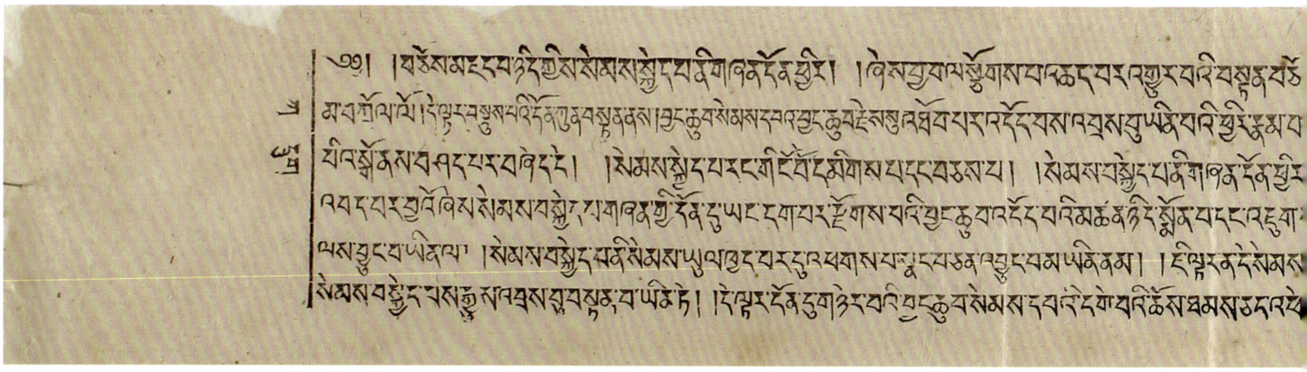

3. 经书

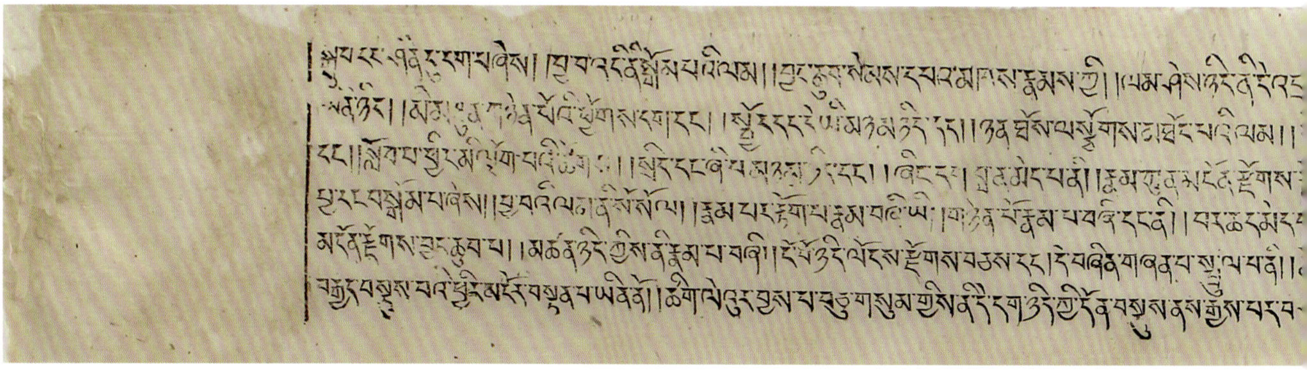

4. 经书

贴金木雕彩绘释迦牟尼坐像（17TJDT-6S-1）装藏的经卷

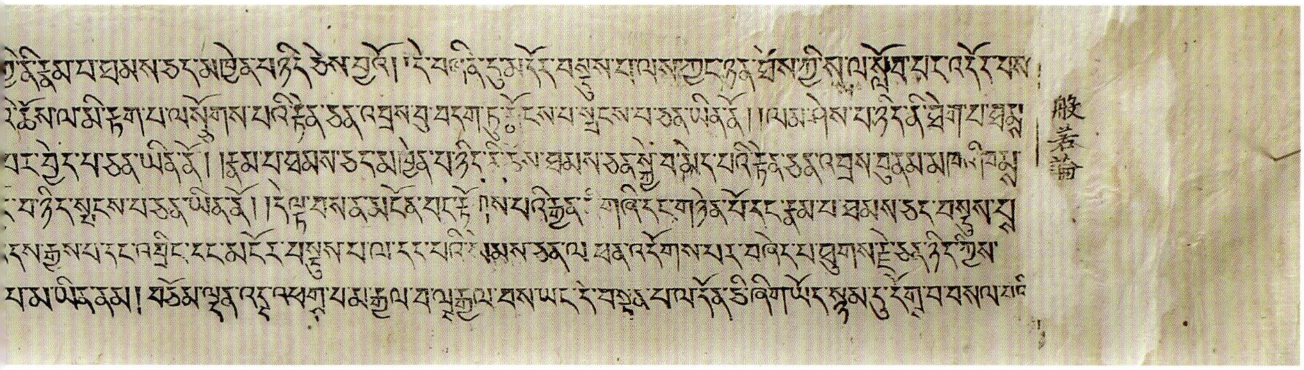

（第9页）

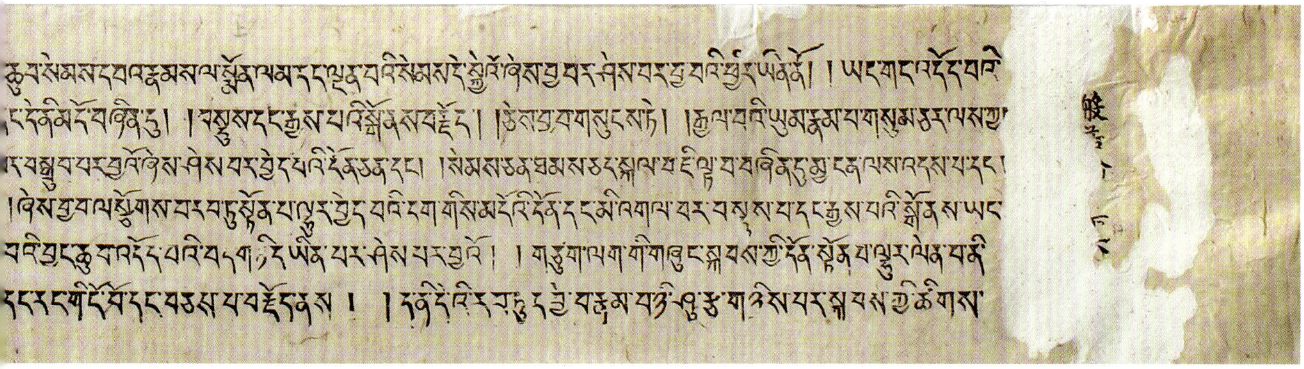

（第10页）

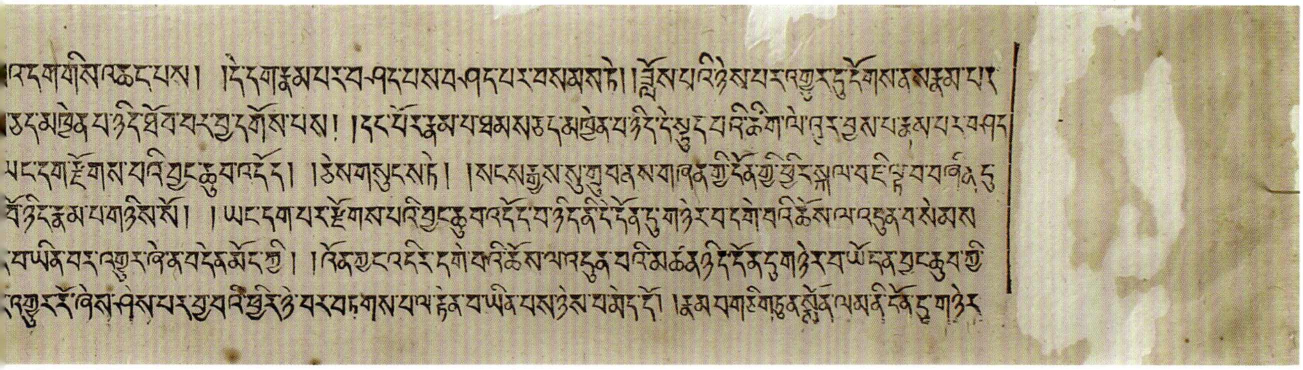

（第11页）

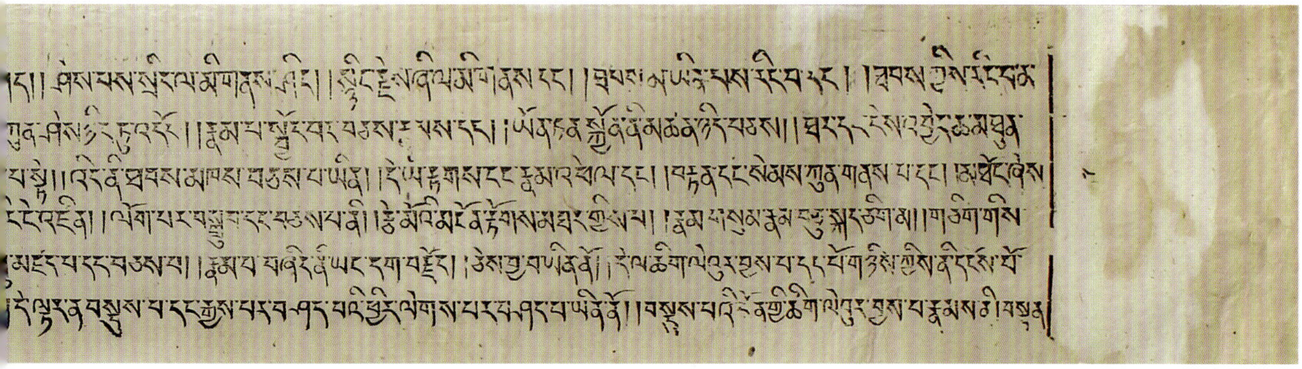

（第12页）

［17TJDT-6S-1（1）⑦］（共12页，第9～12页）

图版八九

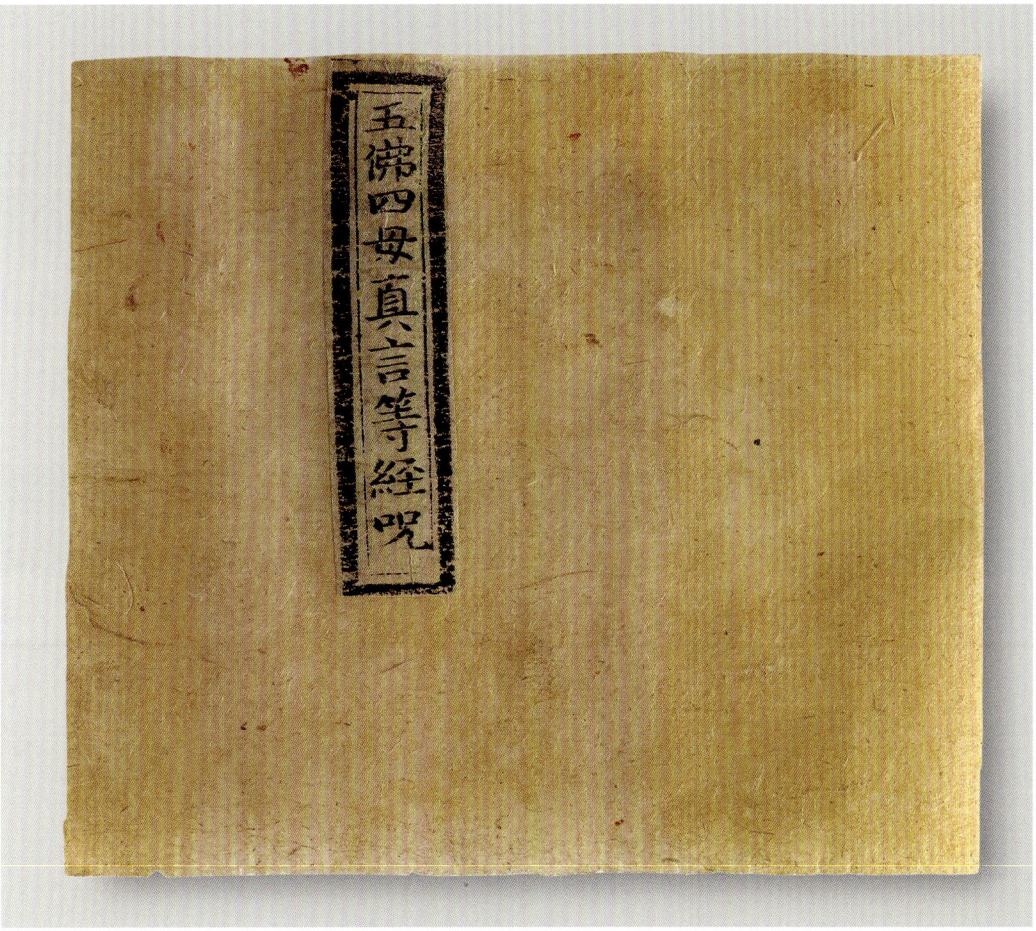

1. 经卷［17TJDT-6W-1（1）④］封皮

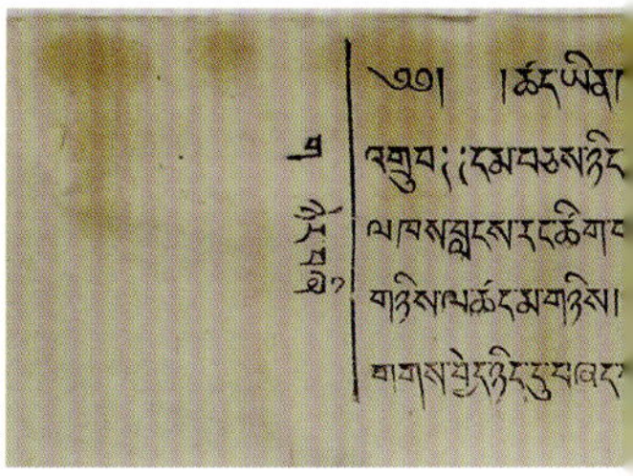

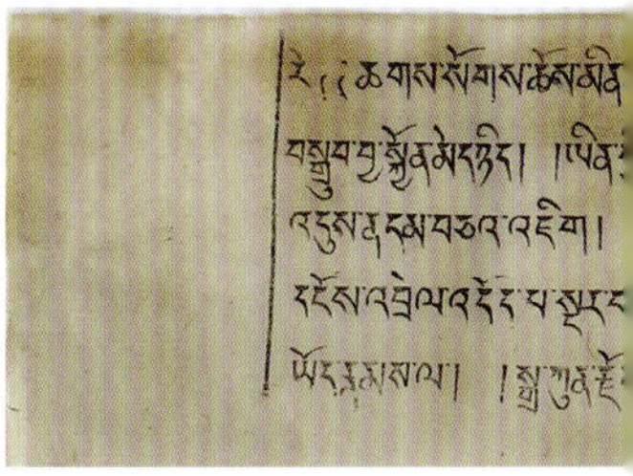

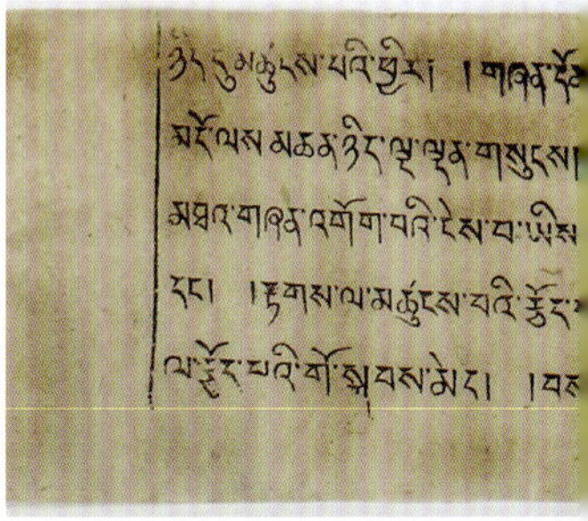

贴金木雕彩绘观音菩萨坐像（17TJDT-6W-1）装藏的经卷

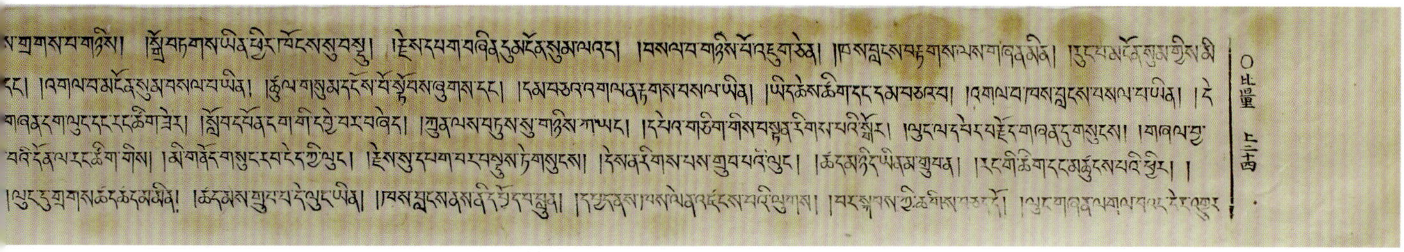

2. 经书（第1页）

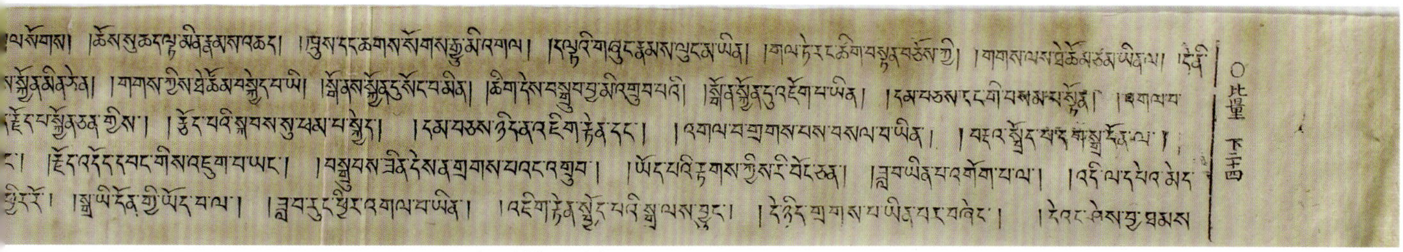

3. 经书（第2页）

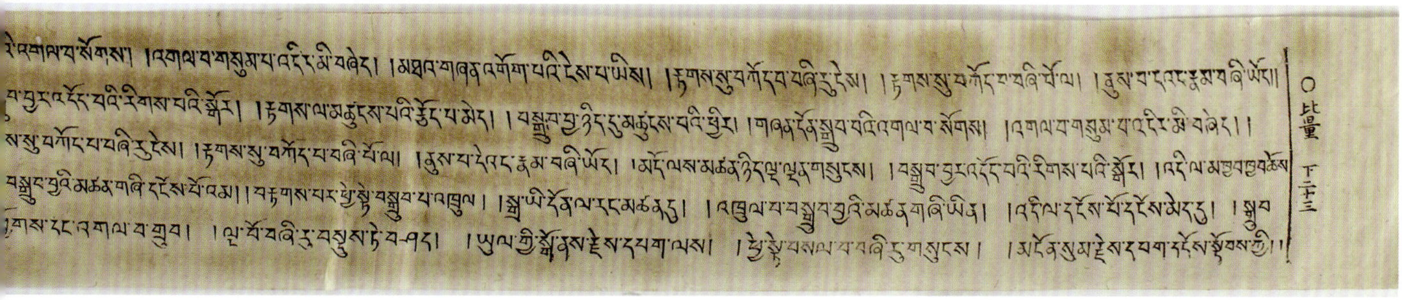

4. 经书（第3页）

［17TJDT-6W-1（1）④］（共11页，第1～3页）及封皮

图版九〇

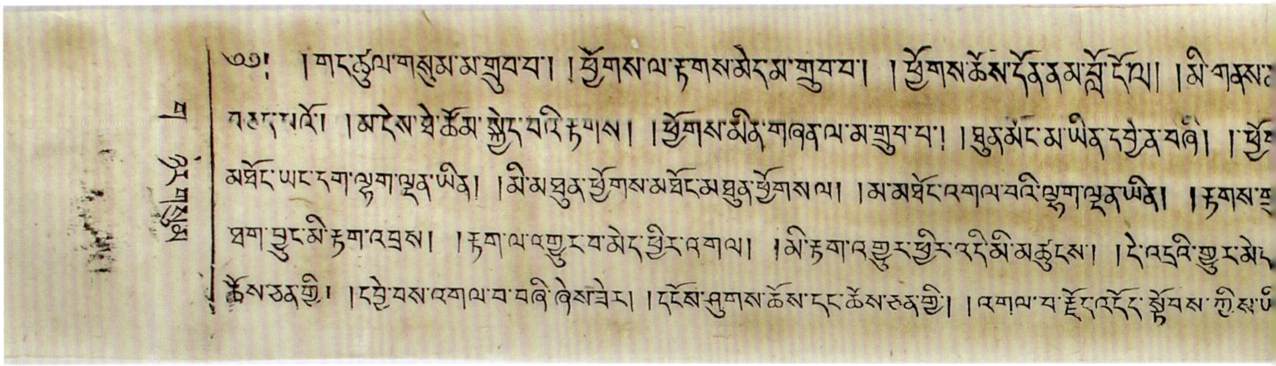

1. 经书

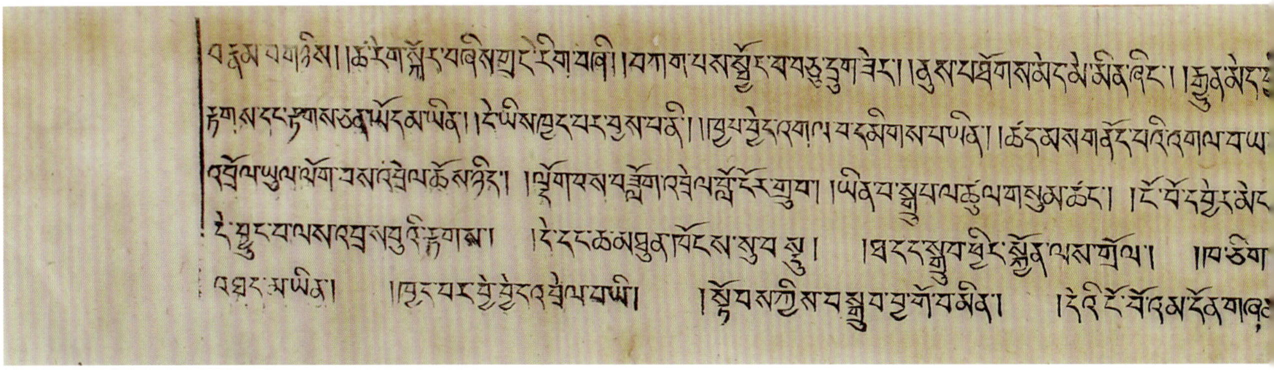

2. 经书

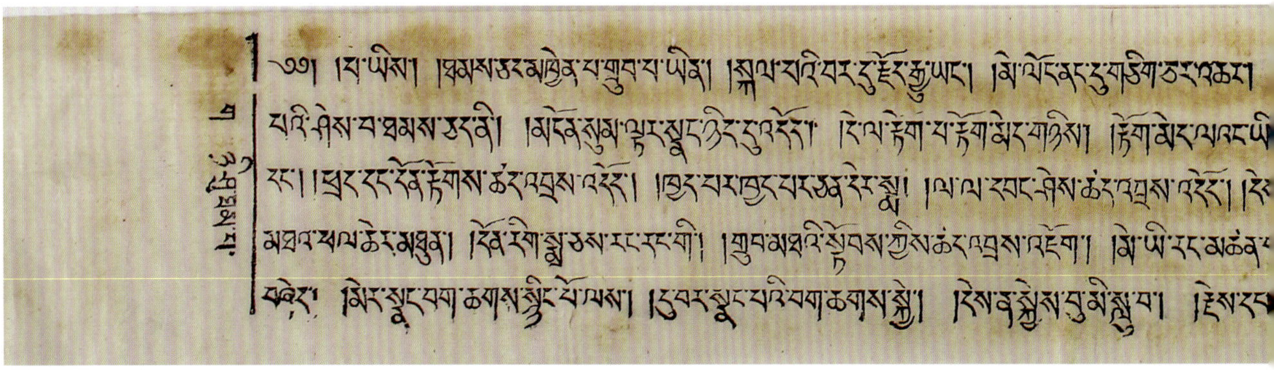

3. 经书

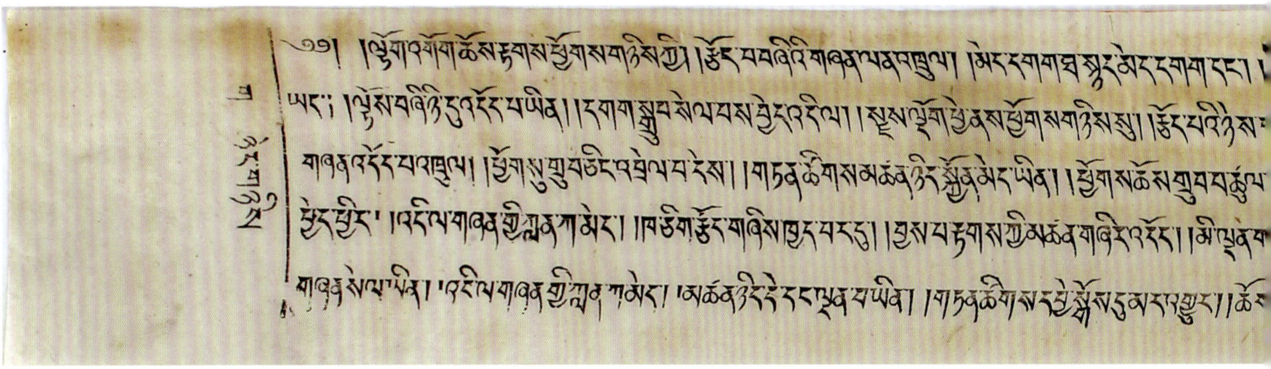

4. 经书

贴金木雕彩绘观音菩萨坐像（17TJDT-6W-1）装藏的经卷

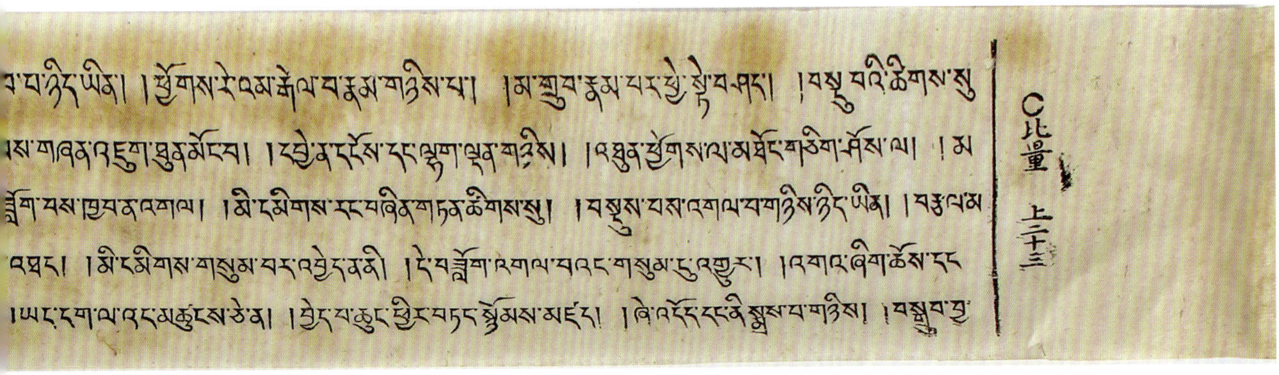

（第4页）

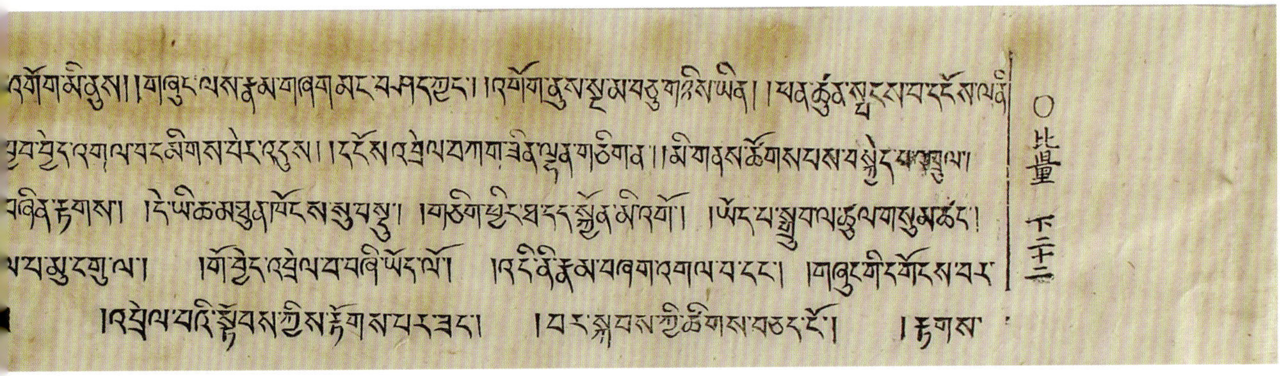

（第5页）

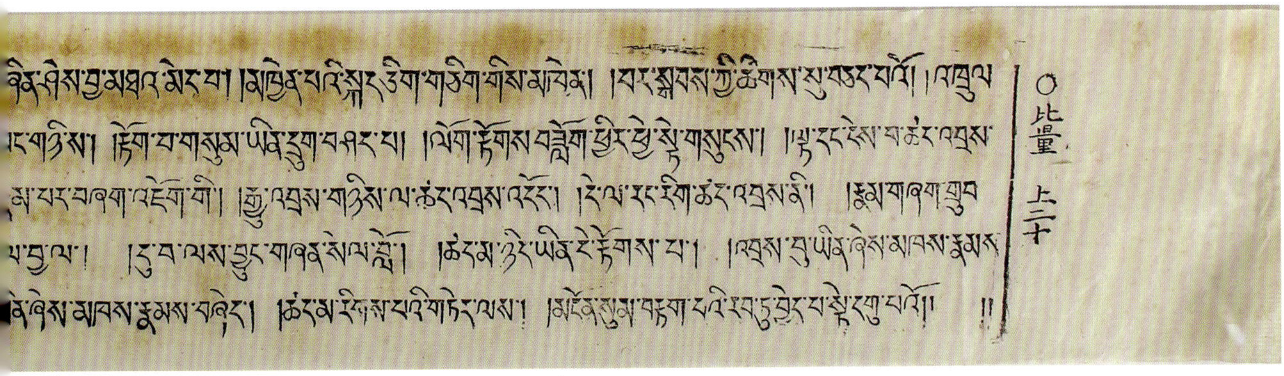

（第6页）

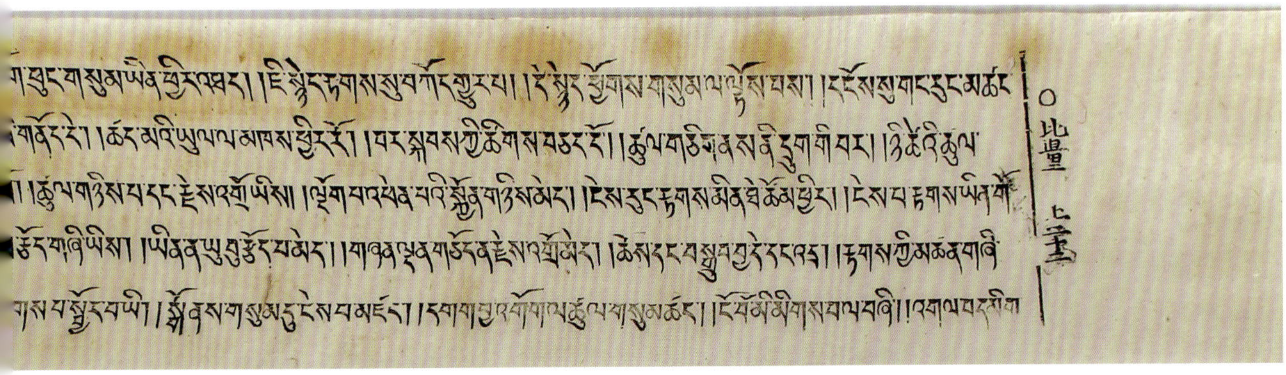

（第7页）

［17TJDT-6W-1（1）④］（共11页，第4～7页）

图版九一

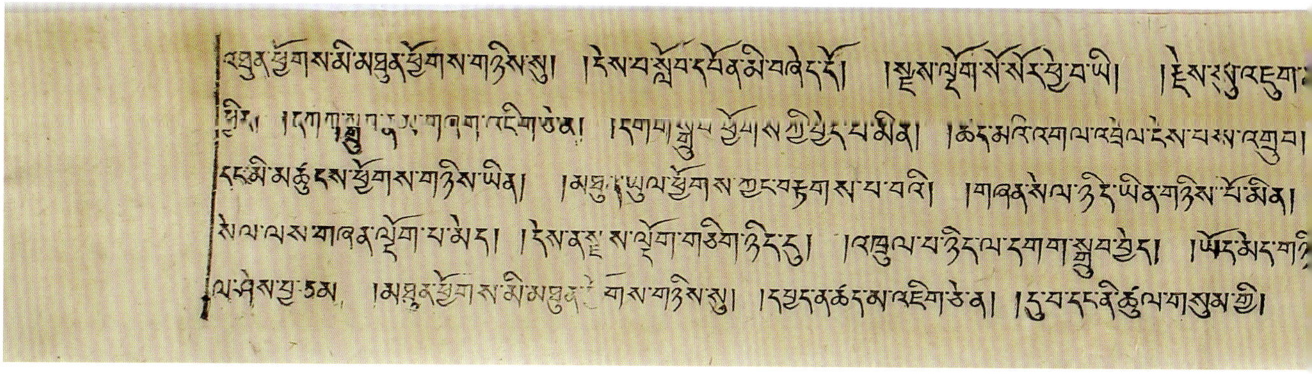

1. 经书

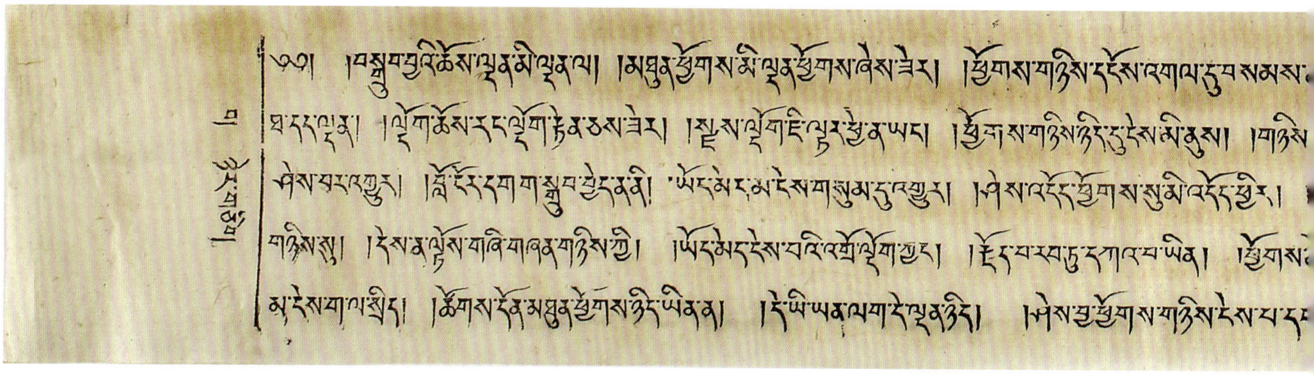

2. 经书

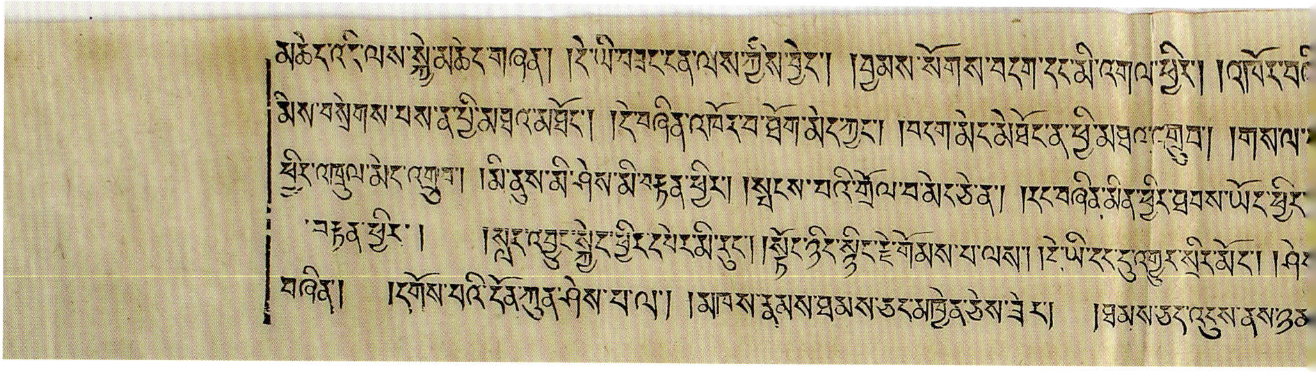

3. 经书

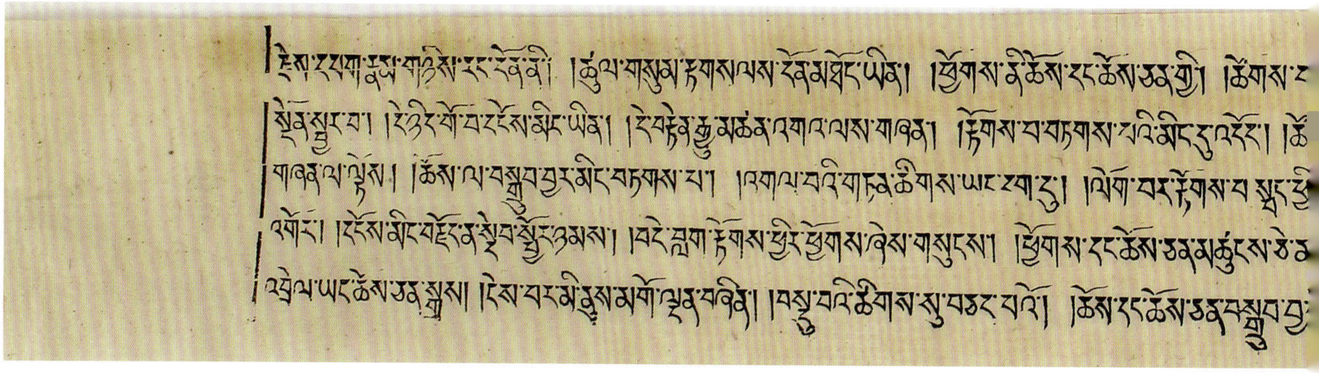

4. 经书

贴金木雕彩绘观音菩萨坐像（17TJDT-6W-1）装藏的经卷

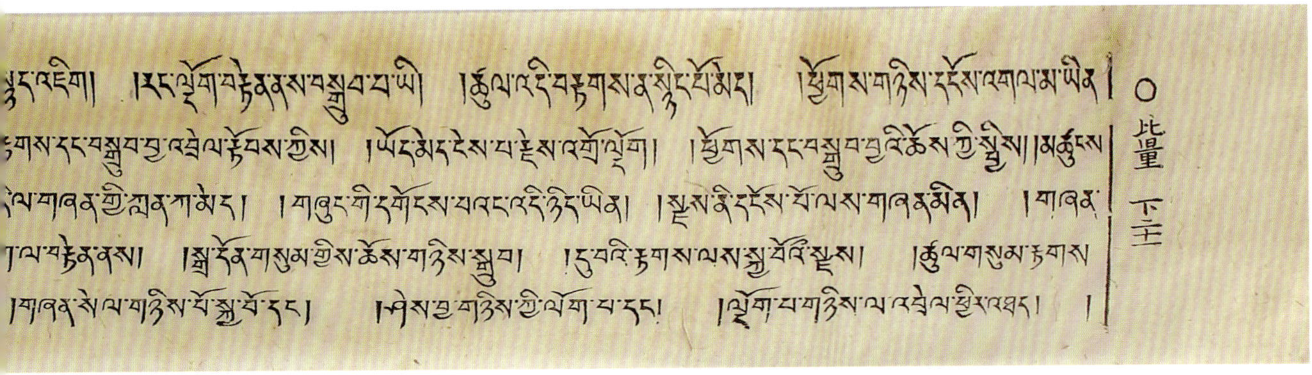

（第8页）

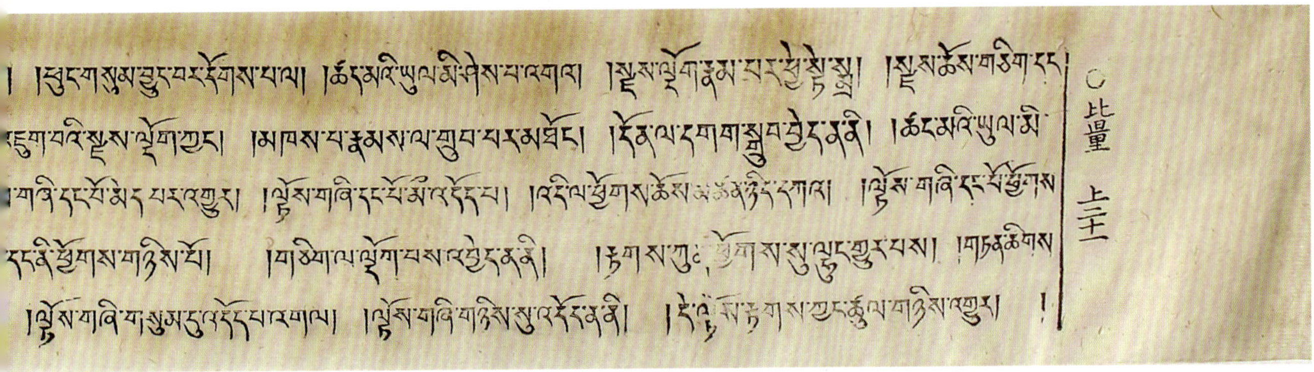

（第9页）

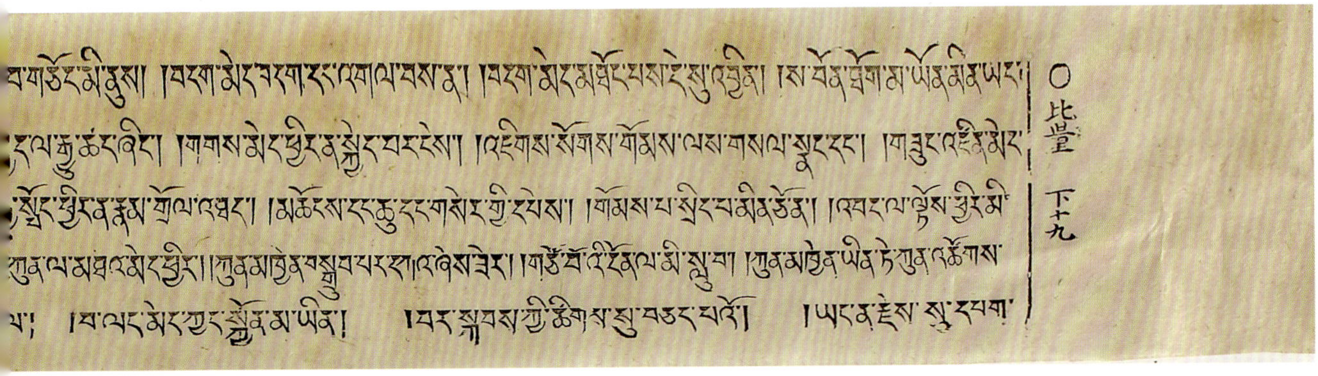

（第10页）

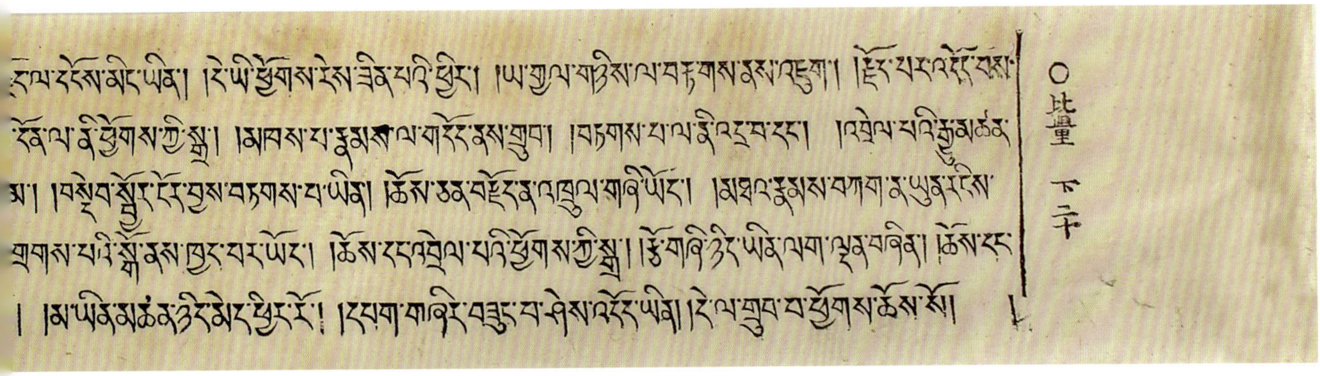

（第11页）

［17TJDT-6W-1（1）④］（共11页，第8～11页）

图版九二

1. 经卷［17TJDT-6E-1（1）①］封皮

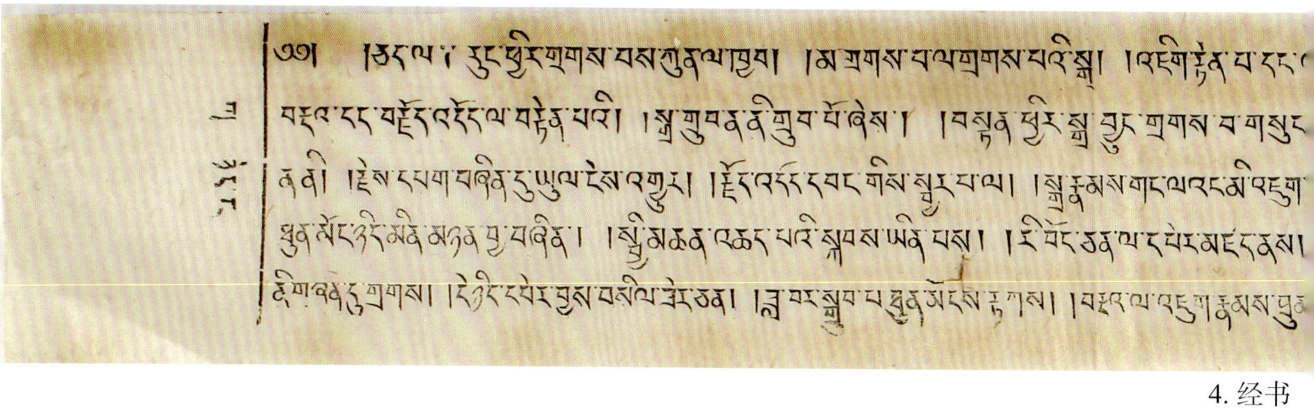

4. 经书

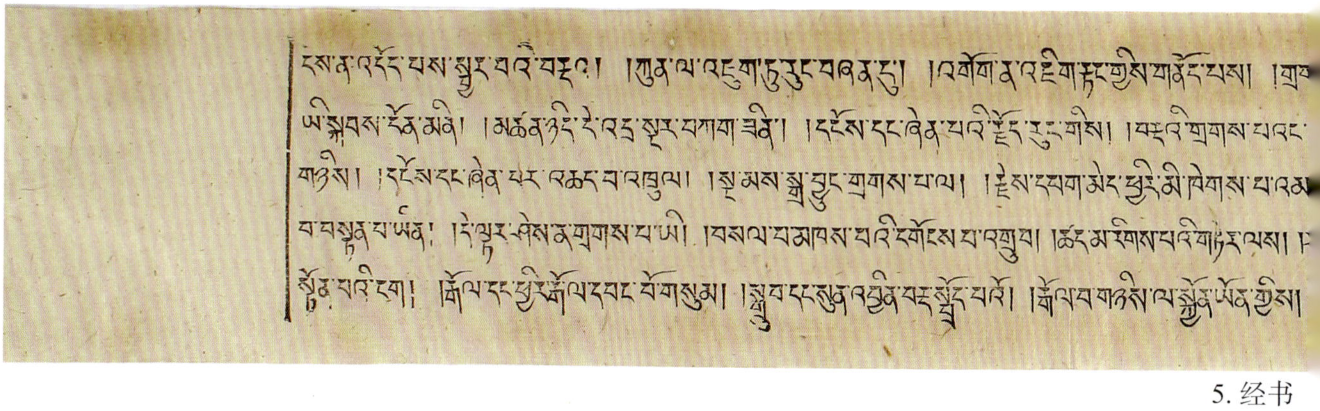

5. 经书

贴金木雕彩绘释迦牟尼坐像（17TJDT-6W-1）装藏的经卷［17TJDT-6E-1（1）①］

2. 崇祯通宝（17TJDT-7S-2）

3. 崇祯通宝（17TJDT-7W-2）

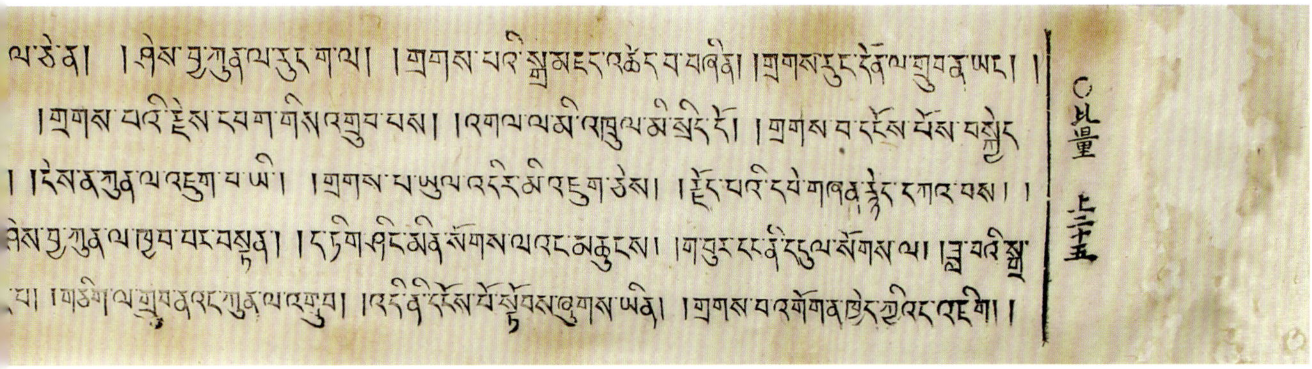

（第1页）

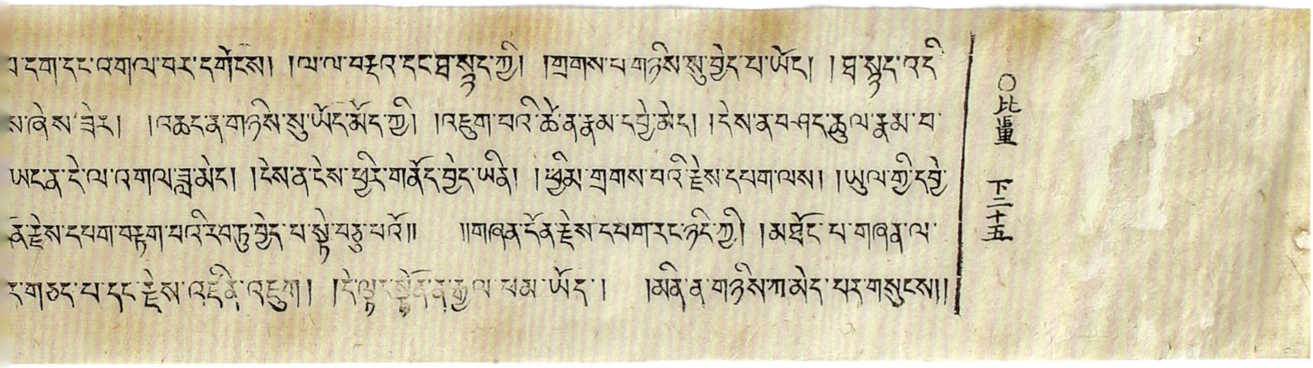

（第2页）

（共10页，第1~2页）及封皮；第七层南面、西面佛龛内出土铜钱

图版九三

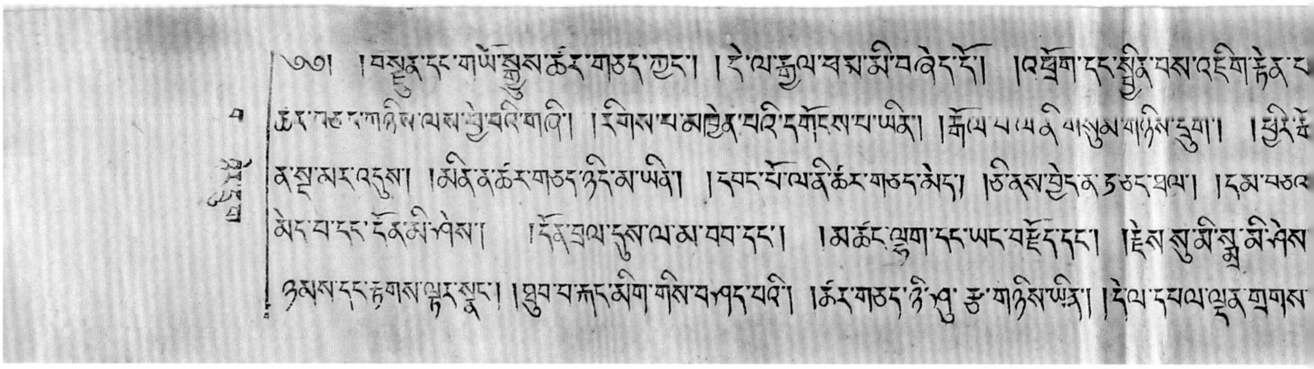

1. 经书

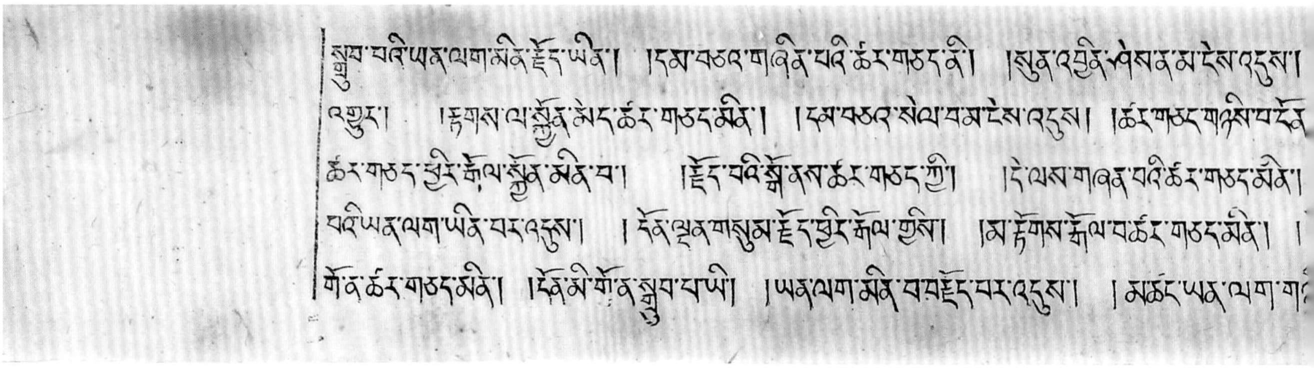

2. 经书

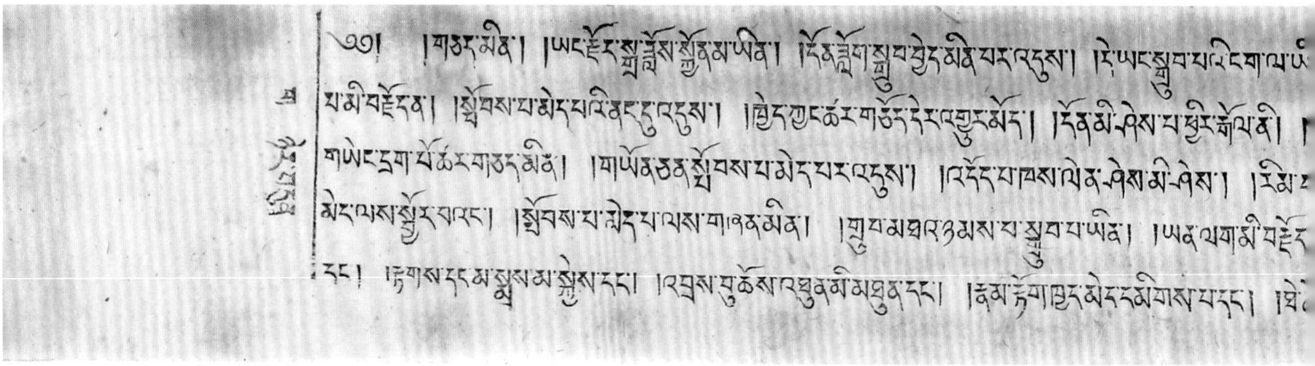

3. 经书

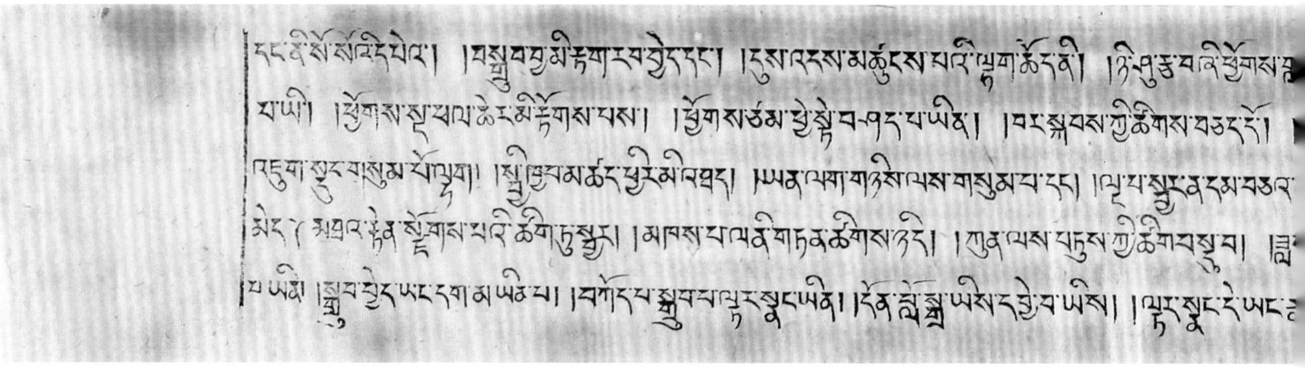

4. 经书

贴金木雕彩绘释迦牟尼坐像（17TJDT-6W-1）装藏的经卷

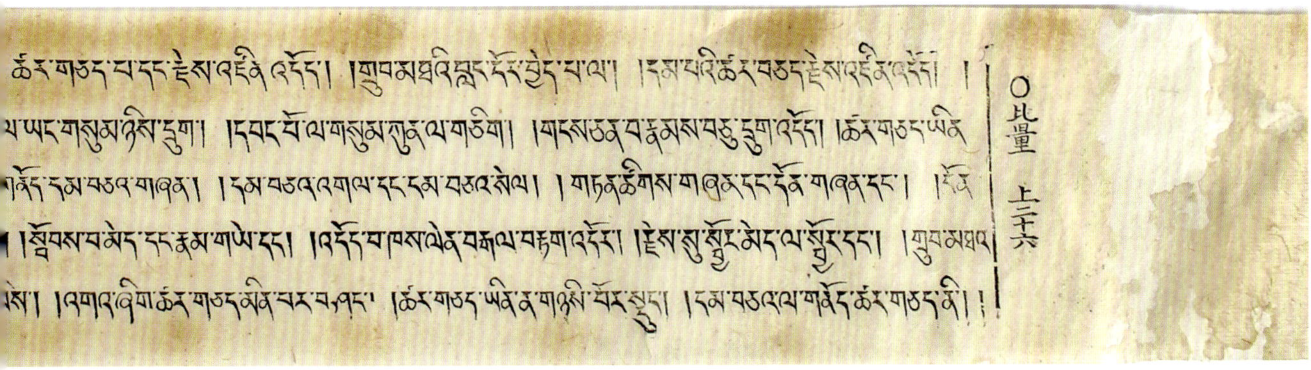

（第3页）

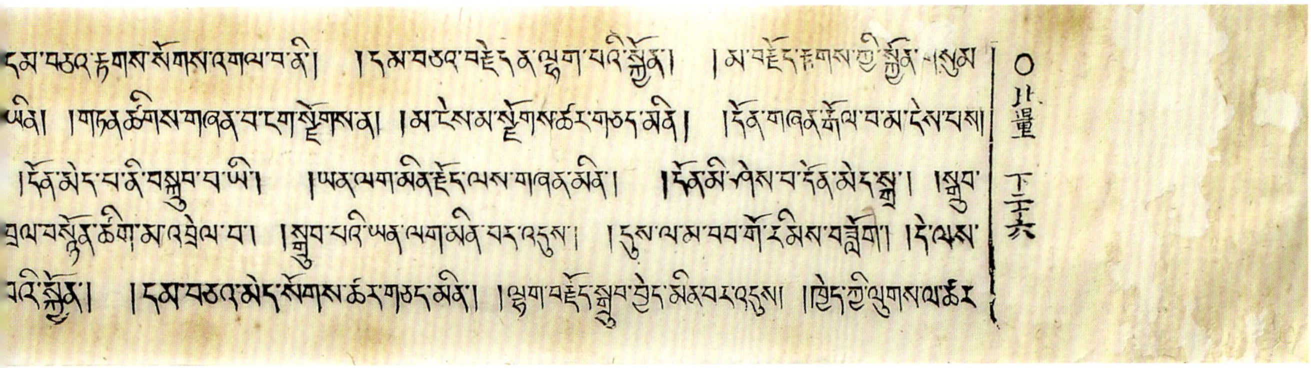

（第4页）

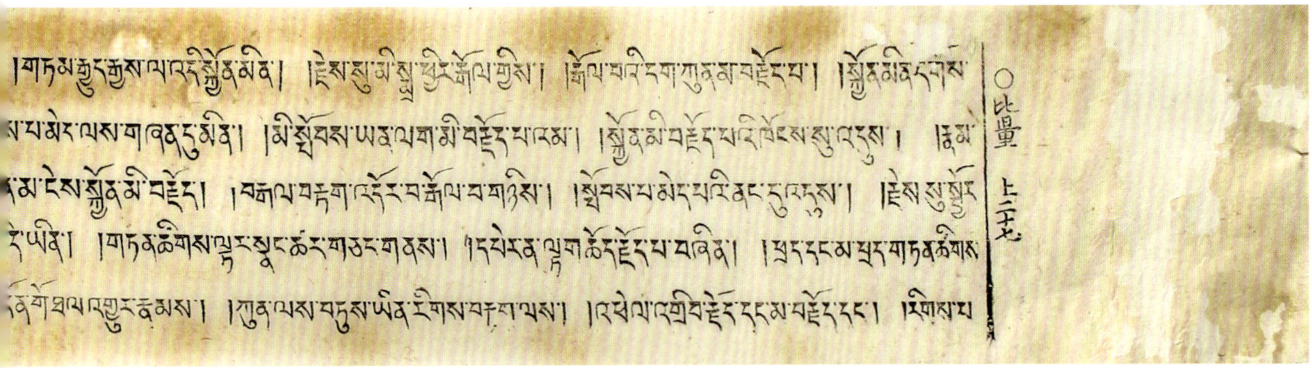

（第5页）

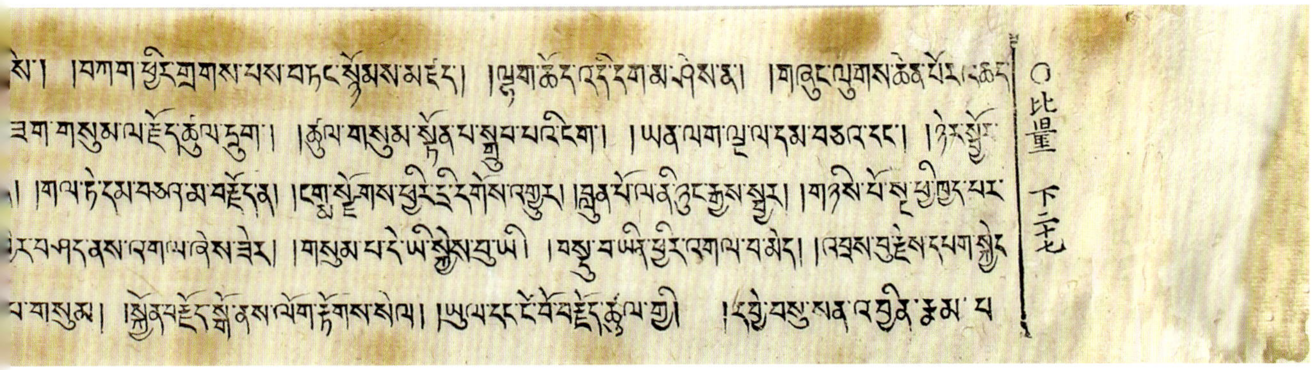

（第6页）

［17TJDT-6E-1（1）①］（共10页，第3～6页）

图版九四

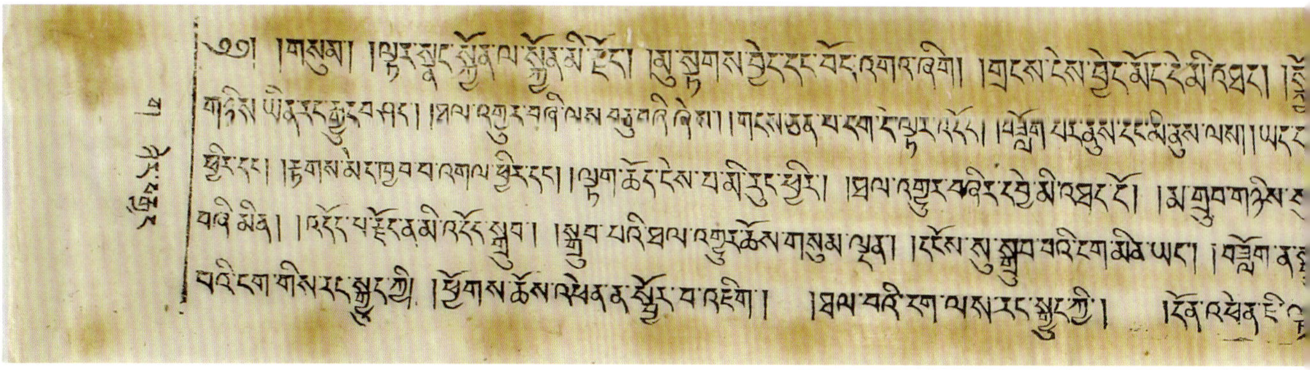

1. 经书

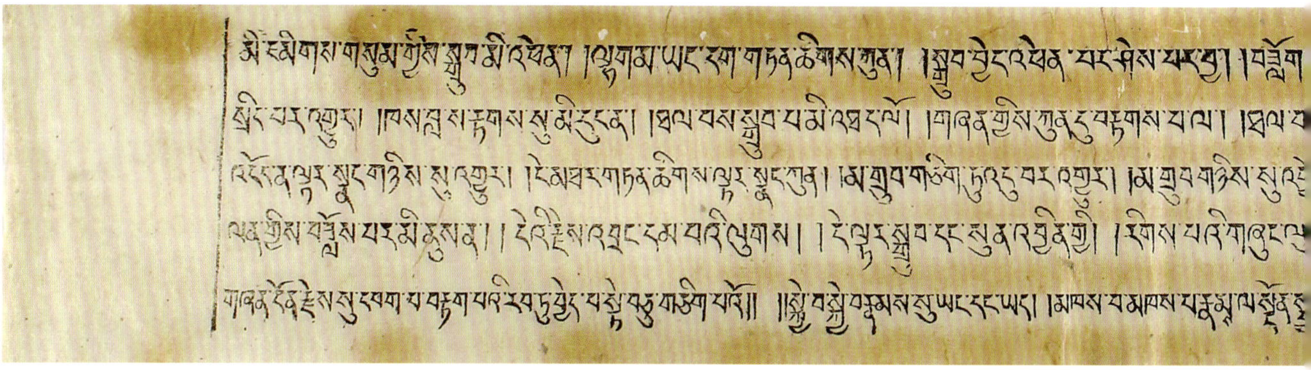

2. 经书

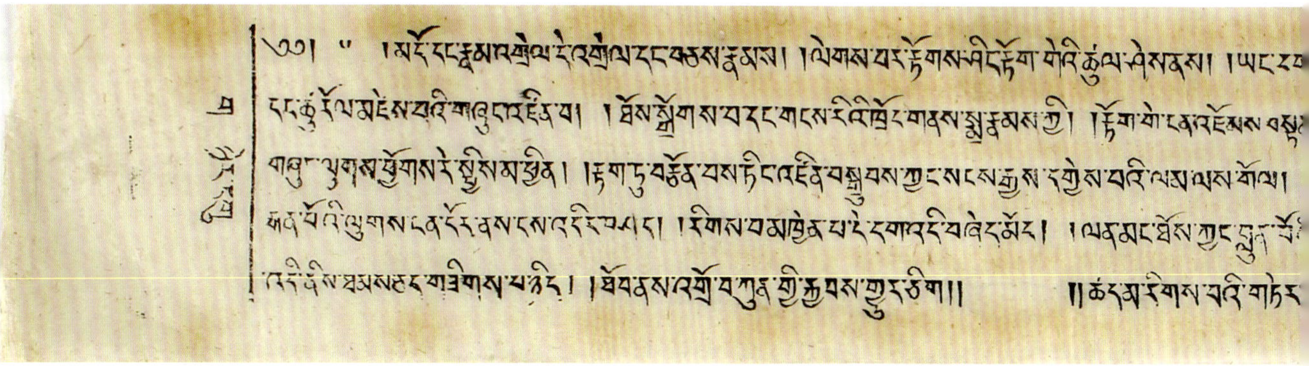

3. 经书

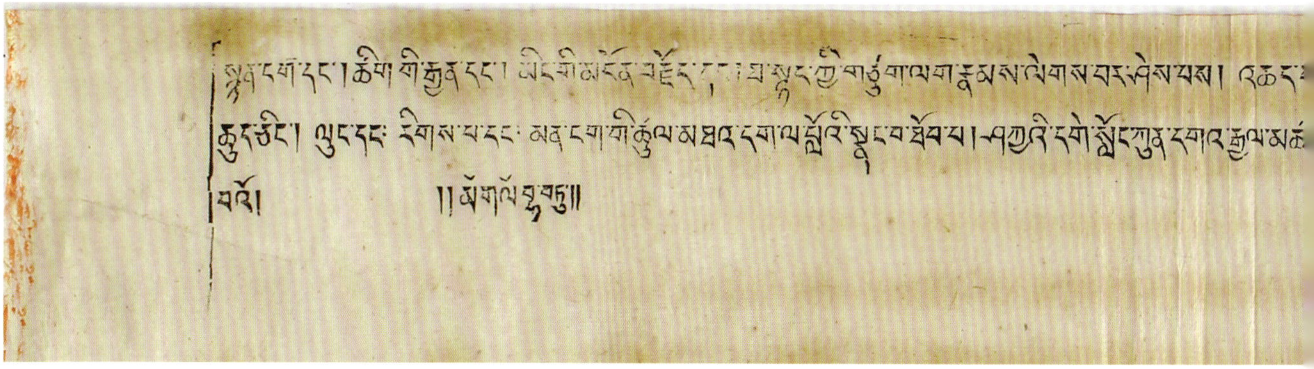

4. 经书

贴金木雕彩绘释迦牟尼坐像（17TJDT-6W-1）装藏的经卷

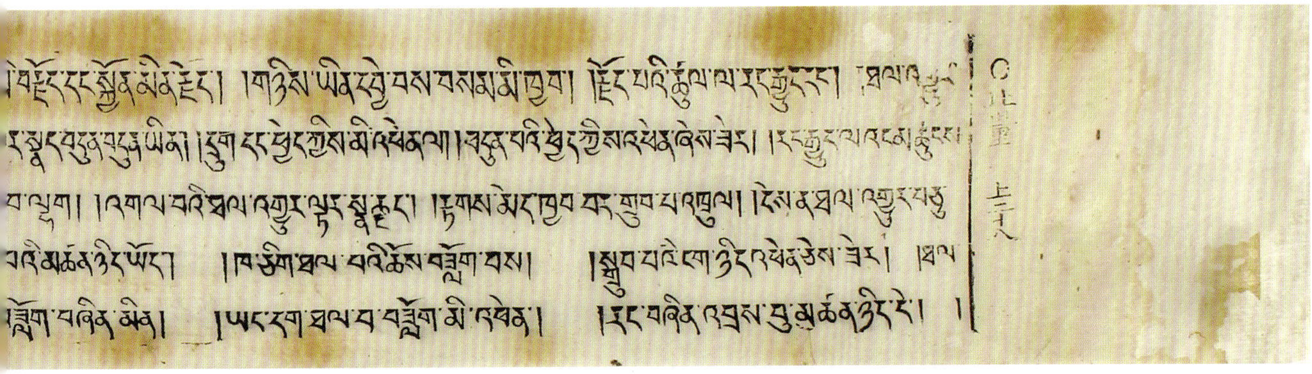

（第7页）

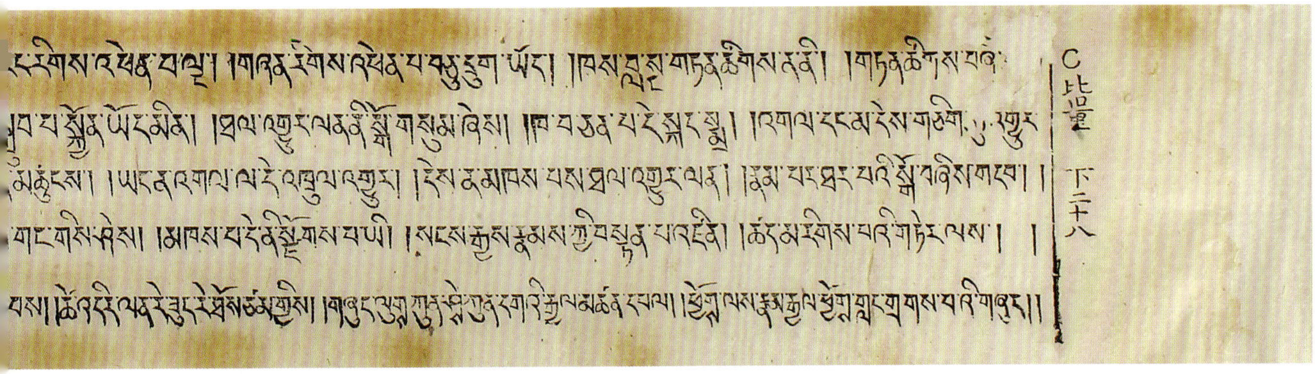

（第8页）

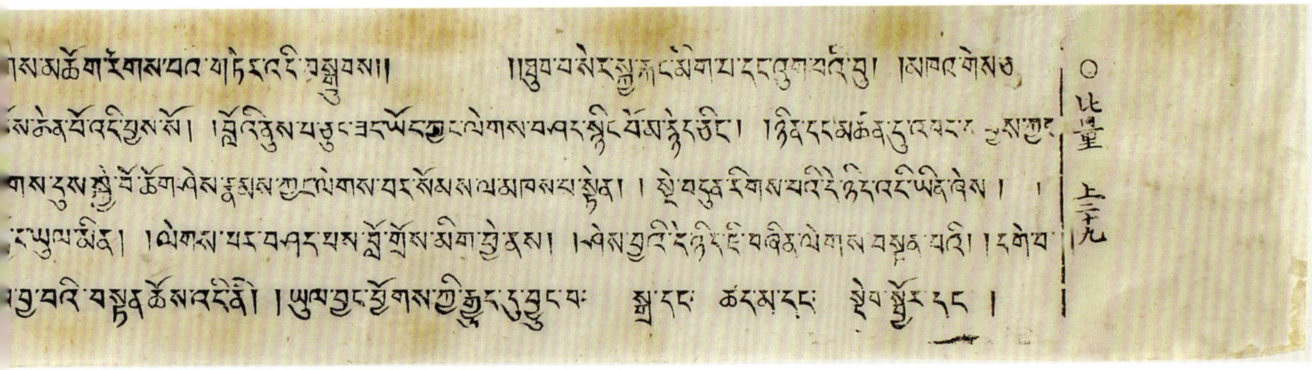

（第9页）

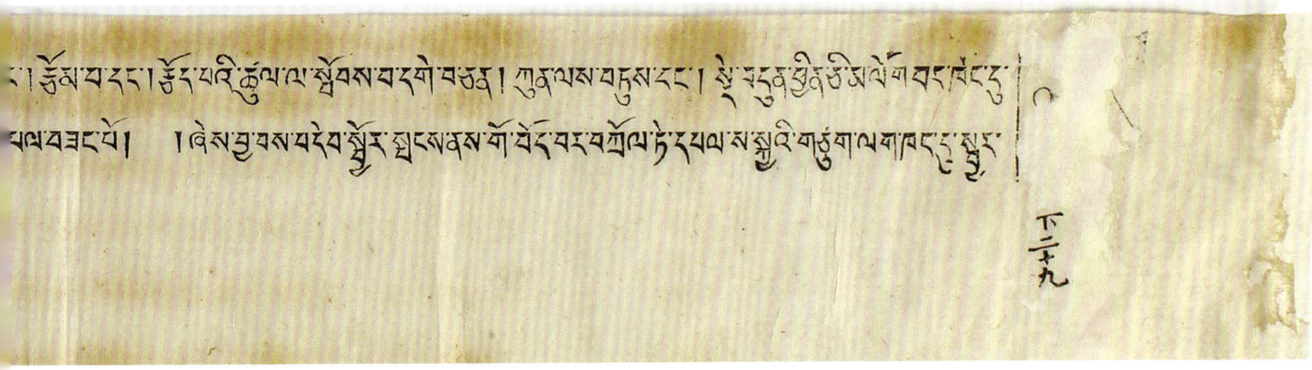

（第10页）

［17TJDT-6E-1（1）①］（共10页，第7～10页）

图版九五

1. 封底木板［17TJDT-7S-1（2）］

2. 封底木板［17TJDT-7W-1（2）］

3. 丝织品（幡）［17TJDT-7S-1（1）②］

4. 丝织品（幡）［17TJDT-7W-1（1）⑥］

5. 小铜镜［17TJDT-7W-1（1）①］

鎏金铜释迦牟尼坐像［17TJDT-7S-1（1）］封底木板、装藏；鎏金铜阿弥陀佛坐像［17TJDT-7W-1（1）］封底木板、装藏

1. 封底木板［17TJDT-7N-1（2）］

2. 丝织品（幡）［17TJDT-7N-1（1）⑥］

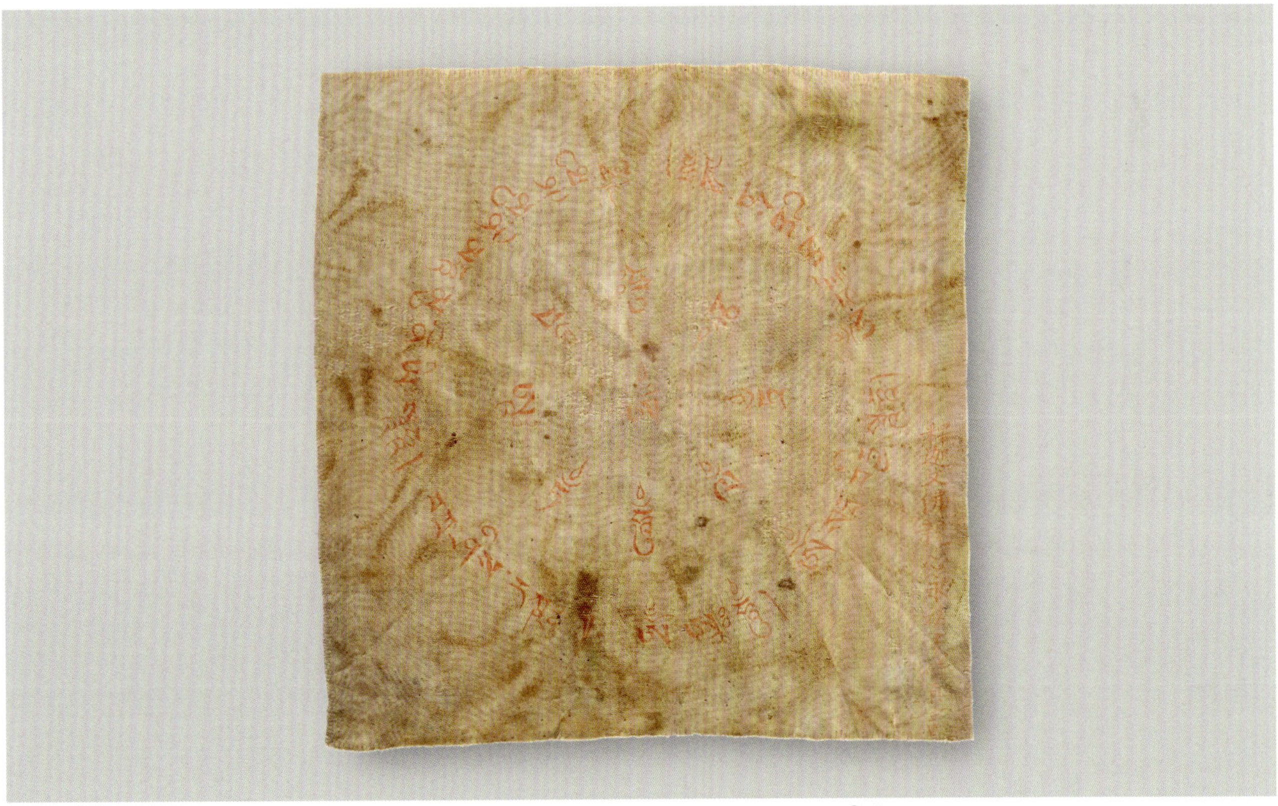

3. 汉藏文丝织品［17TJDT-7N-1（1）⑤］

鎏金铜阿弥陀佛坐像［17TJDT-7N-1（1）］封底木板、装藏

图版九七

1. 小铜镜［17TJDT-7N-1（1）①］

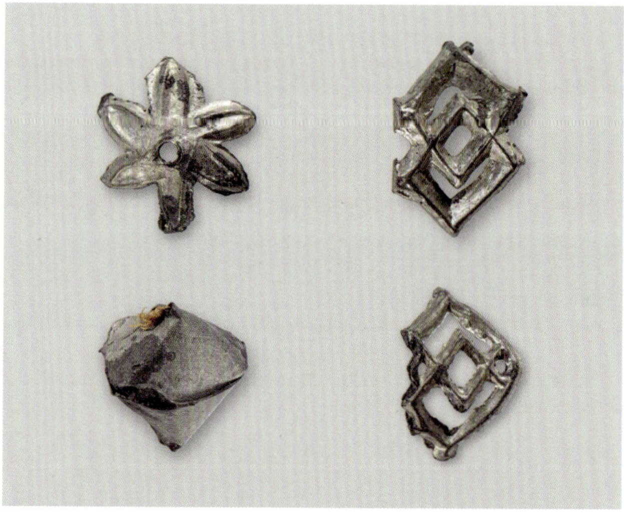

2. 金属饰件［17TJDT-7N-1（1）②、③、④、⑧］

3. 崇祯通宝（17TJDT-7N-2）

4. 封底木板［17TJDT-7E-1（2）］

5. 丝织品（幡）［17TJDT-7E-1（1）⑦］

鎏金铜阿弥陀佛坐像［17TJDT-7N-1（1）］装藏物；第七层北面佛龛内出土铜钱；鎏金铜地藏菩萨坐像［17TJDT-7E-1（1）］封底木板、装藏物

1. 封底木板［17TJDT-8W-1（2）］

2. 封底木板［17TJDT-9S-1（2）］

3. 崇祯通宝（17TJDT-7E-2）

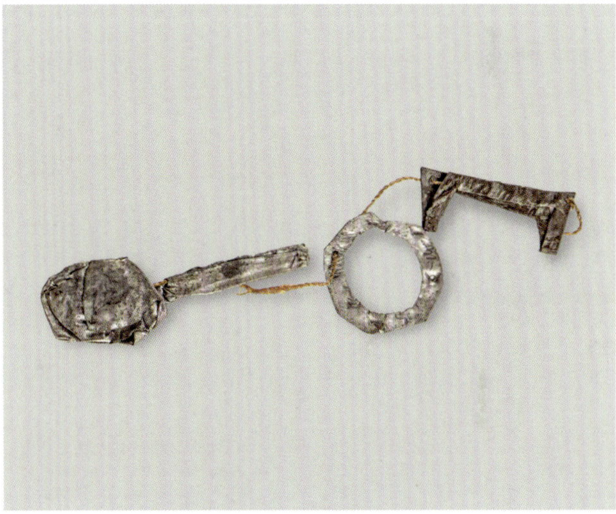

4. 金属饰件（17TJDT-9W-1①）

5. 丝棉垫［17TJDT-9E-1（4）］

鎏金铜释迦牟尼坐像［17TJDT-8W-1（1）、17TJDT-9S-1（1）］封底木板；鎏金彩绘铜文殊坐狮像（17TJDT-9W-1）装藏物；鎏金铜观音菩萨坐像（17TJDT-9E-1）丝棉垫；第七层东面佛龛内出土铜钱

图版九九

1. 丝织品与金属饰件［17TJDT-9E-1（1）①］

2. 纺织品［17TJDT-11S-1（1）⑧］

3. 封底铜板［17TJDT-11S-1（3）］

4. 封底木板［17TJDT-9E-1（3）］

5. 纸质经卷［17TJDT-11S-1（1）⑦］

鎏金铜观音菩萨坐像（17TJDT-9E-1）封底、装藏物；鎏金铜观音菩萨坐像（17TJDT-11S-1）封底、装藏物

1. 金属饰件、果壳［17TJDT-11W-1（1）③、④、⑤、⑥、⑦、⑧］

2. 崇祯通宝（17TJDT-11W-1⑨）

3. 小铜镜［17TJDT-11W-1（1）①］

4. 封底木板［17TJDT-11W-1（3）］

5. 残木块［17TJDT-11N-1（4）］

鎏金铜观音菩萨立像［17TJDT-11W-1（1）］封底、装藏物；第十一层北面佛龛内出土残木块

1. 金属饰（17TJDT-12S-1①）

2. 纺织品（17TJDT-12S-1④）

3. 金属饰（17TJDT-12S-2①）

4. 纺织品（17TJDT-12S-2④）

5. 纺织品、丝线、木棍（17TJDT-12S-2⑤）

鎏金铜阿弥陀佛坐像（17TJDT-12S-1、17TJDT-12S-2）装藏物

1. 金属饰［17TJDT-12S-3（1）⑥］

2. 纺织品［17TJDT-12S-3（1）①］

3. 纺织品、丝线、木棍［17TJDT-12S-3（1）⑧］

4. 木质佛龛残件（17TJDT-12S-4①）

鎏金铜阿弥陀佛坐像［17TJDT-12S-3（1）］装藏物；第十二层南面佛龛内出土木质佛龛残件

图版一〇三

1. 木质佛龛残件（17TJDT-12S-4③）

2. 木质佛龛残件（17TJDT-12S-4④）

3. 木质佛龛残件（17TJDT-12S-4⑤）

4. 木质佛龛残件（17TJDT-12S-4⑥）

第十二层南面佛龛内出土木质佛龛残件

1. 顺治通宝（17TJDT-12W-4）

2. 封底铜板［17TJDT-12E-1（2）］

3. 顺治通宝（17TJDT-13S-3）

4. 顺治通宝（17TJDT-13S-4）

5. 经书织品函面（17TJDT-13S-5）

第十二层西面佛龛内出土铜钱；鎏金铜宝生佛坐像（17TJDT-12E-1）封底；第十三层南面佛龛内出土铜钱与经书织品函面

图版一〇五

1. 经书织品函面（17TJDT-13S-8）

2. 丝织品经书函面（17TJDT-13S-7）

3. 经书织品函面（17TJDT-13S-9）

4. 经书内板结纸张（17TJDT-13S-10）

第十三层南面佛龛内出土经书织品函面、板结纸张